# 中国边疆地区博览会研究

## ——基于周边战略的视角

A Study of The Chinese Borderland Expo—From the Perspective of Peripheral Strategy

刘明广 著

经济管理出版社
ECONOMY & MANAGEMENT PUBLISHING HOUSE

**图书在版编目（CIP）数据**

中国边疆地区博览会研究：基于周边战略的视角/刘明广著. —北京：经济管理出版社，2015.9
ISBN 978-7-5096-3948-1

Ⅰ.①中… Ⅱ.①刘… Ⅲ.①边疆地区—博览会—研究—中国 Ⅳ.①G249.27

中国版本图书馆 CIP 数据核字（2015）第 203850 号

组稿编辑：杨国强
责任编辑：杨国强　张瑞军
责任印制：黄章平
责任校对：车立佳

出版发行：经济管理出版社
（北京市海淀区北蜂窝 8 号中雅大厦 A 座 11 层　100038）
网　　址：www. E-mp. com. cn
电　　话：(010) 51915602
印　　刷：北京九州迅驰传媒文化有限公司
经　　销：新华书店
开　　本：720mm×1000mm/16
印　　张：13.75
字　　数：246 千字
版　　次：2015 年 10 月第 1 版　　2015 年 10 月第 1 次印刷
书　　号：ISBN 978-7-5096-3948-1
定　　价：58.00 元


联系地址：北京阜外月坛北小街 2 号
电话：(010) 68022974　　　邮编：100836

# 序一

众所周知，1851 年英国万国工业博览会开启了工业化国家通过博览会进行国力展示的全新历史时期，不仅如此，博览会在促进不同文明之间交流和各国现代化过程中也发挥了举足轻重的作用。在其后的六七十年间，博览会的政治功能、文化功能和经济功能多数时间是融为一体的，博览会也并没有严格的分类。

20 世纪初期，随着工业革命在各国的深入和扩散，各国经济贸易需求和政治需求也显现出多样化、多元化和复杂化的特点，反映在综合博览会和专业展览会分化的标志就是，作为非政府的全球展览业协会 UFI 在 1925 年成立和作为政府组织的国际展览局在 1928 年成立。UFI 的主要成员是展览企业和展览项目，其将展览会分为三大类：综合类展览会、专业类展览会和消费类展览会，从本质上看，都属于经济贸易展览会，是纯粹的市场主体行为。而国际展览局的会员是各国政府，是根据外交公约发起的协调各国世博会行为的政府间国际组织。国际展览局将博览会分为两种：一种是注册类博览会，也称综合类世博会；另一种是认可类博览会，也称为专业类世博会，从本质上看，国际展览局定义的两种博览会的宗旨都是以教育人民，促进国家进步，提升国家形象为主，一般不涉及具体贸易，完全是一种国家行为。

20 世纪末以来，全球政治经济重心加速向亚太地区转移，相应地带动世界展览业重心向亚太地区转移，特别是向中国、印度、新加坡等新兴国家和地区转移。从最近几年的世界展览业数据可以看出，中国已经成为国际展览业的第二大国。得益于中国经济的巨大规模优势、市场优势和外部性等，中国展览业的成长正在深刻地影响和塑造世界展览业的版图和竞争格局。除了北京、上海和广州等超大城市在世界展览业城市中排位迅速提升，还形成了如高科技特色的深圳、小商品特色的义乌、家电服装特色的宁波等基于产业分工特色的展览城市。在这一过程中，边疆省区承办面向周边地区的国家级博览会成为国内、国际展览业发展史中的新现象，获得日益广泛的关注。

简单来看，中国边疆省区举办的博览会有以下创新：

第一，类型的创新。无论是按照国际展览局还是全球展览业协会的定义，都无法准确地界定中国边疆地区博览会的类型。中国边疆地区博览会具有世博会的若干特征，也具有贸易展的若干特点。是一种介于两者之间，同时又兼具两者特点的全新类型的复合型博览会。这种博览会的政治属性、文化属性和经济属性同样明显，并且政治属性具有灵魂地位。本文作者将这种政治属性称为战略性，认为是中国周边战略借助分布在中国边疆地区的若干博览会实现了"拼图"式战略布局不无道理。

第二，运作机制的创新。一般而言，贸易展览会的运作主体是市场主体，即专业博览公司、行业协会等机构，国际展览局旗下的博览会运作主体一般而言是一国政府。中国边疆地区博览会复合型博览会的特征使其必须进行一定程度上的创新。首先，中国边疆地区博览会基本上采取了中国和周边各国政府共同主办的思路和框架，比如中国—东盟博览会就是中国和东盟 10 国政府共同主办的框架。其次，中国边疆地区博览会普遍采取了"政府主导+市场推动"的运作模式。尽管水平不一，但是这种运作模式显然呼应了这种全新复合型博览会的内在要求。最后，中国边疆地区博览会催生了新的博览会运行机构——国际博览事务局，当然这方面的创新还包括成立混合制博览公司。

第三，功能的创新。2015 年 3 月李克强总理签批，国务院印发的《关于进一步促进展览业改革发展的若干意见》指出，"明确展览业的经济、社会、文化和生态功能定位"，这意味着国家对展览业的功能认知向多元化迈进。其实，展览业不仅具有上述意见中的四种功能，还具有政治功能，还可以为政府所用，为国家利益服务。几乎同时段发布的"一带一路"战略规划中，位于边疆地区的中国—东盟博览会、中国—亚欧博览会、中国—南亚博览会被确认为中国实施"一带一路"战略的区域合作机制，并和上海合作组织、亚太经合组织、亚欧会议、亚信会议等相提并论，这是对展览会功能创新的最大限度的认可。

第四，服务对象的创新。以往的专业展览会服务对象往往以产业来划分，综合性展览会则常常以属性来划分，世界博览会则服务全球各国经济、科技和文化交流。而中国边疆地区博览会开创了一种服务特定地区的路径，比如服务中国和东南亚的中国—东盟博览会、服务中国和南亚的中国—南亚博览会、服务中国和东北亚的中国—东北亚博览会等，可以这样说，这种以服务区域合作为主要目的的博览会本质上不仅服务于特定地区的市场，而且服务于特定地区的政府。

鉴于中国边疆地区博览会在世博会和国际展览业发展中的独特地位和功能，其未来必将在中国周边战略，尤其是"一带一路"战略中发挥全面的作用。本书选择中国边疆地区博览会作为研究对象呼应了中国崛起的战略需求，具有宏大的战略视角，是学术研究领域中的薄弱环节。本书对边疆地区博览会的动力机制、功能作用和辐射影响做了独到的深入分析，对其发展趋势和面临的挑战做了较为深刻的剖析，从理论上提升了边疆地区博览会的战略价值，为边疆地区博览会在实践中定位选择、运行机制、区域布局提出了有针对性的对策，值得中国展览从业者认真学习和研究。

是为序。

国际展览业协会名誉主席
全国会展业标准化技术委员会主任
上海会展行业协会会长

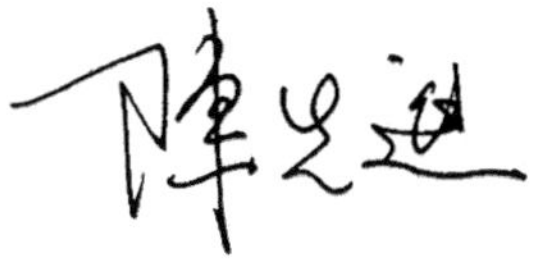

2015 年 9 月于上海

# 序二

地缘政治经济学是理解国际关系的一把“钥匙”，同时也是理解展览活动国际战略功能的有效工具。2015 年 3 月 28 日中国国家发展改革委员会、中国外交部和中国商务部联合发布了《推动共建丝绸之路经济带和 21 世纪海上丝绸之路的愿景与行动》，将中国边疆地区举办的中国—东盟博览会、中国—亚欧博览会、中国—南亚博览会、中国—阿拉伯国家博览会和中国—俄罗斯博览会等视为中国和周边国家开展合作的重要区域合作机制，这充分说明中国边疆在中国周边战略中将扮演日益重要的角色。不得不说，刘明广博士的《中国边疆地区博览会研究：基于周边战略的视角》一书极具战略眼光和前瞻性。

交叉性研究是本书的一大特征。将博览会研究同国际政治学结合这是博览会研究的新兴领域，这一交叉研究不仅对于博览会研究，而且对于国际政治研究都具有相当强的创新性和前瞻性。这既是博览会发展的历史必然要求，也是和刘明广博士的学科背景分不开的。刘明广博士研究生毕业以后就进入高校从事会展专业教学和研究工作，后进入中共中央党校国际战略所攻读国际政治专业博士学位，很显然将工作和学业结合催生了这本著作的交叉研究。

通读全文，感觉有以下主要特点：

首先，本书的学术价值较高。本书将博览会的研究无论是针对国际问题研究，还是针对边疆地区博览会研究，有一定程度的开拓性。目前，国内外关于博览会的研究论文数量并不算少，但是大多数集中在经济学和管理学领域，少数在历史学领域和其他学科领域有所体现，在政治学领域的博览会学术研究论文数量非常少，公开出版的更是凤毛麟角。本书的出版填补了政治学领域研究博览会的空白，拓展了博览会研究的领域，对于博览会全方位的功能研究是一大促进和推动。

其次，本书的实践价值也较高。边疆地区正在成为中国周边合作的前沿地区，边疆地区博览会的发展迎来高峰期，中国政府和周边各国政府中的联合声明、联合宣言中写入联合举办博览会的条款不断出现，现有的边疆地区博览会在 2015 年 3 月颁布的“一带一路”战略愿景和行动中被视为重要的区域合作机制。

本书选择边疆地区博览会建立、形成和布局对国家周边战略影响进行考察和研究，可以正本清源，增加对边疆地区博览会举办基础、战略功能和地缘影响的认知和了解，改变边疆地区博览会举办过程中的各种乱象，并为相关决策者提供一定的参考。

再次，作者的学术素养和水平较高。作者掌握和运用的国内中文资料非常翔实全面，并对已有的博览会研究文献进行了细致全面的梳理，基本上将每种重要文献的观点和问题都作了比较恰当的点评。篇章结构安排合理，逻辑性较强，论据比较充分，结论具有说服力。语言通顺流畅，引文很规范，学风严谨。

最后，作者的国家和区域主义取向较为明显。作者站在中国崛起和亚洲区域合作的历史背景下，思考的是如何运用边疆地区博览会实现中国周边战略大的历史课题，具有明显的中国国家主义和亚洲主义倾向。

因为聚焦中国崛起中的前沿问题，本书具有几个方面的创新性：

第一，研究对象比较新。中国边疆地区博览会是新世纪的博览会新类型，也是国际区域合作中的新生事物。研究视角创新。一直以来，博览会研究的视角没能脱离经济学、管理学视角，对其功能认知大多停留在经济功能、社会功能上，比如，2015 年 4 月 19 日国务院发布了《进一步促进展览业改革发展的若干意见》，意见中对展览会的管理体制提出“建立商务主管部门牵头，发展改革、教育、科技、公安、财政、税务、工商、海关、质检、统计、知识产权、贸促等部门和单位共同参与的部际联席会议制度，统筹协调，分工协作”。并提出明确展览的经济、社会、文化和生态功能，显示出对展览的功能认知还有明显的局限。

第二，观点创新。中国边疆地区博览会具备可持续发展的动力系统，目前已经初具规模的中国边疆地区博览会体系不会停止发展。未来，随着国际体系转型的进程，特别是区域一体化的进程，中国边疆地区博览会还会有较大的发展空间。中国边疆地区博览会不同于传统的专业性博览会，也不同于国际博览局旗下的综合性的世界博览会，而是一种全新类型的具有复合功能的战略博览会，也是新的国际制度的孵化器。中国边疆地区博览会具有可持续发展的动力基础，但是内在地存在四对尖锐对立且相互联系、相互制约的矛盾，中国边疆地区博览会未来功能的发挥有赖于这四对矛盾研究和解决的程度。

第三，研究框架和工具创新。本书在研究中国边疆地区博览会过程中，广泛借鉴政治学、经济学等其他的相关分析框架和理论，比如在分析中国边疆地区博览会动力机制中借鉴层次分析法，在分析中国崛起影响时运用外部性理论，这些都是对博览会研究的重要贡献。特别需要指出的是，作者将地理学“拼图游戏”

用来解释和评判中国边疆地区博览会的战略布局，这是将政治学、地理学和经济学等学科知识综合利用的一大创新。将“拼图”游戏中的“榫”和“卯”概念引入中国边疆地区博览会研究，建立最合适的中国边疆地区博览会的“榫头”和“卯眼”有助于更好地实现中国和周边地区的全面互锁，这将直接关系到中国周边命运共同体战略的实施效果。

中国边疆地区博览会是“一带一路”战略中的重要国际合作机制，也是21世纪以来中国周边战略的重大创新。本文将最近十几年中国与周边国家在中国边疆地区举办的博览会活动作为分析研究对象，比较系统地回答了中国边疆地区博览会所具有的动力机制和功能维度，对其周边战略的影响进行了全面而深刻的分析，并根据中国边疆地区博览会发展过程中的趋势和挑战，提出了有针对性的对策和建议。本书对于国际政治和博览会研究而言都具有较高的前瞻性和开创性，既有利于国际政治学科研究领域和研究视角的拓展，也有利于国家周边战略和国际经济合作的发展，特别有利于“一带一路”战略的推进。全书结构严谨，线索清晰，内容丰富，资料翔实，是一部高质量的中国边疆地区博览会研究的学术专著。

本书既是高质量的中国边疆地区博览会研究学术专著，也是可以用来指导中国边疆地区博览会实践的教科书。主要供国家商务部门、外交部门等以及边疆地方政府从事中国边疆地区博览会策划、运行和战略管理等工作使用，也可以作为高等学校会展经济与管理、国际政治、外交学等专业教学使用，还可以作为国际化的会展企业工作人员和关心周边战略的广大青年、干部学习用书。

中国会展经济研究会常务副会长

对外经济贸易大学教授、博士生导师

2015年8月于北京商务部

# 序三

博览会为何而生？自博览会诞生以来，人们对这个问题一直充满着好奇。如今160多年过去了，似乎仍然没有找到一个令人满意的答案。商人们说，这是一个最好的贸易平台；政治家说，这里可以进行外交磋商；学者们说，这是了解行业前沿最理想的场所；家长们说，可以带孩子到博览会上开开眼界；孩子们说，这里是最好玩的地方！博览会就是这样神奇，谁也说不清楚它为何而生，可是一旦接触了博览会，谁都与它难以割舍。

事实上，世界上第一个现代意义上的博览会——1851年在英国伦敦举办的万国工业博览会（Great Exhibition of the Works of Industry of all Nations），其综合性的功能已经体现得淋漓尽致。这次博览会展出了来自世界各国13000余件展品，吸引了超过600万的观众，被誉为现代博览会历史上具有标志意义的开端。那么，这场博览会解决了什么问题？显然，对许多科技发明和产品制造者来说，他们获取了更多的信息、开拓了更大的市场；但是对举办方来说，他们更为自豪的是，通过博览会的举办，在全世界面前展示了工业革命后英国取得的傲视全球的成就；从博览会的筹划开始，就充满对英国在当时工业至高无上地位的炫耀，充满英国对体制与民主上的成功的炫耀。

一百多年来，世博会的主题从太空到海洋；从人文到自然、从战争到和平，世博会的价值边界似乎在逐渐模糊，价值空间在不断延展。世博会因有用而存在，还是因存在而有用？这已经不再是非此即彼的问题，人们对世博会价值的认知似乎已经突破了这种简单的逻辑。

中国尽管一直非常积极地参加各种国际博览会，但只是新世纪以来的15年左右时间，才真正看到了博览会的价值所在，在政府强有力地推进和支持下，中国的博览事业步入史无前例的黄金时期。最近15年来，中国不仅在博览会数量上呈现“井喷式”式增长，而且博览会的主题不断拓展，水平不断提高，价值不断深化。博览会不仅成为推动国际国内投资贸易的平台，而且已经成为促进中国与周边国家和地区进行文体交流和外事沟通的重要平台。

中国政府正是看到了博览会的这种综合功能，在实施周边战略的过程中，顺势而为，边探索边推进，通过专门设立博览会、升格已有博览会等多种途径，走出了一条从个别到系列、从局部到全局的周边综合性博览会发展之路。

刘明广博士以敏锐的视角和多学科背景的优势，从周边战略的角度，对中国边疆地区博览会从背景、动力、功能等层面做出了深入系统的分析，并对边疆地区博览会的未来发展进行了有说服力的前景展望。这一开拓性的研究，不仅丰富了博览会的研究视角和领域，而且对引导中国边疆地区博览会的健康发展具有重要价值。

明广博士勤于钻研的毅力和谦虚好学的精神给我留下了深刻的印象。这本著作就是他多年辛勤耕耘而结出的果实，充满着汗水的香味，饱含着学术的营养。

北京第二外国语学院经贸与会展学院院长、教授

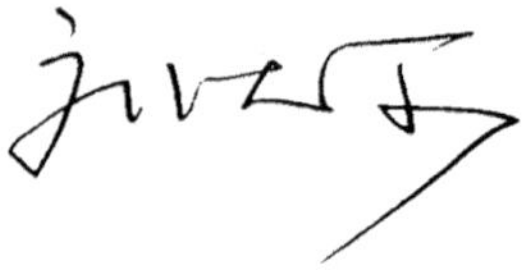

2015 年 9 月于北京

# 前 言

进入21世纪以来，经济全球化、区域一体化和中国经济的持续崛起正在深刻地影响着全球地缘政治经济格局和未来走向，特别是正在影响着中国所在亚洲的地缘政治和经济格局。在此背景下，中国边疆地区开始由发展边缘地带逐步向发展中心和发展前沿地带过渡，各种类型的区域合作机制应运而生，特别是数量众多的中国边疆地区博览会异军突起。2004~2014年，中国—东盟博览会、中国—亚欧博览会、中国—南亚博览会、中国—阿拉伯博览会和中国—东北亚博览会五大边疆地区博览会先后诞生，基本形成了旨在促进区域一体化的覆盖中国周边所有地区的中国边疆地区博览会体系。

中国边疆地区博览会创办以来，不仅推动了边疆地区经济社会的发展，有力地促进了中国和周边地区的经济贸易往来，而且开始逐步影响到中国和周边地区国家间政治、社会和文化等其他领域的交往及合作，成为具备多种功能的中国周边战略载体，成为新时期中国对外开放的标志和周边战略的一大创新。本书试图对中国边疆地区博览会这一新的博览会历史现象进行解释。以往的研究呈现时效性、碎片化、视角单一等特点，未能形成一个有效的分析框架，未能全面解释中国边疆地区博览会产生、发展和演变的动力及其作用发生机制。本书试图运用层次分析法寻找到中国边疆地区博览会产生、发展及其作用的规律。

首先，本书对中国边疆地区博览会及其相关概念进行了界定，根据历史脉络对中国边疆地区博览会的发展演变进行了总结、概括和归纳，并结合国际、国内环境的变化和中国国际战略观念的变革对其运营模式进行了考察。其次，本书运用层次分析法从国际体系层次、国家行为体层次和次国家行为体层次对中国边疆地区博览会的动力进行探索。本书认为，中国边疆地区博览会的动力机制是一种复杂的多种作用力的合力，即中国边疆地区博览会的动力来自于21世纪以来国际体系转型塑造的中国周边和平发展的环境动力、中国崛起的外部性所带来的发展动力及中国战略调整所形成的政策动力。当然，中国边疆地方政府的国际合作行为也成为中国边疆地区博览会发展中不可或缺的地方动力。最后，在周边战略视角下，本书重点考察了中国边疆地区博览会的三种独有的功能，即多边贸易治理功能、周边战略载体功能和认同建构功能，并结合中国边疆地区博览会具体的发展论述了这些功能的影响。本书认为，中国边疆地区博览会在三个方面发挥了影响，即中国边疆地区博览会促进了中国和周边地区一体化的进程，塑造了中国崛起过程中所需要的有利的地缘战略环境，同时也在多个方面提升了中国在周边地区的软实力。至此，本书建构了周边战略视角下的解释中国边疆地区博览会动力机制、功能分布和影响维度的分析框架。

为了验证分析框架的有效性，本书对中国—东盟博览会进行了案例研究。分析发现，冷战结束以后，东亚国际体系转型为中国—东盟博览会塑造了和平稳定的地区环境，创造了巨大的国际制度需求。同时，安全观、发展观和地区观等观念的更新，特别是东亚地区主义的兴起，为中国—东盟博览会的产生和发展提供了至关重要的观念动力。在此背景下，中国战略的调整回应了东亚国际体系转型的内容和需求，中国不断推动地区合作议程的更新和发展也为中国边疆地区博览会提供了源源不断的动力。广西壮族自治区政府在中国—东盟自贸区合作中主动寻求定位于中国—东盟合作高地，并主动承担国家周边战略地方化的重任，成为中国—东盟博览会不可或缺的地方动力。作为最早和最成功的中国边疆地区博览会，中国—东盟博览会所具备的地缘战略功能和区域治理功能发挥得更为全面，不仅改善了中国在东南亚方向上的地缘战略环境，而且促进了中国和东盟一体化的进程，提升了东亚地区认同和中国在该地区的软实力。

本书对中国边疆地区博览会的发展趋势和未来可能面临的挑战进行了探讨。本书认为，中国边疆地区博览会未来将会有大发展，并且其区域合作机制的属性和市场化的导向更为突出，但是中国边疆地区博览会必须克服周边战略和国内区域战略、国家权力和市场作用、中央政府和地方政府角色扮演、边疆地区博览会之间的竞争这四对矛盾才能有健康和可持续地发展。

近年来，中国边疆地区举办国家级博览会的热情日益升温，但是无论是在实践中还是在理论上，中央政府和地方政府对这种新型博览会的认知还不够深入，甚至存在一定误区。因此，对中国边疆地区博览会的研究迫在眉睫。我们不仅需要从国内经济发展的视角，更要从中国周边战略的视角研究中国边疆地区博览会的发生、演变和作用规律，从而为边疆地区博览会的发展提供一定的政策参考。

# 目　录

# 图表目录

# 导　论

## 一、选题由来和研究范围

### （一）问题的提出

进入 21 世纪以来，中国经济持续崛起并加速融入全球经济和区域一体化的各种机制和安排[①]，在此背景下，中国边疆地区开始由发展边缘向发展中心和前沿位置过渡，各种地区合作机制应运而生，特别是数量众多的国家级博览会[②] 在边疆地区异军突起，成为新时期中国对外开放的标志和地缘政治经济战略的重大创举。2004 年，中国—东盟博览会在广西南宁诞生，这是国家级博览会第一次落户边疆地区，随后中国—东盟博览会不断发展壮大。这不仅极大地改善了南宁的城市面貌，促进了广西各项经济社会的发展，而且有力地推动了中国和东盟国家间的经贸交流，成为边疆地区利用博览会融入地区一体化的最佳代表。中国东盟博览会的成功，启发了其他边疆地区的发展思路，随后中国—东北亚博览会（2005）、中国—亚欧博览会（2011）、中国—南亚博览会（2013）和中国—俄罗斯博览会（2014）相继诞生，至此，围绕中国周边地区一体化，边疆地区国家级博览会的战略框架基本成型。[③]

近年来，中国边疆地区博览会的影响已经开始扩展到双边和多边经贸以外的领域，开始深刻地影响中国和周边国家间政治、文化和社会等其他领域的交往合作，成为具备多种地缘战略功能的载体，同时也成为中国周边战略的重要手段和

---

① 中国全面接轨和融入全球经济的标志是 2001 年加入世界贸易组织，而 2002 年与东盟 10 国签订《中国—东盟全面经济合作框架协议》，启动中国东盟自贸区的建设则是推动区域一体化的积极努力。

② 截至目前，基于国家周边战略而在边疆地区举办的国家级博览会数目已经达到 5 个，它们分别是中国—东北亚博览会、中国—俄罗斯博览会、中国—亚欧博览会、中国—南亚博览会和中国—东盟博览会，这 5 个国家级博览会已经成为我国在东北亚、中西亚、南亚和东南亚实施国家地区战略的有效载体。

③ 中国国家领导人对边疆地区博览会发展异常重视。温家宝、胡锦涛、习近平、李克强等先后对中国东盟博览会的发展做出指示，认为中国—东盟博览会是中国东盟重要的经贸、外交、文化交流平台。宋晓天、杜新、郑军健：《2004~2008 中国东盟博览会发展报告》（精简本），南宁：广西师范大学出版社 2009 年版，第 385~398 页。

变量。[①] 但是无论是在实践中还是在理论上，中国中央政府和地方政府对这种新型博览会的认知却不够深入，甚至存在误区，因此，对中国边疆地区博览会的研究迫在眉睫。

本书以中国边疆地区博览会为研究对象，综合运用博览学、边疆学、地缘政治学和国际政治经济学等学科理论剖析其产生、发展的一般规律，在此基础上全面研究其在中国周边战略中承担的功能和发挥的影响，回答的核心问题是在经济全球化和地区一体化加速发展的背景下，中国中央政府应该如何综合运用边疆地区博览会这一载体实现中国的周边战略目标。

**（二）研究范围**

本书以中国边疆[②] 地区博览会为切入视角，时间起点为中国—东盟博览会举办的 2004 年[③]，探讨作为国家级博览会的边疆地区博览会在动力机制建构、国际政治经济功能发挥以及地缘战略方面的突出影响，终点是刚刚举办了中国—俄罗斯博览会的 2014 年。2013 年 10 月，中国总理李克强和俄罗斯总理梅德韦杰夫第十八次定期会晤期间，决定双方联合举办中国—俄罗斯博览会以扩大双边的合作交流范围，并专门签署谅解备忘录，这使得边疆地区博览会在服务双边关系发

---

① 例如，中国—东盟博览会的经贸、外交、文化等全方位影响，详细内容参见宋晓天、杜新、郑军健：《2004~2008 中国东盟博览会发展报告》（精简本），南宁：广西师范大学出版社 2009 年版，第 243~256 页。温家宝认为中国—亚欧博览会是中国在亚欧大陆架设的友谊和合作新桥梁，要在政治互信、市场开放、边境合作和人文交流等方面做出努力，使其真正成为中国和亚欧各国特别是周边各国开展互利合作的桥头堡。参见温家宝：《再创丝绸之路新辉煌——在第二届中国—亚欧博览会开幕式暨中国—亚欧经济合作发展论坛上的讲话》，http：//politics.people.com.cn/n/2012/0903/c1024-18897970.html（2012.09.03）。中国—东北亚博览会将政府对话、经贸合作、人文交流、区域开发等作为自己的功能定位，参见博览会简介，http：//www.neasiaexpo.org.cn/about/index.html#aa5。习近平在印度发表演讲，阐述中国的南亚国家政策，将发挥中国南亚博览会的平台作用做了突出说明，http：//news.xinhuanet.com/mrdx/2014-09/19/c_133655434.htm。

② 西方关于边疆的理论和认识一直是历史的、发展的，这也构成了西方近现代史上殖民扩张、帝国争霸和大国竞争的主要背景，现在关于边疆的认知和讨论不仅包括陆地、天空和海洋，而且还包括外层空间、南北极，甚至有从地理边疆向利益边疆发展的趋势，比如，信息边疆和经济“软边疆”等。详见于沛、孙宏年等：《全球化境遇中的西方边疆理论研究》，北京：中国社会科学出版社 2008 年版，以及弗里德里克·特纳：《美国边疆论》，北京：中国出版集团 2012 年版。随着近代中国民族国家观念的建立和西方对中国的侵略扩张，中国边疆地区的重要性凸显出来，特别是刚开放以后，随着全方位对外开放格局的形成，边疆地区再次成为地缘战略学者和国际政治经济学关注的焦点，中国边疆地区由边缘化地区开始逐步成为地缘战略竞争与合作的前沿地区，对边疆地区的认知开始深入到政治治理、经济发展、民族宗教和谐、社会稳定、文化融合、国家安全、国家利益等维度，详见周平等：《中国边疆治理研究》，昆明：云南人民出版社 2011 年版。卢光盛等：《地缘政治视野下的西南周边安全与区域合作研究》，北京：人民出版社 2012 年版。柳欣：《边境经济学：国际区域经济一体化与中国边疆经济发展》，北京：人民出版社 2009 年版。

③ 事实上，早在 2003 年，国务院总理温家宝在中国东盟领导人第七次会议上，倡议召开中国—东盟博览会，以促进贸易投资合作，推动中国东盟自贸区建设。详见新华网：温家宝出席第七次中国与东盟（10+1）领导人会议，http：//news.xinhuanet.com/world/2003-10/08/content_1113779.htm。

展上取得了重大突破。[①]

本书的地域范围为中国的边疆地区。通常来说，中国的边疆地区是指中国和周边各邻国交界的地区。根据地理环境不同，边疆地区又划分为陆地边疆地区和海洋边疆地区，一般而言，中国的边疆地区包括黑龙江、吉林、辽宁等 10 个省（区），东部沿海各省虽然隔海与日本、韩国相邻，但并不属于传统意义上的边疆地区。近年来，西方边疆理论研究倾向于将非传统安全领域的一些领域归入边疆学研究的范围，本研究虽有涉及，但不作为主要讨论背景和内容。

## 二、研究价值和创新

### （一）学术价值

目前，国内学术界对边疆地区博览会的研究还很欠缺，研究成果多是围绕某个具体的边疆地区博览会展开[②]，研究形式以报告、新闻和介绍性的文章居多[③]，进行全面、系统、深入的学术研究成果还不多见。在中国知网的中国学术期刊网络出版总库中对篇名中同时含有“博览会”和“边疆地区”的文章进行检索，找到零条结果，改为或含再次检索，找到 13486 条结果。在中国知网的硕士博士数据库中对主题中含有中国—东盟博览会的论文进行检索，找到 74 条结果，题目中同时含有中国—东盟博览会的论文为 15 条结果。[④] 其中，从国际关系学科角度

① 中俄总理第十八次定期会晤《联合公报》（全文），http：//www.gov.cn/ldhd/2013-10/22/content_2512543.htm。

② 当前对边疆地区博览会的研究，主要集中在有关对中国—东盟博览会和中国—亚欧博览会的研究上，对其他边疆地区的博览会研究为零。

③ 这方面代表性的有广西师范大学出版社出版的《中国—东盟博览会发展报告》系列，新疆人民出版社的《中国亚欧博览会年度报告》系列，以及云南教育出版社出版的《中国南亚博览会知识百问百答》，其他介绍性研究及报道则散见于《人民日报》、《光明日报》、《中国贸易报》、《中国商报》等新闻媒体。

④ 检索结果中依据具体学科分类和数量如下：外国语言文字 13 篇，贸易经济 12 篇，经济体制改革 8 篇，高等教育 5 篇，宏观经济管理与可持续发展 5 篇，金融 3 篇，文化 3 篇，中国政治与国际政治 3 篇，体育 3 篇，服务业经济 3 篇，建筑科学与工程 3 篇，企业经济 3 篇，新闻与传媒 2 篇，林业 2 篇，中国语言文字 2 篇，中国近现代史 2 篇，旅游 2 篇，计算机软件及计算机应用 2 篇，伦理学、人才学与劳动学、世界历史、地理、投资、文化经济、行政学与国家行政管理、农业工程、证券、职业教育、轻工业手工业、公路与水路运输、中等教育、工业经济、农业经济等各 1 篇。15 篇题中包含中国—东盟博览会的论文全部为硕士学位论文，其中外国语言文字学科 6 篇：《第九届中国—东盟博览会——东盟产业园区招商大会同声传译实践报告》、《中国—东盟博览会标语英译实证研究》、《顺应论视角下中国东盟博览会会议演讲中的隐喻翻译研究》、《德国功能翻译理论指导下中国—东盟博览会外宣材料英译》、《第九届中国—东盟博览会记者陪同口译实践报告》、《2012 年第九届中国—东盟博览会采访翻译实践报告》；贸易经济3 篇：《中国—东盟顾客满意度研究》、《会展与城市发展研究——基于南宁举办中国—东盟博览会的研究》、《会展旅游产品动力研究——以中国—东盟博览会为例》；经济体制改革 1 篇：《中国—东盟博览会赞助的项目化管理》；文化 1 篇《中国—东盟博览会志愿者跨文化交际能力测评》；新闻与传媒 2 篇：《中国—东盟博览会纸媒报道中广西形象研究》、《“中国—东盟博览会”主流媒体报道框架分析——以〈人民日报〉、〈广西日报〉、〈南国早报〉为例》；世界历史 1 篇《历史横向运动视野下的世界博览会研究——兼论中国—东盟博览会与广西》；轻工业手工业 1 篇《中国—东盟博览会商务礼仪服装设计研究》。

进行研究的文章数量为零。对主题中含有中国—亚欧博览会的论文进行检索，找到 5 条结果[①]，对主题中含有中国—东北亚博览会、中国—南亚博览会或者中国—阿拉伯国家博览会的论文进行检索，均找到零条结果。可见，目前国内对边疆地区的国家级博览会进行的研究相当缺乏。博览会的研究属于跨学科多领域的研究，很难按照传统学科进行划分，全国哲学社会科学规划办公室的立项中有关博览会的课题也反映了这一点。[②] 本书从周边战略的视角对边疆地区的国家级博览会进行研究，通过引入国际关系的相关理论和方法，力图全面客观揭示边疆地区博览会的共性和运行的一般规律，重点揭示边疆地区博览会与中国周边外交和地缘战略的相互关系，可以在一定程度上开拓博览会研究的新领域。

此外，在对博览会进行研究时，国内学者多集中在运营管理[③]、发展史[④]、功能研究[⑤]、案例研究[⑥] 等领域，研究视角多见于经济学和管理学等领域。本书拟从国际政治经济学视角将中国边疆地区博览会作为一个研究整体和一类现象进行深度剖析，将其放在大的周边地缘战略和中国周边外交的背景下进行考察，有助于国内国际关系学科对于相关问题的研究向深度和广度发展。

**（二）现实意义**

本书主要研究中国边疆地区博览会的国际政治经济影响及其地缘战略意义，具有鲜明的时代特征，符合中国和平发展、和平崛起的实践发展需要，具有重要的现实意义。

自现代世博会诞生以来，特别是改革开放以来，各种级别的博览会在中国不断涌现，数量急剧增长，并且产生一些新的博览会类型。这些博览会不仅影响了

---

① 这 5 篇论文分别为《全球化背景下的中国地方政府国际合作》、《会展报道与区域形象建构——以天山网对中国—亚欧博览会的报道为例》、《向西开放战略中的新疆会展经济研究——以乌洽会（亚欧博览会）为例》、《中国与中亚五国农业经贸合作模式研究》和《中国—亚欧博览会园区四种观赏乔木反季节移栽生理学研究》，其中《全球化背景下的中国地方政府国际合作》为博士学位论文，其余为硕士学位论文。

② 目前，国家哲学社会科学规划办公室通过立项的有关博览会的课题共有三项：《博览会与近代中国》（2001）、《中国—东盟博览会的文化影响力研究》（2012）、《中国近现代博览会通史》（2013）。其中，前两项是一般项目，后一项是重大项目。按照学科门类第一项、第三项立项在中国历史学科、第二项立项在哲学学科。

③ 王玉慧：《晚清政府博览会管理研究》，南京艺术学院硕士学位论文，2011 年。

④ 马敏：《博览会与近代中国》，武汉：华中师范大学出版社 2010 年版。乔兆红：《百年演绎：中国博览会事业的嬗变》，上海：上海世纪出版集团 2009 年版。

⑤ 徐双龙：《举办国际博览会的连锁效应》，《外国经济管理》1991 年第 1 期。范丽萍：《建构主义视域下的中国—东盟博览会》，《广西师范大学学报》（哲学社会科学版）2011 年第 5 期。

⑥ 胡平：《基于观众满意的城市会展业发展环境研究——以乌鲁木齐中国—亚欧博览会为例》，《2014中国旅游科学年会论文集》2014 年。

近现代中国民族国家意识的形成①，而且在很多方面有力地推动了中国的现代化历史进程。②

博览会是展示先进生产技术、促进贸易、传播文明理念的平台，因而举办地点一般在先进国家和地区。21世纪以来，作为欠发达的中国边疆地区相继举办的制度化、机制化的国家级博览会是一种新的历史现象，其将在政治、外交、经济、文化、社会等多方面产生极为深远的超越国界的地区影响。因此，我们需要对边疆地区的博览会进行深入了解，如办展环境、运作方式、动力机制、功能维度和规划布局等，以便中央从国家周边地缘战略高度统筹规划，制定各项政策，使之助力中国周边外交的开展和中国地缘战略的实现。

中国政府对外政策一向较为重视与主要大国政府及主要国际组织的正式的、官方的关系发展，积极融入国际社会现有的各种多边组织，但是比较缺乏规划和设计符合自身利益的国际多边机制的经验。即使有，也不成体系，特别是在周边地区战略规划上，虽然已经有了众多的国家级的边疆地区博览会，但中国政府缺乏对这类战略工具的统筹规划，也缺乏对既有的战略工具的整合运用，更没有上升到国家周边外交战略布局的高度。③ 国家领导人参与此类博览会的方式，基本上停留在开幕式演讲、会晤外宾等事务上，国家级智库对此类博览会的关注也严重不足。可见，对国家级边疆地区博览会这一新生博览会类型的统筹规划，我国政府亟须形成一套较为完善的战略规划。本书选择边疆地区博览会建立、形成和布局对国家周边地区地缘战略的国际政治经济影响进行考察和研究，可以正本清源，增加对边疆地区博览会举办基础、战略功能和地缘影响的认知和了解，改变

---

① 对于这一问题很多学者都做过论述，晚清、民国和新中国各个阶段的研究都有成果出现。如马敏：《代序：中国近代博览会史研究需关注的几个重点问题》，马敏：《博览会与近代中国》，武汉：华中师范大学2010年版，第2~3页。王正华：《呈现“中国”：晚清参与1904年美国圣路易万国博览会之研究》，马敏《博览会与近代中国》，武汉：华中师范大学2010年版，第64~119页。吴淑瑛：《博物馆展览与民族、文化的想象——以“伦敦中国艺术国际展览会（1935~1936）”为例的观察》，马敏：《博览会与近代中国》，武汉：华中师范大学2010年版，第560~582页。洪振强：《民族主义与近代中国博览会事业（1851~1937）》，华中师范大学博士学位论文，2006年。夏松涛：《展示新中国：建国初期的展览会研究（1949~1957）》，华中师范大学博士学位论文，2010年。

② 对于博览会和现代化的关系著作颇多，国内对这一问题论述最早的是王翔，较为系统全面的当属乔兆红，详见王翔：《中国近代化的一个里程碑——1910年南洋劝业会述论》，《江淮学刊》1989年第3期。详见乔兆红：《百年演绎：中国博览会事业的嬗变》，上海：上海世纪出版集团2009年版，第320~333页。《商品赛会与湖北早起现代化——以武汉劝业奖进会为中心》，华中师范大学硕士学位论文，2000年。

③ 国家级的边疆地区博览会从主办机构看，大多是由国家商务部主办，国务院备案，没有相关部委参与博览会的战略功能发挥十分有限。另外，承办单位基本上都是边疆省区政府，这种运行机制实质上是地方政府主导的经济外事活动，外溢功能发挥也十分有限。

边疆地区博览会举办过程中的各种乱象[①]，并为相关决策者提供一定的参考。

### （三）创新

本书对边疆地区博览会研究的创新之处分别体现在研究对象、研究视角和研究观点三个方面。

首先，边疆地区国家级博览会如何影响边疆地区由发展的边缘地区转变为发展的前沿和国家周边地缘政治战略的中心地区，如何可能、如何实现及影响如何，是目前博览会研究中的薄弱问题。本书以边疆地区博览会为研究对象，是对上述问题的有益探索。本书将边疆地区博览会视为一种全新的博览会类型，将边疆发展问题、周边地缘战略问题、地区一体化推进路径等问题整合到边疆地区博览会的研究中，系统全面地揭示边疆博览会兴起的基础、功能和影响的全貌，初步探索了边疆地区国家级博览会设立的规律、布局特点、整体功能及其发挥作用的条件，这是对中国边疆地区发展政策和周边地区外交战略工具整合研究的有益尝试，属于中长期阶段的研究成果，有助于更好地理解和把握中国周边地缘战略设计。

其次，本书从周边战略的视角切入，探讨了边疆地区博览会在边疆发展、地区一体化和国家周边战略之间的桥梁和节点作用，提供了一个新颖的视角，有助于系统和宏观把握边疆地区博览会的设立、举办和整合运用。在本书研究成果的基础上，既可以进行横向的不同边疆地区博览会的比较研究，还可以进行纵向的历史比较研究，甚至进行同现有的周边外交多边机制比较研究，显示了该项研究的可持续性。

最后，本书关注了地区一体化和地缘政治经济战略中的边疆地区博览会，即在地区战略结构、国家行为体战略选择和地方政府的对外行为相互作用下的不同于传统博览会的作为新兴地缘战略工具的边疆地区博览会，有助于全面认知边疆地区博览会发生、发展和发挥作用的规律。这一研究有助于凸显边疆地区博览会在周边地缘战略的重要性，可以改变博览会功能单一的认知误区，本书的研究结果可以为中央政府周边地缘战略的顶层设计提供参考。

---

① 目前，边疆省区举办博览会的热情异常高涨，主要根源在于边疆地区发展经济的动机以及盲目攀比的心理，最近 10 年来边疆地区各种名目的博览会、交易会、洽谈会层出不穷，甚至不顾实际好大喜功，跟风升格国家级博览会。这不仅打击了边疆地区人民的发展热情，而且不利于中国的边疆地区政策，更不利于周边外交的有效展开。

## 三、文献综述

本书的研究对象是边疆地区博览会，核心问题是如何解释边疆地区博览会的周边战略功能及影响。要解释这些变化需要对博览会的发展历史做清楚的梳理，即对属于源的博览会做出解释，更需要对中国边疆地区博览会做基本的梳理，即对属于源的边疆地区博览会做出解释。现有的研究多半集中在对源的研究，对流的研究和关注不多，呈现动态跟踪和碎片化的特点，只研究了某个具体的边疆地区博览会，解释了其中博览会具有的传统的某些功能，分析了边疆地区博览会作为个体对国家周边地区外交的影响，缺乏充分的解释力和基于边疆地区博览会作为一个类型的整体的、全面的分析，也未能得出一些规律性的结果。

### （一）对博览会的一般研究

中国对博览会的认识是随着中国参与和主办博览会逐步加深的，从不同时代博览会的名称变化可见一斑。[①] 中国对博览会的研究是在两个动机驱动下进行的，一个动机是学术研究的动机，这多半是由于辛亥革命史研究拓展到清末商人、商会所引起，另一个动机是现实的原因，也就是 20 世纪 90 年代以来中国相继承办 1999 年昆明世界园艺博览会、2010 年上海世博会，这极大地刺激了学界去了解、研究世博会及中国的近代博览会史。[②] 因此对博览会的研究成果早期主要集中在历史学学科，后期特别是 1999 年昆明世界园艺博览会以后，博览会的研究成果开始扩散到经济学、管理学、传播学甚至国际关系学等学科领域。[③] 博览会的具体研究领域有博览会史研究、博览会经济研究、博览会管理研究、博览会策划研究、博览会动机研究、博览会消费心理研究、博览会功能研究和博览会案例研究等。

在已经掌握的研究成果中，多数是对以上几个研究领域之一进行研究，几乎没有学者就边疆地区博览会进行直接的跨学科的研究。多数学者没有意识到边疆

---

① 清朝后期对世博会一般称为炫奇会、赛奇会、赛会、赛珍会等，民国以后，一般称为赛会、物产会、劝业会、展览会、博览会，新中国成立后至改革开放前，一般称为成就展、工业展、经济建设展览会、物资交流展览会等，改革开放后，博览会一般被称为经贸洽谈会、交易会、展览会等，进入 21 世纪，博览会一般被用来特指综合性的展览会，同时展览会包含多种活动的会展形式。

② 洪振强：《民族主义与近代中国博览会事业（1851~1937）》，华中师范大学博士学位论文，2006 年，第 1~3 页。

③ 戴光全：《重大事件对城市发展及城市旅游的影响研究——以 1999 年昆明世界园艺博览会为例》，北京：中国旅游出版社 2005 年版。王春雷：《基于有效管理模型的大型事件公众参与研究》，同济大学博士学位论文，2008 年。吴建中：《世博文化解读》，上海：上海大学出版社 2009 年版。杨洁勉等：《中国世博外交》，北京：时事出版社 2011 年版。

地区博览会作为一个新型博览会，特别是地缘战略工具的价值，因此基本上还是从传统的博览会功能理论解释边疆地区博览会的功能及影响，造成这方面研究成果的缺乏和价值的认识偏差。但是将博览会放在历史的背景、时代的背景下研究，以及对博览会进行微观的研究，对本书的研究有一定借鉴作用。

1. 对博览会史的研究

(1) 中国博览会史研究。中国的博览会研究真正起步于博览会史的研究，在已经掌握的文献里，这一类的文献数量最为丰富，为我们提供了一幅全景式的中国博览会事业发展史。这类研究主要集中在中国自清末以来参加历届世博会的资料收集、整理和研究上；对不同主体在发展博览会中的作用研究也是学界比较关注的问题。此外，中国早期博览会的社会环境和时代背景也是学界关注的一个焦点。

目前，对中国近现代博览会的资料收集整理做的比较好的是全国图书馆文献缩微复印中心[①]和上海图书馆，一些档案馆[②]和地方史志编纂部门[③]在整理中国近现代博览会资料方面也做了很多工作。全国图书馆文献微缩复印中心将南京图书馆汇集的有关南洋劝业会和西湖博览会的资料影印出版，从中可以了解南洋劝业会和西湖博览会的全部筹办及运行过程，该书比较全面地反映了清末改革创新的尝试和民国时期民族工商业的发展情况。上海图书馆从史学的视角编辑了中国参加英国万国工业博览会一直到 1940 年中国和世博会的关系演变的史料[④]，成为研究早期中国参与世博会不可或缺的文献资料。居蜜［美］根据收录于美国国会图书馆的历史档案、图片和手稿等，对清政府派员参加美国 1904 年圣路易斯万国博览会的历史进行了梳理，从参展文化交流、国际外交和汉籍图书三个角度对中国的参展做了忠实的历史呈现，是研究早期中国参加世博会不可多得的史料文献。[⑤]陈占彪通过收集整理清末民初历次万国博览会亲历者的日记、书信以及期

---

① 全国图书馆文献微缩复印中心在整理中国早期博览会史料方面做了很多卓有成效的工作，如《中国早期博览会资料汇编》，北京：全国图书馆文献微缩复印中心 2003 年版。《中华民国参加美国世界博览会筹备委员会规章汇编》，北京：全国图书馆文献缩微中心 2009 年版。

② 中国第一历史档案馆：《清宫万国博览会档案》，扬州：广陵书社 2007 年版。中国第二历史档案馆：《中国参加芝加哥世界博览会史料选辑（三）》，《民国档案》2009 年第 3 期。苏州档案馆：《宣统年间清政府参加意大利博览会史料》，《民国档案》1992 年第 2 期；《苏丝参加 1923 年美国丝绸博览会资料选》，《民国档案》1992 年第 2 期。上海市档案馆倪红：《近代上海参加世界博览会史料选》，《档案与史料》2003 年第 4 期。

③ 广州地方志办公室对广交会历史的关注和梳理，参见 www.gzsdfz.org.cn。

④ 上海图书馆：《中国与世博：历史记录（1851~1940）》，上海：上海科学文献出版社 2002 年版。

⑤ 居蜜：《1904 年美国圣路易斯万国博览会中国参展图录》，上海：上海古籍出版社 2010 年版。

刊杂志报道，从不同角度为我们呈现了中国最初参与世博会心路变化的历程，很多都是难得的第一手史料文献[①]，对研究中国同世博会态度和认知的变化有重要的参考价值。进入21世纪以来，浙江、上海、江苏等因为早期参与或举办博览会而组织学者集中挖掘了一批有关中国参与世博会，举办南洋劝进会和西湖博览会的史料，也成为国内研究早期博览会难得的历史文献。

《博览会与近代中国》[②]一书是一本关于中国近代博览会历史研究的论文集，分别从全球化进程与博览会、博览会与民族国家塑造、博览会与大众文化和博览会与“人类共识”四个方面对博览会与近代中国的关系进行了探讨，并且将研究的视野放在更为宏观的社会背景和时代背景下，而且在对比研究的基础上得出经济社会不同发展阶段是制约中国和西方博览会功能区别的深层次原因。[③]《中国和美国的世界博览会：1876~2010》[④]一文回顾了美国历史上最为重要的世博会：费城世博会、芝加哥世博会和纽约世博会，将其置于美国崛起的时代背景下，对比研究中国北京和上海举办大型节事活动对中国、北京和上海的影响，指出美国举办世博会的过去，就是中国举办世博会的现在，两者有惊人的历史相似性，举办世博会是中国大国崛起，同时也是北京、上海成为世界城市的必要条件。《民族主义与近代中国博览会事业：1851~1937》[⑤]一文是研究近代中国博览会事业的嬗变的一部力作，作者以民族主义的视角考察中国博览会历史，揭示了中国人从被动参与世博会到主动主办国货展览会的历史演变历程轨迹及其内在逻辑规律，是认知中国人博览会观念和实践演变历史的不可或缺的著作。《百年演绎：中国博览会事业的嬗变》[⑥]是一本关于中国近现代博览会发展演变史的比较有深度的专著，作者以专业的学术眼光，将中国博览会的演变放在近现代中国政治经济发展的广阔历史和时代背景下考察，比较全面地揭示了中国近代博览会与中国社会经济的发展、人们的观念行为演进之间的良性互动关系，一定程度上探讨了新的历史条件下博览会如何继承合理的历史功能，并进行结构改造与功能创新。

---

① 陈占彪：《清末民初万国博览会亲历记》，北京：商务印书馆2010年版。

② 马敏：《博览会与近代中国》，武汉：华中师范大学出版社2010年版。

③ 马敏：《代序：中国近代博览会史研究需关注的几个重点问题》，载马敏：《博览会与近代中国》，武汉：华中师范大学出版社2010年版。

④ Jeffrey Wasserstrom：World's Fairs and Expos in China and America，1876~2010，北京论坛：《文明的和谐与共同繁荣——文明的普遍价值和发展趋向："传统与现代的国家建构与政治文化"历史分论坛论文或摘要集》（下），2008年，第444~458页。

⑤ 洪振强：《民族主义与近代中国博览会事业（1851~1937）》，华中师范大学博士学位论文，2006年。

⑥ 乔兆红：《百年演绎：中国博览会事业的嬗变》，上海：上海世纪出版集团2009年版。

《早期世界博览会与清末民初商人外交的兴起》[①] 一文从外交学视角探讨了早期世博会和清末民初商人外交兴起之间的关系，这是博览会史研究向其他学科领域渗透的最佳代表。《论晚清商品博览会与中国早期现代化》[②] 一文以现代化的视角考察了清末的博览会，对博览会在中国早期现代化中所起的经济和社会功能有了比较深入的分析和研究。《政府政策与近代中国博览会事业的兴衰》[③] 一文以政府政策的视角对近代中国博览会的兴衰做了比较完整的历史考察，揭示了政府政策对中国近代博览会的正反两方面的作用，有助于深化对中国近代博览会发展兴衰的规律研究。《清末新政与中国近代博览会事业》[④] 一文用政治和经济互动的视角来解读清末新政和中国近代博览会事业之间的关系，为全面揭示中国近代博览会事业的发展提供了有意义的思路和尝试。

《展示新中国：建国初期的展览会研究》[⑤] 一文是对新中国展览会研究的代表性著作，作者运用史学的和传播学的研究方法，把关注点放在新中国利用博览会进行国家形象塑造和认同建构的途径、效果研究上，比较集中地回答了新中国博览事业的历史功能和特点。《新中国会展业的发展历程及其历史启示》[⑥] 一文对新中国的会展业划分为三个发展阶段，分别是 1949~1965 年的初步发展阶段、1966~1977 年的曲折发展阶段和 1978 年至今的快速发展阶段，并从政府政策、会展发展模式、会展功能、展品质量和国际化等方面做了比较深入的总结和思考。

《政府政策与近代中国博览会事业的兴衰》[⑦] 和《论近代中国博览会事业衰落的原因》[⑧] 都探讨了近代中国博览会事业衰落的原因，指出了政府在近代中国博览会事业发展中的正反作用。《近代中国在国际博览会中地位的变迁》[⑨] 一文将博览会发展放在半殖民地性质的大时代背景中，谈论了近代中国在国际博览会中的地位变化。《日本大阪内国劝业会与清末中国博览会的兴起》[⑩] 一文将清末各种中

---

① 虞和平：《早期世界博览会与清末民初商人外交的兴起》，《史林》2010 年第 4 期，第 1~12 页。

② 乔兆红：《论晚清商品博览会与中国早期现代化》，《人文杂志》2005 年第 5 期。

③ 金普森、谢晖：《政府政策与近代中国博览会事业的兴衰》，《历史教学研究》2004 年第 4 期。

④ 乔兆红：《清末新政与中国近代博览会事业》，《历史教学问题》2009 年第 6 期。

⑤ 夏松涛：《展示新中国：建国初期的展览会研究（1949~1957）》，华中师范大学博士毕业论文，2010 年。

⑥ 夏松涛：《新中国会展业的发展历程及其历史启示》，《当代中国史研究》2009 年第 5 期。

⑦ 金普森、谢辉：《政府政策与近代中国博览会事业的兴衰》，《历史教学问题》2004 年第 4 期。

⑧ 林芳、谢辉：《论近代中国博览会事业衰落的原因》，《电子科技大学学报》（社会科学版）2005 年第 3 期，第 63~66 页。

⑨ 王秀霞、王伟：《近代中国在国际博览会中地位的变迁》，《山东省农业管理干部学院学报》2003 年第 2 期。

⑩ 许峰源：《日本大阪内国劝业会与清末中国博览会的兴起》，《近代中国、东亚与世界国际学术讨论会论文集》（上册），2006 年。

国自办博览会的外部诱因和日本的博览会联系起来，有助于全面地理解中国近代博览会的内外部原因。《“跑调”的国货展览会：1935 年无锡国货流动展览会研究》[①] 一文研究了民国博览会中最有代表性的国货博览会，对其办展效果进行了一定程度的批判，并对原因进行了初步的研究。

（2）地区和城市博览会史研究。随着中国博览会产业的发展，对城市博览会史的研究开始逐步兴旺起来。这一方面的研究重点关注国内会展业发达城市的博览会史的研究，力图揭示博览会和城市现代化，特别是和城市经济发展的关系，这方面的研究有助于博览会历史从宏观视角走向中观视角，能够帮助了解中国博览会发展史的局部特征和发展规律。但是这方面的成果不多，集中在上海、广州、武汉等几个城市博览史的研究。[②]

《博览会与武汉城市发展互动研究（1909~2010）》[③] 一文是城市博览会史研究的扛鼎之作，作者将博览会的发展放在武汉城市一百年的发展历史中考察，重点考察了博览会与城市社会互动中对意识形态的塑造，博览会推动城市经济发展，以及对城市形象的塑造，对两者的关系做了深刻的揭示。作者将武汉的博览会历史发展划分为三个时期：清末民国年间的互动是集中在劝业[④] 和国货的倡导上，新中国成立前 30 年武汉的博览会被高度政治化和意识形态化，成为政权巩固和增强社会认同的工具，促进了武汉的社会转型；改革开放以后，武汉博览会逐渐还原经济属性，促进了会展产业的形成，促进了武汉经济社会向市场经济的转型。

《上海会展业发展史》[⑤] 一文将上海会展业的发展史追溯到 19 世纪晚期，作者将上海会展发展的历史简单地划分为两个阶段：19 世纪晚期到 20 世纪 40 年代末的清末民国时期和新中国成立时期，并概括了会展业发展的主要特点。《上海展览业研究（1978~2007）》[⑥] 一文将改革开放后 30 年的上海展览业发展作为研究对象，以检索和统计解放日报的相关报道为方法，在数据分析的基础上，对上海

---

① 付海晏：《“跑调”的国货展览会：1935 年无锡国货流动展览会研究》，《近代史研究》2008 年第 4 期。

② 事实上，近代博览会史料挖掘过程中，不断涌现一些城市的博览会史研究成果。孙跃中、黄敏：《近代中国最早的博览会——成都商业劝工会》，《文史杂志》2010 年第 6 期，第 65~67 页。许海娜：《1901~1928 年间天津展览会研究》，河北师范大学硕士学位论文，2013 年。

③ 艾险峰：《博览会与武汉城市发展互动研究（1909~2010）》，华中师范大学博士学位论文，2011 年。

④ 清末的博览会因为强调劝勉发展实业，增强国力，所以一般称为劝业会，民国年间在资本主义列强的经济侵略背景下，民族主义盛行强调爱国，用国货，所以一般称为国货展。详见朱英：《清末武汉劝业奖进会述略》，《历史研究》2000 年第 4 期，第 186~189 页。陈晓宇、姚伟钧：《近代武汉的展览业》，《武汉文史资料》2007 年第 8 期，第 45~50 页。

⑤ 楼嘉军、郑逸凡：《上海会展业发展史》，《国际市场》2014 年第 2 期，第 37~40 页。

⑥ 杨嵋：《上海展览业研究（1978~2007）》，华东师范大学硕士学位论文，2009 年。

展览业发展过程中的特点、时空演变规律等进行了归纳和概括，在分析问题的同时对上海展览业的发展提出了有针对性的建议。《战前上海工业化的最后展示——上海市政府成立 10 周年纪念工业展览会研究》[①] 一文聚焦民国时期的上海博览会发展，将工业化的研究视角运用到上海会展史的案例研究中，呈现了民国年间上海博览会发展的面貌。

《广州会展史研究》[②] 一文是对广州会展史研究比较深入的论文，作者将广州的会展源头追溯到民国年间，着重研究了广交会，对广州会展业发展进行了合理的展望。《台湾博览会志》[③]、《台湾史上第一大博览会：1935 年魅力台湾 SHOW》[④]、《始政四十周年纪念：台湾博览会》[⑤]、《日治時期大型活动：台湾劝进会、始政三十年展展览、始政四十年博览会》[⑥] 分别从台湾史角度、日本殖民统治视角考察了日本殖民台湾时期的几场重要博览会，对博览会的政治宣传功能进行了历史的分析，呈现了近代台湾会展史发展的概貌。

（3）机构和人物研究。中国近代博览会事业参与者众多，这里面不仅有中央政府、地方政府、商会还有商人、学者和实业家，特别是海外华人华侨也投入到了中国近代博览会事业中。研究博览会举办过程中不同的机构和人物，有助于全面的认知近代中国博览会运作的主体、机制和内外部环境。

《晚清海关与国际博览会》[⑦] 一文对晚清海关承办的历次出国参展世博会事务进行了考察，对海关的国际博览会承办权的历史地位及其局限进行了深度的研究，认为海关承办国际博览会事务权只是特定历史条件下的产物，随着中国对外开放的进展，海关国际博览会事务的承办权被收回将是历史的必然逻辑。《张謇与近代博览事业》[⑧]、《1903 年大阪博览会与张謇来日》[⑨] 和《涩泽荣一和张謇博览

---

① 严鹏：《战前上海工业化的最后展示——上海市政府成立 10 周年纪念工业展览会研究》，《中国社会经济史研究》2011 年第 2 期，第 72~78 页。

② 林翰：《广州会展史研究》，广州大学硕士学位论文，2007 年。

③ 鹿又光雄：《台湾博览会志》，（出版社不详）1939 年。

④ 程佳惠：《台湾史上第一大博览会：1935 年魅力台湾 SHOW》，台北：远流出版社 2004 年版。

⑤《始政四十周年纪念：台湾博览会》，台北：写真大观社 1935 年版。

⑥ 林品章：《日治時期大型活动：台湾劝进会、始政三十年展展览、始政四十年博览会》，《台湾设计》2007 年第 4 期，第 8~19 页。

⑦ 沈惠芬：《晚清海关与国际博览会》，福建师范大学硕士学位论文，2002 年。另外，宋茂翠、张耀华和詹庆华等学者也对海关及其工作人员在近代中国博览会事业中的地位作用进行了研究。详见宋茂萃：《近代中国海关与维也纳世界博览会》，《桂海论丛》2004 年第 2 期。张耀华：《晚清时期中国海关统管出国参展世博会始末》，《上海海关高等专科学校学报》2006 年第 2 期。詹庆华：《晚清海关洋员与世界博览会——以海关洋员眼里的世博会为例》，《上海海关学院学报》2010 年第 3 期，第 78~87 页。

⑧ 马敏：《张謇与近代博览事业》，《华中师范大学学报》（人文社会科学版）2001 年第 5 期，第 14~21 页。

⑨ 野泽丰：《1903 年大阪博览会与张謇来日》，《经理研究》1971 年第 14 期。

活动的比较研究》[①]三篇论文同时关注了近代中国最为有名的实业家、商人，同时也是近代中国博览会事业的先驱张謇，所不同的是第一篇论文研究的是张謇对近代中国参加国际博览会以及举办南洋劝业会等所作出的历史贡献，在此基础上分析了张謇儒商、绅商的性格特点，第二篇文章侧重分析张謇参观日本大阪博览会对其博览思想和博览实践的影响，第三篇论文以国际化的视野将张謇和同时期日本的博览事业先驱做了对比分析，揭示了中国近代博览会事业不同的发展模式。《陈琪与近代中国博览会事业》[②]一文考察了另一位中国博览会事业的先驱人物——陈琪[③]，陈琪是和张謇同时代的一位商人、实业家，作者通过对陈琪的国际博览会参展和国内办展经历的研究，并对比其他博览会人物，如张謇、端方、张人骏和张静江，从时代背景、自身素质、政府支持、商界信任和地域经济等方面全面分析了陈琪成功的原因，对其在中国博览会事业的地位做了评价，同时也指出了陈琪的历史局限性。《张之洞与晚清湖北的商品赛会》[④]和《端方与南洋劝业会》[⑤]两篇论文对开明政府官员与近代中国博览会兴起的关系进行了研究，通过考察张之洞、端方的博览会思想和实践，揭示了湖北和江苏最早产生中国近代博览会的体制原因。[⑥]

《上海商会与中国近代博览会事业》[⑦]一文从上海商会在中国近代博览会发展中所扮演的角色和所起的作用入手，揭示了上海商会在中国近代博览会事业中商会所起的实际组织者和承办者的角色。《1910 年的南洋劝业会和东南亚华侨》[⑧]、《上海格致书院与博览会的经验》[⑨]对中国近代博览会事业主体之一的图书馆进行了研究，作者通过对上海格致书院筹办上海博览会的曲折历程进行细致的考察分析，揭示了中国近代博览会事业发展中的环境和观念阻力，并对政府政策进行了一定程度的质疑。《中国近代博览会事业的政府行为》[⑩]一文从政府管理角度对中

---

① 张卉：《涩泽荣一和张謇博览活动的比较研究》，华中师范大学硕士学位论文，2012 年。

② 谢辉：《陈琪与近代中国博览会事业》，浙江大学博士学位论文，2005 年。

③ 林芳：《中国近代博览会之第一人——陈琪传》，北京：中国社会科学出版社 2009 年版。

④ 马敏：《张之洞与晚清湖北的商品赛会》，《江汉大学学报》（社会科学版）2010 年第 1 期，第 78~81页。

⑤ 朱英：《端方与南洋劝业会》，《史学月刊》1988 年第 1 期。

⑥ 类似的研究还有吕晓利：《张静江与 1929 年西湖博览会的研究》，华中师范大学硕士学位论文，2009 年。胡兵：《张静江与浙江展览会事业》，《广西民族师范学院学报》2013 年第 2 期，第 35~38 页。

⑦ 乔兆红：《上海商会与中国近代博览会事业》，《史林》2010 年第 2 期。

⑧ 小岛淑男、简柏邨：《1910 年的南洋劝业会和东南亚华侨》，《近代中国》（第四辑）1994 年。类似的研究还可以参见乔兆红：《华侨与南洋劝业会》，《文史哲》2003 年第 2 期。

⑨ 吴方正：《上海格致书院与博览会的经验》，台北：《中央研究员近代史研究所集刊》，2006 年第 51期。

⑩ 乔兆红：《中国近代博览会事业的政府行为》，《社会科学》2008 年第 2 期。

国近代博览会事业的发展驱动力的政府行为做了考察和解释，作者认为中国近代博览会事业是外源型的现代化模式所决定的，政府在中国近代博览会事业中的主导作用是不可或缺的。

2. 对博览会经济的研究

《重大事件对城市发展及城市旅游的影响研究——以 1999 年昆明世界园艺博览会为例》① 一书是国内最早对博览会对城市发展影响进行实证研究的专著，作者以昆明园艺博览会为研究对象，运用西方的事件理论对 1999 年昆明园艺博览会的影响从整体影响力、城市基础设施和城市形象、城市旅游规模和地位、旅游结构变化以及经济影响的定量评估五个方面进行了深入研究，进而提出了大型事件活动和地方发展良性互动的“1234”理论框架，并概括出昆明园艺博览会十大特点，作者还指出了事件活动在中国和西方城市发展中的不同功能、运行机制和体制，认为这些是中西方重大事件活动存在差异的重要原因之一。②

《欧洲会展经济研究》③ 一文是国内较早对欧洲会展经济研究的专业论文，作者对欧洲会展经济进行了全面的考察，对其发展特点、功能作用做了归纳，在此基础上对欧洲的国别会展经济进行了更深入的分析，作者认为德国的会展经济的主导力量是会展巨头公司，会展市场主体相对单一，而法国会展市场产业链较长，意大利的会展公司创新力较强，这些会展国家的会展经济使欧洲获得优质资源、塑造了不同特色的会展品牌城市，不仅带动了地方的经济良性发展，而且还增加了支持度和就业率等，这些经验给中国发展会展经济需要启示。

《现代会展与区域经济发展》④ 一书是目前国内有关区域会展经济研究最为权威的专著，作者从现代会展的区域性入手，分析了我国会展经济分布的空间特征和规律，进而指出了我国会展经济中存在的问题，在此基础上，作者对现代会展的区位选择和空间分布、现代会展与区域产业结构优化、现代会展与经济合作、现代会展与城市发展、现代会展与区域可持续发展等进行了深度的分析，作者认为要发挥现代会展经济在我国区域经济发展中的功能，必须从理论高度认知和掌

---

① 戴光全：《重大事件对城市发展及城市旅游的影响研究——以 1999 年昆明世界园艺博览会为例》，北京：中国旅游出版社 2005 年版。同类的研究还有许多，如定平：《世博会与国际大都市发展》，上海：复旦大学出版社 2007 年版。阿尔诺、勃兰特：《汉诺威世博会对区域经济的影响》，上海：上海科学技术文献出版社 2003 年版。郭牧：《会展与区域经济的发展：以中国义乌国际小商品博览会为例》，北京：中央编译出版社 2008 年版。李红艳：《标志性事件对城市旅游的影响研究》，东北财经大学硕士学位论文，2005 年。

② 戴光全：《重大事件对城市发展及城市旅游的影响研究——以 1999 年昆明世界园艺博览会为例》，北京：中国旅游出版社 2005 年版，第 279~280 页。

③ 黄撰：《欧洲会展经济研究》，吉林大学硕士学位论文，2004 年。

④ 曾武佳：《现代会展与区域经济发展》，成都：四川大学出版社 2008 年版。

握现代会展区域性的四个规律。

3. 对博览会管理的研究

《博览管理：博览、会议和活动的策划、执行与控制》[①] 一书是目前国际上对博览会管理研究最为深入的论文集，该书从五个方面对博览管理展开论述。第一部分集中研究了博览及其理论的基础和发展，在这一部分不仅介绍了德国及欧洲博览会的历史发展，探讨了博览会举办所必需的基础设施条件，对博览会的形象传播、地域和政治营销、经济和外交等功能做了一定程度的研究，而且对博览会的整合传播、私有化、公共博览企业的分化等趋势做了深度的分析和展望。第二部分对博览企业的战略管理进行了探讨。在这一部分，作者将博览企业的信息基础、产品开发战略、结盟战略、国际化战略等关系博览企业战略未来的方面进行了全面的分析和探讨。第三、第四、第五部分集中研究了博览企业的日常管理和项目管理，并特别将参展商和参观者的重要性提高到关系博览会成败的高度，具有高度的理论概括和实践指导意义。

《世博会组织管理中的政府职能》[②] 一文分析了世界博览会的运行中政府的地位、职能，作者将世博会历史上三种组织管理模式和上海世博会的实践进行了比较研究，认为世博会举办过程中政府的主导作用应该得到明确，在此基础上发挥企业和第三方的作用，并动员民众参与。

《世博客流组织》[③] 一书对世博会期间有效客流的组织与管理进行了实证研究，作者对上海世博会期间交通特征进行了归纳，确定了世博会交通的主要策略，对上海世博会交通规划的定位与功能进行了分析，在此基础上提出了世博会客流的整体方案和配套管理的政策，作者还对客流的应急管理系统和对整个城市交通的后续影响进行了研究。《合作与协调：上海世博会管理问题研究》[④] 一书是研究上海世博会运营管理比较系统的著作，该书从公共管理、项目管理和金融管理三个视角对上海世博会的评价绩效和目标、上海世博工程项目和上海世博会的融资体系进行了全面的述论。《大型节事中志愿者参与动机的实证研究——以2010 年上海世界博览会为例》[⑤] 一文以上海世博会为案例研究对象，通过对上海世

① 曼弗雷德·基希盖奥格、维尔纳·多恩夏特等：《博览管理：博览、会议和活动的策划、执行与控制》，上海：上海财经大学出版社 2008 年版。另外日本学者也对博览会管理开展了总体的研究，详见诸岡博熊：《博覧会学事始》，エスエル出版社 1987 年。

② 阮炜：《世博会组织管理中的政府职能》，中国人民大学硕士学位论文，2011 年。

③ 陆锡明：《世博客流组织》，上海：同济大学出版社 2010 年版。

④ 尤建新、丁洁民、陈迅等：《合作与协调：上海世博会管理问题研究》，上海：同济大学出版社 2006 年版。

⑤ 龙涛、张延平：《大型节事中志愿者参与动机的实证研究——以 2010 年上海世界博览会为例》，《旅游学刊》2011 年第 4 期，第 66~72 页。

博会的 405 名志愿者进行问卷调查，对志愿者的服务动机和岗位服务之间的满足感之间的关系进行了定量的分析，对大型节事活动的志愿者管理有一定的指导意义。

《晚清时期世博会法律规章历史研究》① 一文对晚晴时期世博会参展管理的相关法律规章进行了比较全面的研究，作者通过对 72 篇经过上海海关整理、翻译和编写的晚清时期世博会条例和章程，对上海世博会章程制定、禁展物品和安保等重大问题、知识产权保护、展品分类编号、公开评奖以及举办国和参展国海关法律规章等方面提了针对性的建议。《近代中国参加世博会的里程碑——〈出洋赛会通行简章〉简析》② 一文对近代中国第一个参加世博会的法规进行了研究，对其历史背景、具体内容和作用等做了全面的分析，作者认为《出洋赛会通行简章》是中国法制史上第一部著作规范赛会的法律，对近代中国参加世博会起了重要的推动意义，提高了社会各界参加世博会的热情，使近代中国博览会事业迅速升温，出现了近代中国“博览会”的热潮，这一切有力地推动了近代中国资本主义工商业的发展。《世界博览会法律制度研究》③、《2006 世界博览会主办国的法制创造：遵循国际规则的机制与实践》④ 两书是上海世博会前后两部系统论述世界博览会法律制度建设的专著，第一部专注于研究世界博览会框架内的法律制度产生和演进历史及实践，对中国申请和举办上海世博会提出了针对性的建议。第二部著作在第一部著作的基础上结合上海世博会法制的实践，以世博会主办国法律制度与国际规则的协同效应为研究内容，着重探讨了在世博会轨迹规则的法律框架下，主办国如何在遵循国际规则，并在这种框架下创造性的发挥内国法的作用，作者将上海世博会在货物通关、参观者及其外籍工作人员所得税、参展者外籍工作人员出入境、税收优惠等问题上的法律创新做了概括和梳理，认为只有主办国法制和国际规制实现协同互动，才能从制度上保证世博会的顺利举行。

4. 对博览会功能的研究

从中国人接触世博会开始，针对博览会的功能就存在争论。《论中国宜开赛会以兴商务》⑤ 是中国第一篇对世博会功能进行全新认知的论文，作者认为世博

---

① 张耀华：《晚清时期世博会法律规章历史研究》，《社会主义与中国现代化政治·法律与社会：上海市社会科学界第七届学术年会文集（2009 年度）政治·法律·社会学科卷》，2009 年。

② 罗靖：《近代中国参加世博会的里程碑—〈出洋赛会通行简章〉简析》，《社会科学家》2009 年第 6 期，第 35~37 页。

③ 邱一川：《世界博览会法律制度研究》，北京：法律出版社 2006 年版。

④ 邱一川：《2006 世界博览会主办国的法制创造：遵循国际规则的机制与实践》，上海：上海人民出版社 2012 年版。

⑤ 刘桢麟、邵之棠：《论中国宜开赛会以兴商务》，《知新报》1897 年第 4 期。

会具有重要的商贸交流功能，中国应该大力发展。《论清末民初中国对万国博览会的三种认知》[①] 是一篇研究清末民初中国人对博览会功能认知的论文，该论文通过对这一时期亲历世博会的珍贵史料的挖掘，归纳出这个时期中国人对世博会的三种认知：娱乐功能、商贸功能和文明传播功能。《寓乐于会：近代博览会与大众娱乐》[②] 一文对近代博览会与大众娱乐之间的关系做了探讨，作者认为大众娱乐是博览会重要的功能，同时也是各种博览会不可或缺的构成要素，近代博览会是研究近代城市大众文化不可忽视的重要内容。《中国近代化的一个里程碑——1910年南洋劝业会述论》[③] 一文将近代中国的第一个全国性博览会的重要作用做了深入研究，认为南洋劝业会承担了使中国进入近代化的历史功能。[④]《中国与世界博览会：西学东渐与中学西渐》[⑤] 一文对近代博览会承担的功能认知研究又更进了一步，作者认为世界博览会还承担了不同文化间交流的桥梁作用，促进了中西文明的互相流动和了解，甚至在某种程度上促进了观念的变革。

《早期世界博览会与清末民初商人外交的兴起》[⑥] 一文关注清末民初商人这一群体在参与世界博览会中的地位和作用，作者认为世博会具有外交功能，中国商人利用世博会这一外交舞台而开展的经济外交促进了近代中国外交观念和方式的变革，世博会日益成为中国商人外交进步的载体和推动力，并为中外经济关系改善发挥了一定的作用。《中国世博外交》[⑦] 一书是研究世博外交比较系统的著作，作者将世博会视为开展各种新形势外交的平台，作者认为世博会期间开展的首脑外交、馆日外交和紧急事件外交等完善了中国的外交格局，提升了大型国际活动

---

① 陈占彪：《论清末民初中国对万国博览会的三种认知》，《社会科学研究》2010 年第 5 期，第 152~157 页。朱肇飏：《论各国赛会之种类及沿革》，《商务官报》1910 年第 2 期。

② 马敏：《寓乐于会：近代博览会与大众娱乐》，《史学月刊》2010 年第 1 期，第 91~100 页。

③ 王翔：《中国近代化的一个里程碑——1910 年南洋劝业会述论》，《江海学刊》1989 年第 3 期。

④ 乔兆红：《论晚清商品博览会与中国早期现代化》，《人文杂志》2006 年第 5 期，第 129~134 页。其他研究视角还包括产业发展视角、对外开放等，参见野泽丰：《辛亥革命与产业问题——1910 年的南洋劝业会与日、美两国实业团的访华》，《纪念辛亥革命七十周年学术讨论会论文集》（下），1981 年。古伟瀛：《从"炫奇""赛珍"到"交流""商战"：中国近代对外关系的一个侧面》，《思与言》1986 年第 3 期，第 249~266 页。刘世龙：《南洋劝业会与清末新政时期的产业振兴政策》，《广岛东洋史学报》1998 年第 3 期。赵祐志：《跃上国际舞台—清季中国参加万国博览会之研究》，《台湾师范大学历史学报》1997 年第 25 期。

⑤ 乔兆红：《中国与世界博览会：西学东渐与中学西渐》，《学术月刊》2009 年第 11 期，第 147~154 页。其他研究参见沈原：《中西文化的交融与碰撞——记晚清政府派员参加美国圣路易斯博览会》，《历史档案》2007 年第 4 期，第 72~76 页。杨兴梅：《缠足的野蛮化：博览会刺激下的观念转变》，《四川大学学报》（哲学社会科学版）2012 年第 6 期，第 82~90 页。Rowman，Littlefield，Empire to Nation：Historical Perspectives on the Making of the Modern World，2006.

⑥ 虞和平：《早期世界博览会与清末民初商人外交的兴起》，《史林》2010 年第 4 期，第 1~12 页。虞和平、贾中福：《中国商会代表团参加太平洋商务会议述论》，《史学月刊》2004 年第 7 期，第 41~50 页。

⑦ 杨洁勉：《中国世博外交》，北京：时事出版社 2010 年版。

的外交能力；世博会期间开展的经济外交促进了对外经济战略和经济外交进一步成熟，有助于积极抢占经济发展制高点和推动经济发展方式转型，展示中国模式，巩固改革开放的有利外部环境；围绕世博会开展的文化外交促进了中外文化交流互动，改善了中国的国际形象，并且提升了中国开展文化外交的能力；世博会还创新地开展了世博公共外交和舆情外交，这些活动促进了海内外媒体对中国的报道和关注，帮助中国凸显了新兴国家的角色，促进了世界舆论和民意对中国的新认知，有力提升了公共外交在中国外交整体中的地位；最后作者认为上海世博会开辟了地方外事融入国家总体外交的新途径，世博会后形成的国家总体外交和地方外交外事互动的机制将具有示范、长效和延伸作用。

《本国近代产业的黎明：内国劝业博览会的回顾》[①]、《国际博览会与国家建设发展研讨会会议实录》[②]、《世博效应对长三角地区经济一体化的影响探析》[③] 三文分别从近代日本博览会的经济现代化功能、台湾国际博览会发展台湾经济和促进长三角地区一体化方面论述了博览会的经济功能。[④]《博览会的政治学》[⑤]、《博览会的政治学：视线之现代》[⑥] 两书对博览会的政治意义和功能进行了系统的研究，作者考察了近代西方博览会的历史，从文化人类学入手，揭示了西方博览会是航海大发现以来西方对异域文化和事物进行搜集和分类驱动的，同时也是工业革命、帝国主义、殖民主义等彰显的政治需要，日本作为后起的帝国主义国家也开始模仿西方的博览会，特别是对博览会在日本殖民扩张中的政治功能做了全面细致的分析，第二次世界大战后，日本的博览会政治功能不再服务于殖民主义和帝

① 中村三八夫：《本国近代产业的黎明：内国劝业博览会的回顾》，台北：台北帝国大学理农学部，1935 年。

② 中华民国都市计划学会：《国际博览会与国家建设发展研讨会会议实录》，台北：中华民国都市计划学会，国际博览会与国家建设发展研讨会，1989 年。

③ 王颖：《世博效应对长三角地区经济一体化的影响探析》，《旅游科学》2005 年第 4 期。

④ 对博览会经济功能的研究在博览会功能研究中居于主导地位，其他视角的研究参见罗秋菊、陶伟：《会展与城市经济社会发展关系研究——以中国出口商品交易会（广交会）为例》，《北京第二外国语学院学报》2004 年第 3 期，第 30~37 页。刘松萍：《会展、经济与城市发展：关于中国“广交会”的综合研究》，北京：中央编译出版社 2008 年版。涂成林、陈仲球等：《会展：现代城市发展的杠杆》，北京：中央编译出版社 2008 年版。陈仲球：《关于会展业与城市产业发展的互动效应分析》，《经济与社会发展》2008 年第 6 期，第 27-30 页。

⑤ 吉見俊哉：《博覧会の政治学：まなざしの近代 》，东京：中央公論新社 2001 年版。松田京子：《帝國の視線：博覽會と異文化表象》，东京：吉川弘文館 2007 年版。名古屋學院大學總合研究所：《国際博覧会を考える：メガ.イベントの政策学》，京都：晃洋書房 2005 年版。莫爾頓；Morton，Patricia A；長谷川章：《パリ植民地博覧会：オリエンタリズムの欲望と表象》，東京：ブリュッケ2002 年。Burris J. P.，Exhibiting Religion：Colonialism and Spectacle at International Expositions，1851-1893. University of Virginia Press，2001.

⑥ 吉见俊哉：《博览会的政治学：视线之现代》，台北：群学出版社 2010 年版。

国主义，而是服务于日本和平发展道路的展示和经济立国。

《从博览会到多样性展现：看见台湾的方式》[①]、《再现与改造历史——1935年博览会中的“台湾历史画”》[②]、《博览会与台湾原住民：殖民时期的展示政治与“他者”意象》[③]、《“异地”台湾——日本内地博览会中的台湾形象》[④] 这四篇论文以不同时期的台湾为研究对象，对博览会的形象建构功能进行了研究，分析了博览会对不同时期台湾的形象的建构特点。

《世博会与国际形象塑造》[⑤] 一文针对世博会对国家形象的塑造功能进行了探讨，作者认为世博会的策划、举办乃至每一个展示细节都可以影响国家形象，明确提出了世博会和国际形象关系研究的命题。[⑥]

5. 博览会的案例研究

博览会的案例研究文献最为丰富，早期的研究主要集中在对 1910 年南洋劝业会的研究、西湖博览会研究和国货展览会的研究上，当然，中国赴欧、美等地参展的具体案例也占有一定比例。新中国成立后一直到 1978 年，这段时期的博览会案例研究成果较少。改革开放以后博览会研究呈现大发展的特点，这时期的案例研究除了以新的视角发掘史料中的博览会，另外更加专注于当前博览会案例的研究。研究视角大多集中在大型博览会的举办及其影响上，比如，1999 年昆明世界园艺博览会、2010 年上海世界博览会的研究占据博览会案例研究的大多数。

《1910 年的南洋博览会研究》[⑦] 一文对南洋劝业会的意义与不足进行了全面的分析，通过对比同时期日本在博览会方面的成就，指出南洋劝业会没有达到预期目标的原因是中国缺乏先进的博览理念和运营模式，认为博览会的举办没有完全

---

① 陈奕良：《从博览会到多样性展现：看见台湾的方式》，《博物馆学季刊》2007 年第 1 期，第 75~81 页。

② 黄琪惠：《再现与改造历史——1935 年博览会中的“台湾历史画”》，《台湾大学美术史研究集刊》2006 年第 20 期。

③ 胡家瑜：《博览会与台湾原住民：殖民时期的展示政治与“他者”意象》，《台湾大学考古人类学刊》2004 年第 62 期，第 3~39 页。

④ 刘融：《“异地”台湾——日本内地博览会中的台湾形象》，《暨南史学》2003 年第 6 期，第 27~71 页。

⑤ 吴建民：《世博会与国际形象塑造》，《图书馆杂志》2006 年第 6 期，第 81~88 页。

⑥ 这方面的研究文献丰富，角度各有不同和侧重，如洪振强：《国际博览会与晚清中国“国家”之形塑》，《历史研究》2012 年第 6 期，第 4~20 页。Vennman B. Dragons，Dummies，Royals，China at American World's Fairs，1876-1904. Gateway Heritage，1996，Vol. No 2. pp. 10-16.

⑦ 周延胜：《1910 年的南洋博览会研究》，北京大学硕士学位论文，2003 年。其他研究视角还包括博览会策划、社会学视角、参与者、运行机制、近代化、利益相关者等，参见马敏：《清末第一次南洋劝业会述评》，《中国社会经济史研究》1985 年第 4 期。洪振强：《南洋劝业会与晚清社会发展》，《江苏社会科学》2007 年第 4 期，第 204~210 页。乔兆红：《华侨与南洋劝业会》，《文史哲》2003 年第 2 期，第 103~108 页。于曰良：《南洋劝业会的倡办与选址》，《江苏地方志》2010 年第 2 期。橋本基一：《南洋スマラン博覧會事務報告》，東京：博覧會協會，1915 年。

整合商机、产品、世界市场、国内工业结构，甚至在某种程度上存在脱节，这不仅造成了博览会经济功能的不完全发挥，也没有实现推动实业的目标，是中国走向世界的不成功的尝试。

《西湖博览会研究》① 一文是比较系统研究西湖博览会的论文，作者将西湖博览会作为民国年间第一大博览会来研究，从西湖博览会的运行机制、效果特征和影响等几个方面进行了细致的探讨，论述了西湖博览会在中国博览会史上的重要地位。

《上海世博会的经济综合影响力指数模型》② 一文分析了上海世博会筹办和举办过程中对上海的经济影响，作者通过筛选世博会影响经济的 10 个指标，构建世博会影响经济的评价指标体系和模型，测算出了 2003~2010 年上海世博会对上海经济的总体经济影响力指数。《上海世博会中国国内旅游者空间行为研究》③ 一文通过调研问卷获得数据，在此基础上运用空间使用曲线、客源吸引半径和游憩活动空间等方法，对上海世博会的旅游者进行了客源地分析、游憩活动空间和空间行为模式等进行了阐述，作者得出结论：上海世博会国内游客地缘分布广泛，距离衰退明显，呈现游憩活动空间不连贯、直线式和直线一周式为主的行为模式特征。《上海世博会公共服务与“中国服务”的提升》④ 一文对上海世博会公共服务影响进行了研究，作者通过构建世博会公共服务流程和管理体系，从服务准备、服务实施和服务质量控制三个方面分析了世博会公共服务的运行，最后从六个方面说明了世博会对中国服务的提升作用。《上海世博会企业赞助效果及行为研

---

① 谢辉：《西湖博览会研究》，杭州大学硕士学位论文，1994 年。研究 1929 年西湖博览会的著作比较多，但是多数并不深入，研究视角也较单一，如浙江省西湖博覽會：《西湖博覽會總報告書》1931 年。徐旭东：《西湖博览会筹备之经过》，《东方杂志》1929 年。进入 21 世纪后，随着中国会展教育的兴起，对西湖博览会研究的视角开始多元化，如博览会管理视角、民族主义视角、现代化视角、辛亥革命视角等，这些研究视角将西湖博览会的研究推向新的高度。参见倪侃：《天时·地利·人和——1929 年西湖博览会成功举办的启示》，《浙江社会科学》2010 年。艾险峰：《1929 年西湖博览会述论》，《华中师范大学学报（人文社会科学版）》2009 年第 4 期，第 84~89 页。吕晓利：《张静江与 1929 年西湖博览会的研究》，华中师范大学硕士学位论文，2009 年。谢辉：《西湖博览会述论（1929）》，《浙江方志》2005 年第 6 期，第 34~42 页。张茜：《民国时期的西湖博览会》，《湖北档案》2010 年第 6 期，第 36~36 页。王佩良：《论西湖博览会与辛亥革命百年庆典》，《湖南师范大学社会科学学报》2011 年第 1 期，第 93~97 页。

② 陈修素、陈睿、郭洋成等：《上海世博会的经济综合影响力指数模型》，《数学的实践与认识》2012 年第 4 期，第 11~18 页。贺建风、郝军章、蔡树钿：《世博会对上海区域经济影响力的定量评估研究》，《华东经济管理》2011 年第 8 期，第 6~9 页。

③ 吕丽、曾琪洁、陆林：《上海世博会中国国内旅游者空间行为研究》，《地理科学》2012 年第 2 期，第 186~192 页。

④ 张文建、朱源：《上海世博会公共服务与“中国服务”的提升》，《上海管理科学》2012 年第 4 期，第96~100 页。

究——基于观众感知的博客文本分析》[①]一文以上海世博会企业赞助效果和行为研究对象，在背景分析基础上，构建分析框架，通过分析世博会相关网络博客为手段，详细描绘了各赞助企业、场馆及两者之间的互动机制和作用过程。

**（二）边疆地区博览会研究**

边疆地区博览会作为一种新型博览会，目前并没有引起学界和决策层的足够重视，相关研究成果并不多，并且研究多集中在项目管理、品牌形象、运营模式等视角，因此研究成果的形式基本上是具体边疆地区博览会的研究。在具体边疆地区博览会的研究中，中国—东盟博览会因为举办历史最长，因此研究成果较多，研究视角也最多，论文发表层次较高，中国—东北亚博览会次之，中国—亚欧博览会再次之，中国—南亚博览会和中国—阿拉伯国家博览会研究最少。

1. 有关中国—东盟博览会的研究

《中国—东盟博览会发展报告》系列[②]是研究中国—东盟博览会最为齐全的年鉴式著作，该书以编年史的写作手法如实记录了中国—东盟博览会举办过程中的每一个侧面，成为研究中国—东盟博览会最为突出的成果和不可或缺的参考文献。以《中国—东盟博览会发展报告精简本（2004~2008）》[③]为例，报告汇编了中央领导人和自治区领导对博览会举办的系列重要讲话，在此基础上从博览会项目流程角度设计了整个写作框架，该书先分析了中国—东盟博览会的起源，接着分析了博览会筹办过程中不同政府主体的作用和博览会运行机制，在此基础上详细记录了博览会举办过程中开幕式环节、现场展示活动、博览会配套的相关活动和服务支撑体系，并对博览会举办的成果和影响做了概括，最后对中国—东盟博览会的继续举办提出了可行性方案。

《中国—东盟博览会可持续发展报告》[④]一书是研究中国—东盟博览会可持续发展问题比较重要的著作，该书详细梳理了第一届至第五届中国—东盟博览会运作过程中的经验、问题等情况，并对中国—东盟博览会可持续发展能力进行了细致的分析，提出了可持续发展的总体目标、基本模式和主要任务，并且指出了可

---

① 杨勇、许鑫：《上海世博会企业赞助效果及行为研究——基于观众感知的博客文本分析》，《中大管理研究》2013年第4期，第159~191页。

② 《中国—东盟博览会发展报告》系列是由中国—东盟博览会组委会官方组织撰写的，由广西师范大学出版社出版的年鉴式成果，自2008年以来《中国—东盟博览会发展报告》已经出版十卷，另外还有一本2004~2008年精简本。

③ 宋晓天、杜新、郑军健：《中国—东盟博览会发展报告精简本（2004~2008）》，南宁：广西师范大学出版社2009年版。

④ 古小松：《中国—东盟博览会可持续发展报告》，北京：社会科学出版社2009年版。

持续能力建设的路径和对策。《中国—东盟博览会危机管理研究》① 一书是专门研究中国—东盟博览会危机管理问题的专著，作者通过将危机管理相关理论和分析框架引入中国—东盟博览会，建立了分析中国—东盟博览会危机诱因的体系和双层轮型模型，在此基础上对中国—东盟博览会的内外部变量危机诱因进行了具体的分析，进而建立了中国—东盟博览会的危机管理应急预案，更为重要的是建构了中国—东盟博览会危机管理体系框架模型，制定了中国—东盟博览会危机管理体系指导下的实施方案，为中国—东盟博览会的危机应对提供了科学决策的依据。

《从国家战略的角度解读中国—东盟博览会》② 一文从国家利益和国家战略角度来解读中国—东盟博览会带给广西的机遇和挑战，认为广西在举办中国—东盟博览会过程中所具有的区位优势和历史机遇将会被放大，也将冲击当地的旧有观念、政府体制、发展战略、投资环境、区域开放和国际化人才等，并据此给出了转变观念、挑战战略等具体的针对性建议。《中国—东盟博览会：制度安排、战略决策》③ 一文比较详细地介绍了中国—东盟博览会从倡议、调研、决策到实施的全过程，是将中央对外开放战略布局和广西壮族自治区对外工作结合起来研究的重要文献。《深刻理解周边外交策略，确保中国—东盟博览会的持续繁荣》④ 一文首次将中国—东盟博览会放到中国周边外交战略的大背景下考虑其可持续发展，认为中国—东盟博览会是中国政府“睦邻、安邻、富邻”周边外交战略的具体体现，并提出了中国—东盟博览会贯彻周边外交战略应该采取的具体措施。《中美关系与中国同周边国家互联互通建设》⑤ 一文论述了中国同周边国家互联互通中中美关系的影响和制约，将中国—东盟博览会、中国—东北亚博览会、中国—亚欧博览会等视作中国同周边国家建设互联互通的交流平台，并提出了针对性的三条建设互联互通的针对性对策。

《发挥博览会平台作用，融入大湄公河次区域合作》⑥ 一文较早地关注了中国—东盟博览会对于推动广西融入区域经济合作的重要作用，作者认为中国—东盟博览会对于广西融入大湄公河次区域经济合作具有制度、经济和文化等方面的推动

① 陈亮：《中国—东盟博览会危机管理研究》，北京：中国时代经济出版社 2007 年版。

② 周毅：《从国家战略的角度解读中国—东盟博览会》，《桂海论丛》2004 年第 1 期，第 69~71 页。

③ 谷源洋：《中国—东盟博览会：制度安排、战略决策》，《亚非纵横》2005 年第 4 期，第 32~34 页。

④ 孙小迎：《深刻理解周边外交策略，确保中国—东盟博览会的持续繁荣》，《东南亚纵横》2005 年第 2 期，第 57~59 页。

⑤ 杨值珍：《中美关系与中国同周边国家互联互通建设》，《湖北大学学报》（哲学社会科学版）2014 年第 3 期，第 31~39 页。

⑥ 何颖：《发挥博览会平台作用，融入大湄公河次区域合作》，《创新（深圳）》2007 年第 1 期，第 66~71 页。

力，应该借助中国—东盟博览会的优势推进广西融入大湄公河次区域经济合作。《中国—东盟博览会CAFTA建设的影响》[①]、《充分发挥中国—东盟博览会服务中国—东盟自由贸易区发展的战略平台作用》[②]两文论述了中国东盟博览会在建立中国东盟自贸区过程中的平台和杠杆作用，第二篇更将战略平台作用归纳为中国和东盟国家间政治外交平台、经贸促进平台和地区合作平台，这深化了对边疆地区博览会的功能认知。《建构主义视域下的中国—东盟博览会》[③]一文从建构主义视角分析了中国—东盟博览会对于建构中国—东盟身份认同的作用和意义。《中国—东盟博览会10周年的成效，经验和启示》[④]一文比较全面地归纳总结了中国—东盟博览会10周年发展的成效，对中国—东盟博览会对中国和广西两个层面的影响也做了细致总结、梳理和分析，并最终得出结论：深刻把握经济全球化、区域一体化是办好中国—东盟博览会的前提，强调了中国和东盟各国领导人之间的信任、远见和共识的重要性，以及创新型的11国共办机制和软硬件环境对成功举办中国—东盟博览会成功的意义。《中国—东盟博览会对广西产业发展的带动作用和技术路径》[⑤]一文从中国—东盟博览会的经济发展功能出发，论述了中国—东盟博览会对广西产业的带动机制、对产业发展的总体影响，最后提出了利用中国—东盟博览会发展广西产业的技术路径。

《从中国—东盟博览会看地方政府职能的转变——以广西为例》[⑥]一文从政府职能的角度考察了中国—东盟博览会带给广西政府的冲击和影响，认为广西地方政府承办中国—东盟博览会的任务以后，必须从工作作风、工作思路、思想观念等方面进行转变，积极向服务型政府转变，同时也要提高外事协调能力。《广西前两次大开放浪潮经验启示及对掀起第三次大开放浪潮的对策建议》[⑦]一文将中国—东盟博览会同广西第二次大开放浪潮联系起来考察其对广西对外开放的意

① 周苹：《中国—东盟博览会CAFTA建设的影响》，《对外经贸实务》2009年第7期，第78~81页。

② 路红艳：《充分发挥中国—东盟博览会服务中国—东盟自由贸易区发展的战略平台作用》，《东南亚纵横》2011年第10期，第17~20页。

③ 范丽萍：《建构主义视域下的中国—东盟博览会》，《广西师范大学学报：哲学社会科学版》2011年第5期，第114~118页。

④ 吕余生：《中国—东盟博览会10周年的成效，经验和启示》，《东南亚纵横》2013年第9期，第13~21页。

⑤ 包学雄：《中国—东盟博览会对广西产业发展的带动作用和技术路径》，《广西社会科学》2006年第12期，第111~115页。

⑥ 沈亚平、许欢科：《从中国—东盟博览会看地方政府职能的转变——以广西为例》，《广西民族研究》2006年第1期，第166~170页。

⑦ 黄志勇：《广西前两次大开放浪潮经验启示及对掀起第三次大开放浪潮的对策建议》，《东南亚纵横》2013年第7期，第3~15页。

义和影响，认为前两次浪潮创造了三大奇迹：一是中央战略地方化；二是地方战略中央化；三是区际开放国际化，并详细阐释了三大奇迹的表现，初步揭示了中国—东盟博览会、中央周边战略和广西壮族自治区开放战略之间复杂的互动关系，最终为广西第三次大开放提出了推动建立中国—东盟银行的建议和对策。《地方政府在次区域合作中的作用——以广西参与东盟合作为例》[①] 一文考察了地方政府在参与次区域合作中的地位、角色和作用，并以广西参与东盟合作中的大湄公河次区域经济合作、中国—东盟博览会等为例具体论证了地方政府在次区域合作中不可或缺的作用。

《中国—东盟博览会：亚洲区域合作的新典范》[②] 将中国东盟博览会视作推进东亚区域经济一体化、亚洲区域合作的新典范。《中国—东盟博览会的效应分析》[③] 一文具体分析了中国—东盟博览会对于广西的四个效应：第一个是推动广西跨越发展的新引擎；第二个是广西参与区域经济合作的加速器；第三个是南宁建设国际大都市的机遇；第四个是人文交流的窗口和平台。《关于中国—东盟博览会发挥更大作用的几点思考》[④] 一文将中国—东盟博览会放在中国东盟自贸区的框架内考虑作用的发挥，作者认为应该完善中国—东盟博览会多国共办的机制，提高层次，促进在贸易和投资领域的合作。《中国与周边国家的人文交流：路径与机制》[⑤] 一文针对人文交流在中国与周边国家关系中所起的作用进行了细致的探讨，同时指出了中国与周边国家人文交流中的教育交流、文化交流等 7 种路径，并详细探讨了人文交流的双边机制和多边机制，特别指出了中国—东盟博览会、中国—东北亚博览会等边疆地区博览会在人文交流中的多边平台角色。《“南宁渠道”的性质、功能作用与成功经验》[⑥] 一文研究了中国—东盟博览会框架下的各种机制和平台形成的“南宁渠道”，指出南宁渠道具有广义与狭义之分，在此基础上对南宁渠道的具体表现形式进行了归纳和分类，明确指出南宁渠道具有综合性、多元性、外交性等 13 种属性，并对南宁渠道在国际、国内、广西和南宁四个层次上的

---

① 陈华丽：《地方政府在次区域合作中的作用——以广西参与东盟合作为例》，上海外国语大学硕士学位论文，2012 年。

② 杜新、邓亚平、李嘉：《中国—东盟博览会：亚洲区域合作的新典范》，《瞭望》2005 年第 38 期，第 45~46 页。

③ 范小俊：《中国—东盟博览会的效应分析》，《东南亚纵横》2004 年第 8 期，第 4~7 页。

④ 廖少廉：《关于中国—东盟博览会发挥更大作用的几点思考》，《东南亚纵横》2010 年第 11 期，第 9~11 页。

⑤ 许利平：《中国与周边国家的人文交流：路径与机制》，《新视野》2014 年第 5 期，第 119~123 页。

⑥ 张磊、黄志勇：《“南宁渠道”的性质、功能作用与成功经验》，《东南亚纵横》2014 年第 12 期，第 3~15 页。

积极作用进行了阐述，最后对南宁渠道的主要做法及经验进行了概括总结。

《政府主导型展会发展路径初探——以中国—东盟博览会为例》① 一文将中国东盟博览会放在政府主导型展会框架下分析，集中探讨了政府主导型展会的优缺点，在此基础上对中国—东盟博览会的发展路径提出了提高市场化、战略化、创新形式和内容、转型创新、信息化和人才战略六个方面的改革发展思路。《中国—东盟博览会的国际化战略》② 一文关注中国—东盟博览会运营过程中的国际化战略，在国际化内容选择、国际化运作机制、国际化软环境和国际化人才资源四个方面提出了可行性的路径和对策。《基于双边市场理论的会展平台运营策略——以东盟博览会为例》③ 一文应用双边市场理论对会展平台的运营策略进行了研究，作者首先界定了会展平台的四个双边市场特性，然后结合中国—东盟博览会具体分析了价格差别策略、产品比较优势策略、国际化策略、高效服务策略和服务虚拟化策略。

《中国—东盟博览会竞争力研究》④ 和《以文化力提升中国—东盟博览会的竞争力》⑤ 两文对中国—东盟博览会的竞争力提升途径和可能性进行了研究，作者基于竞争力理论分析了中国东盟博览会竞争力的构成、优化方案和提升途径。《中国—东盟博览会可持续发展问题探析》⑥ 一文对中国—东盟博览会的可持续发展问题进行了探讨，作者从中国东盟博览会承担的功能上分析了其可持续发展的问题。

《媒体框架建构：研究中国—东盟博览会媒体报道的新视角》⑦ 一文应用框架理论建构了中国—东盟博览会媒体报道的框架，通过分析 《广西日报》对中国—东盟博览会报道的主题框架和结构框架，论述了媒体框架建构的主要影响要素，同时也对媒体框架建构在舆论塑造中的作用进行了较为清晰的阐述。《从中国—东盟博览会看国内媒体对东盟国家信息传播的效果》⑧ 一文采取问卷调研的方法，

---

① 陶程：《政府主导型展会发展路径初探——以中国—东盟博览会为例》，《东南亚纵横》2011 第 7 期，第 10~15 页。

② 李世泽：《中国—东盟博览会的国际化战略》，《广西经济管理干部学院学报》2005 年第 2 期，第 21~26 页。

③ 梁君：《基于双边市场理论的会展平台运营策略——以东盟博览会为例》，《广西师范大学学报》（哲学社会科学版）2014 年第 1 期，第 44~48 页。

④ 何颖：《中国—东盟博览会竞争力研究》，《改革与战略》2007 年第 12 期，第 87~90 页。

⑤ 何颖：《以文化力提升中国—东盟博览会的竞争力》，《广西民族学院学报》（哲学社会科学版）2006 年第 1 期，第 110~114 页。

⑥ 汤碧：《中国—东盟博览会可持续发展问题探析》，《经济问题探索》2012 年第 7 期，第 13~16 页。

⑦ 廖俊玉：《媒体框架建构：研究中国—东盟博览会报道的新视角》，《广西社会科学》2010 年第 7 期，第 27~30 页。

⑧ 王珍莲、徐一林：《从中国—东盟博览会看国内媒体对东盟国家信息传播的效果》，《学术论坛》2012年第 9 期，第 174~179 页。

通过对中国—东盟博览会的参展商进行访谈和问卷调查，得出参展商对中国西南地区和南宁的认知，并且对参展商的媒介接触渠道、习惯、中国—东盟博览会的影响力以及中国—东盟博览会的传播方法等进行了细致分析，最终得出四点结论和四点建议。《中国—东盟博览会报道国际视野价值取向的建构》[①] 一文针对中国东盟博览会媒体报道中的国际价值不足进行了研究，作者认为需要从合作的主题拓宽报道视野、关注国际舆论导向、提升跨文化传播能力三个方面进行努力，这些关注既有助于提升中国和广西的国际形象，也有助于提升中国的软实力。

《中国—东盟博览会在南宁举办的条件分析及其启示》[②] 一文针对中国—东盟博览会的选址问题进行了深入研究。该论文综合分析了南宁在举办中国—东盟博览会中的区位优势、交通优势、贸易比较优势、环境优势、人文优势和政策优势等优势条件，并对制约南宁城市优势发挥的思想观念、体制机制、人力资源和产业基础等约束条件也进行了较为深入的探讨。《中国—东盟博览会与建设南宁国际大都市》[③] 是一篇将中国—东盟博览会和南宁国际城市建设相结合的研究论文。该论文对中国—东盟博览会的举办对于广西区位优势发挥的意义进行了比较全面的阐释，认为广西未来将成为中国和东盟间的区域物流中心、商贸中心和加工制造中心，在此基础上全面论述了南宁举办中国—东盟博览会的区位优势，同时也指出了南宁距离国际大都市的差距及表现，最终给出了 5 个方面的针对性的建设思路。《以中国—东盟博览会为契机，把南宁打造成为中国—东盟经济圈中心》[④] 一文对中国—东盟博览会与南宁城市定位和建设的研究更为具体，该论文认为南宁具有成为中国—东盟经济圈中心城市的潜力，可以在发挥中国—东盟博览会的协作作用、引领作用、聚合作用、拉动效应和政策资源等实现南宁中国—东盟经济圈中心城市建设的目标。

《中国—东盟博览会主流媒体报道框架分析》[⑤]、《中国—东盟博览会传播效果

---

① 王辉、潘丽华、董良：《中国—东盟博览会报道国际视野价值取向的建构》，《视听》2013 年第 6 期，第 35~37 页。

② 李世泽：《中国—东盟博览会在南宁举办的条件分析及其启示》，《中共南宁市委党校学报》2003 年第 4 期，第 6~9 页。

③ 官锡强：《中国—东盟博览会与建设南宁国际大都市》，《学术论坛》2004 年第 4 期，第 103~106 页。

④ 刘松萍：《以中国—东盟博览会为契机，把南宁打造成为中国—东盟经济圈中心》，《改革与战略》2005 年第 1 期，第 36~38 页。类似的研究还有杨丽萍：《中国—东盟博览会与南宁城市形象提升》，《改革与战略》2005 年第 6 期，第 7~9 页。李小红：《中国—东盟博览会与南宁城市的国际化》，《广西经济》2005 年第 11 期，第 29~30 页。

⑤ 李德毅：《中国—东盟博览会主流媒体报道框架分析》，广西大学硕士学位论文，2008 年。

研究》[①]、《中国—东盟博览会纸媒报道中的广西形象分析研究》[②]、《国际展会中对外传播中的内容研究——以中国—东盟博览会为例》[③] 四篇文章从传播学入手研究了中国—东盟博览会内外传播框架、路径和效果。《中国—东盟博览会中的政府营销行为研究》[④]、《中国—东盟博览会政府营销策略研究》[⑤] 两篇文章对中国—东盟博览会中的政府营销行为和策略进行了研究。《中国—东盟博览会对中越贸易效应研究》[⑥] 一文对中国—东盟博览会的双边贸易影响开展了案例式的研究，文章在实证研究的基础上给出了中国—东盟博览会促进中越贸易的优化路径。《会展旅游产品成长动力研究——以中国—东盟博览会为例》[⑦] 一文将中国—东盟博览会作为分析案例，构建了大型展览会项目的动力模型。

2.其他边疆地区博览会的研究

《中国—亚欧博览会年度报告》系列[⑧] 是研究中国亚欧博览会最为齐全的年鉴式著作，发展报告借鉴《中国—东盟博览会发展报告》，目前已经出版了两卷。《中国—亚欧博览会发展报告》全面分析了博览会举办的背景、意义、运行特征、成果和影响等，成为研究中国—亚欧博览会的重要文献和不可或缺的研究资料。《中国—亚欧博览会发展研究》[⑨] 一文是较早研究亚欧博览会的论文。该论文回顾了亚欧博览会发展的历史进程，比较全面地分析了亚欧博览会在政治、经济、文化和社会等方面的积极作用，针对亚欧博览会运行中存在的问题提出了针对性的建议，特别需要指出的是论文提出了亚欧博览会发展的近期目标、中期目标和远期目标，并进行了定量和定性的描述，对指导中国—亚欧博览会发展有一定意义。

《向西开放战略中的新疆会展经济研究——以乌洽会（亚欧博览会）为例》[⑩] 一文以乌洽会为研究案例，系统探讨了向西开放战略中的新疆会展经济发展动因、历程、特点和区域经济互动的关系，并对发展中存在的问题进行了分析，在对比

---

① 李鹤月：《中国—东盟博览会传播效果研究》，广西大学硕士学位论文，2011 年。

② 陈颖：《中国—东盟博览会纸媒报道中广西形象分析研究》，广西师范学院硕士学位论文，2012 年。

③ 高怡：《国际展会中对外传播的内容研究》，广西大学硕士学位论文，2014 年。

④ 罗胜：《中国—东盟博览会中的政府营销行为研究》，中央财经大学硕士学位论文，2007 年。

⑤ 李松有：《中国—东盟博览会政府营销策略研究》，广西大学硕士学位论文，2014 年。

⑥ 王宸：《中国—东盟博览会对中越贸易效应研究》，广西大学硕士学位论文，2014 年。

⑦ 马宗福：《会展旅游产品成长动力研究——以中国—东盟博览会为例》，广西大学硕士学位论文，2008 年。

⑧ 详见新疆国际博览事务局、新疆财经大学：《中国—亚欧博览会年度报告：2011》和《中国—亚欧博览会年度报告：2012》，乌鲁木齐：新疆人民出版社 2012 年版。

⑨ 李江龙：《中国—亚欧博览会发展研究》，新疆农业大学硕士学位论文，2012 年 12 月。

⑩ 石磊：《向西开放战略中的新疆会展经济研究——以乌洽会（亚欧博览会）为例》，云南财经大学硕士学位论文，2013 年。

中国—东盟博览会、中国西部国际博览会的基础上，总结了政府主导型会展经济发展模式的主要特征，认为配合国家的周边战略是中国西部地区政府主导型会展成功的重要保障，建议新疆采取结合国家向西开放战略发展新疆会展经济。

《会展与区域形象建构——以天山网对中国—亚欧博览会的报道为例》[①] 一文以天山网对中国—亚欧博览会的报道为例研究了媒体对大型博览会报道中的形象建构作用，重点研究了媒体通过报道大型博览会对区域形象建构内容、方式的影响以及实现路径。《亚欧博览会经济效应探析》[②] 一文将亚欧博览会的经济效应分为短期效应和长期效应，进行了定性分析和定量分析相结合的方法，文章认为短期效应体现在城市经济拉动效应、对外贸易促进效应、产业和投资聚集效应、城市建设倒逼效应四个方面，长期效应体现在区域经济增长效应、产业优化升级效应和城市品牌形象塑造效应三个方面。《中国—亚欧博览会促进新疆对外经贸发展的对策研究》[③] 一文从介绍亚欧博览会发展历程入手，对亚欧博览会的战略定位、效应分析进行了比较全面的分析，特别是对亚欧博览会和新疆外贸的互动进行了概括和实证分析，在此基础上指出了亚欧博览会促进新疆外贸发展中存在的问题，最后给出了针对性的对策。

《东北亚博览会的政策营销研究》[④] 一文针对地方政府利用大型博览会进行营销展开系统的研究。论文应用政府营销理论具体分析了东北亚博览会中的政府营销的环境影响因素、营销策略，并对营销的结果进行了评估，在此基础上提出了东北亚博览会政府营销的改进意见。《东北亚投资贸易博览会危机管理预警机制研究》[⑤] 一文针对东北亚博览会运营管理中的危机管理预警机制进行研究，介绍了东北亚投资贸易博览会危机管理预警机制的基本概况，指出了其存在的主要问题，结合国外发达国家预警机制的经验给出了完善东北亚投资贸易博览会危机预警机制的对策。《长春城市品牌形象提升研究——基于东北亚博览会的视角》[⑥] 一文通过引入会展营销城市品牌形象的理论，重点分析了东北亚博览会对长春城市品牌形象影响的内容。

---

① 唐凤英：《会展与区域形象建构——以天山网对中国—亚欧博览会的报道为例》，新疆大学硕士学位论文，2013 年。

② 赵青松：《亚欧博览会经济效应探析》，《新疆职业大学学报》2014 年第 3 期，第 19~22 页。

③ 曹艳杰：《中国—亚欧博览会促进新疆对外经贸发展的对策研究》，新疆财经大学硕士学位论文，2014 年。

④ 李默：《东北亚博览会的政策营销研究》，吉林大学硕士学位论文，2011 年。

⑤ 高杨：《东北亚投资贸易博览会危机管理预警机制研究》，吉林大学硕士学位论文，2012 年。

⑥ 曹峰玮：《长春城市品牌形象提升研究——基于东北亚博览会的视角》，吉林大学硕士学位论文，2012 年 4 月。

《国际政治视角下的中阿博览会》[①] 一文是第一篇从国际政治角度研究中阿博览会的论文。该论文从大的国家政治背景入手，比较全面地分析了中阿博览会举办的国际政治动力，其中包括国际金融危机为中阿扩大合作提供的契机、阿拉伯国家向东看的战略以及中国积极实行向西开放的战略。作者对中阿博览会的国际政治价值进行了概括，认为中阿博览会的国际政治价值体现在中阿战略合作的新机制、中国软实力提升新平台，并对中阿博览会发展中的国际政治挑战进行了细致的梳理。《中阿博览会：丝绸之路文化的延伸——兼论丝绸之路的走向与研究范围》[②] 一文将中阿博览会放在丝绸之路战略大的背景下考察，作者认为中阿博览会涉及的地域范围不仅包括阿拉伯半岛，而且还包括中亚和中东地区，在博览会内容上要商贸和文化并重，并强调积极融入丝绸之路大外交战略中阿博览会才能有所作为。《中阿博览会新起点下的宁夏进出口贸易发展的问题》[③] 一文对中阿博览会的经济功能进行了研究，主要回答了中阿博览会对宁夏对外贸易的积极影响和挑战。

《东盟博览会的成功经验及对中阿博览会的启示》[④] 一文总结了东盟博览会在博览会举办机制、运营管理等方面的成功经验，并提出了中阿博览会举办的若干思路。《昆交会与南博会的比较研究及发展建议》[⑤] 一文将昆交会和东盟博览会进行了系统的比较研究，作者通过对比昆交会和东盟博览会在历史发展进程、时代背景、展览会性质、规模、内外部环境和发展前景等方面的异同，对进一步发挥两个展览会的战略功能提出了针对性的建议。《中国—东盟博览会与中国西部国际博览会比较研究》[⑥] 一文对比分析了中国—东博览会和中国西部国际博览会的基本运行数据，对中国—东盟博览会相比中国西部国际博览会存在的差距原因给出了比较深刻的解释。《中国—东盟博览会和中国吉林—东北亚投资贸易博览会比较

---

① 张健：《国际政治视角下的中阿博览会》，《江南社会学院学报》2013 年第 4 期，第 39~42 页。

② 薛正昌：《中阿博览会：丝绸之路文化的延伸——兼论丝绸之路的走向与研究范围》，《丝绸之路》2014 年第 22 期，第 5~10 页。

③ 吴素芳：《中阿博览会新起点下的宁夏进出口贸易发展的问题》，《对外经贸实务》2014 年第 8 期，第 51~54 页。

④ 马强、王格林、张婷婷：《东盟博览会的成功经验及对中阿博览会的启示》，《第二届中国·阿拉伯国家经贸论坛理论研讨会论文集》（2011 年第 2 辑），2011 年。

⑤ 李剑婷、孙嗣堃：《昆交会与南博会的比较研究及发展建议》，《昆明冶金高等专科学校学报》2012 年第 6 期，第 74~78 页。

⑥ 周英虎：《中国—东盟博览会与中国西部国际博览会比较研究》，《南宁职业技术学院学报》2010 年第 4 期，第 24~26 页。

分析》[①] 一文对比分析了两大边疆地区博览会在办展背景、服务对象、博览会宗旨、运行基本数据等方面的不同点，对两大博览会对我国经济的影响进行了比较全面的分析，并针对两大博览会提出了改进意见。

《中国—南亚博览会知识百问百答》[②] 一书是普及知识性的著作，可以帮助读者了解中国—南亚博览会举办的背景、机制和南亚国家知识等，但是学术性不强。

**（三）相关研究**

有些研究虽然不是针对中国边疆地区博览会开展的研究，但是从边疆学视角、地缘战略视角、政治经济学视角等对相关领域开展的研究有助于本研究的开展。《边疆经济学：国际区域经济一体化与中国边疆经济发展》[③] 一书将边疆学和国际区一体化理论结合对中国边疆地区的经济发展进行了理论探讨，作者通过分析中国与周边国家区域一体化的进程及其特点，利用分析一体化进程中边界效应分析边疆地区的经济发展。作者分别从边界效应与边缘经济增长中心成长机制、边界效应与中国边境贸易发展、边界效应与中国边疆地区的产业升级、边界效应与中国边疆城市发展等角度进行了深入的分析和论证，最后作者提出了推进中国边疆边缘经济增长中心成长环境和体制与政策研究的针对性的建议。

《地缘政治视野下的西南周边安全与区域合作研究》[④] 一书是云南大学组织撰写的《中国边疆研究丛书》中的一部，该书在地缘政治学视角下对中国西南周边安全进行研究，作者建立了地缘政治学分析的框架，在此基础上研究了中国西南周边安全和区域合作的互动关系，对大湄公河次区域经济合作中不同角色及其利益、制度安排做了分析，阐明了大国因素在中国西南周边安全和区域合作中的影响，然后集中探讨了非传统安全因素对中国西南周边安全和区域合作的影响，与此相对应地探讨了国际公共产品与大湄公河次区域合作的意义及中国提供大湄公河次区域合作国际公共产品的类型和可能性。最后对云南在中国西南周边安全中的地位进行了分析和功能定位，作者认为云南是我国向西南开放的重要桥头堡，是我国参与此区域合作的前沿和重要平台，同时也是我国与西南周边国家人文交流合作的窗口。[⑤]

---

① 邹忠全：《中国—东盟博览会和中国吉林—东北亚投资贸易博览会对比分析》，《中外企业家》2010 年第 6 期（下），第 3~6 页。

② 胡娟：《中国—南亚博览会知识百问百答》，昆明：云南教育出版社 2013 年版。

③ 梁双陆：《边疆经济学：国际区域经济一体化与中国边疆经济发展》，北京：人民出版社 2009 年版。

④ 卢光盛：《地缘政治视野下的中国西南周边安全与区域合作研究》，北京：人民出版社 2012 年版。

⑤ 同上书，第 414~430 页。

《中国边疆治理研究》[①] 一书对边疆治理进行了系统全面的研究，作者对中国边疆治理的历史进行了回顾和反思，在此基础上对当代的边疆治理进行了梳理，然后集中论述了边疆治理中的开发和建设、民族和宗教问题、发展与稳定、多元文化的协调、民族认同和国家认同、边疆治理和周边关系，最后作者对比了国际边疆治理的实践，提出了中国边疆治理转型和重构的具体思路。

《全球化境遇中西方边疆理论研究》[②] 一书系统研究了西方边疆理论，作者将西方边疆理论划分为四个阶段：西方边疆理论的初步发展、“自由”资本主义向帝国主义的过渡时期、冷战时期和冷战后。作者不仅梳理了西方边疆理论的发展的历史脉络，而且将每一个阶段西方边疆理论的主要特征和流派进行了全面的研究，有利于推动中国边疆理论研究的深化。

《中国周边安全的新认知、特点、功能与趋势》[③] 一文针对新时期中国周边安全进行了探讨，作者认为中国周边安全研究已经是一个涵盖地理、政治、经济和文化意义的综合研究范畴，作者在对比世界大国对周边的理解的基础上，概括出中国周边安全具有复杂性、功能性、整体性和全球性等特点，指出其对中国现代化进程具有重要的影响。

《中国对外关系开展中的地方参与研究》[④] 一文针对全球化时代中国地方政府的对外行为进行了系统的探讨和研究，作者将地方政府在国家对外关系中的参与解释为“有限参与”，认为地方政府是国际关系当中的“有限参与行为体”，在对外关系中将中央和地方、内部和外部、地方和地方的合作最大化为目标，在整体考虑的基础上，形成了注重国家的国内—国际综合治理观，作者对比了中西地方政府参与对外关系，提出了政治关系和法律关系两种央地关系传统，与央地协力和央地竞合这两类有限参与，厘清了中国对外关系中的地方政府参与的组织特点、历史流变和运行逻辑，最后，作者通过四个案例对之前的理论假设进行了验证。

《中央政府和地方政府的经济外交职能及其关系》[⑤] 一文对经济外交中中央和地方政府之间的关系进行了探讨，作者在梳理中央和地方在经济外交中的各自职

---

① 周平等：《中国边疆治理研究》，北京：经济科学出版社 2011 年版。

② 于沛、孙宏年、章勇俊、董欣洁：《全球化境遇中的西方边疆理论研究》，北京：中国社会科学出版社 2008 年版。

③ 冯绍雷、封帅：《中国周边安全的新认知、特点、功能与趋势》，《国际安全研究》2013 年第 2 期，第 34~57 页。

④ 张鹏：《中国对外关系开展中的地方参与研究》，上海外国语大学博士学位论文，2013 年。

⑤ 崔绍忠、刘曙光：《中央政府和地方政府的经济外交职能及其关系》，《外交评论》2012 年第 3 期，第 43~55 页。

能基础上，提出了中央和地方在经济外交中的两种关系：主辅关系和互补关系，作者认为应该通过立法明确中央和地方在经济外交中的职能，这样可以克服中央过度集权和过度分权带来的弊端。

《关于加强国际次区域经济合作的探讨》① 一文对我国现阶段的国际次区域合作进行了研究，作者归纳了我国参与国际次区域经济合作的 6 大特点，认为国际次区域经济合作具有十分重要的战略地位，是事关全局的开发开放战略新亮点，能够帮助完善我国全球战略布局的立足点，是实现我国全球分工的历史转折点，同时是我国破解资源困局的新途径，也是推进西部大开发的加速器，在此基础上，作者提出了 6 条加强我国国际次区域经济合作的针对性的建议。

《地缘政治与国际区域经济合作》② 一文对地缘政治与国际区域经济合作的关系进行了研究，作者对地缘政治对国际经济合作的影响进行了梳理，认为地缘政治的边界效应是国际经济合作的动力机制，地缘政治关系是建立和扩大经济联系的基础，地缘政治的好坏直接影响国际区域经济合作的历史进程。在此基础上，作者探讨了国际区域经济合作对地缘政治的影响，作者认为国际区域经济合作有助于拓宽国家地缘外交的渠道，有助于改善国家的地缘政治关系，同时也有助于改变世界地缘经济格局和资源分配的空间格局。最后，作者建议应该建立合作型的地缘安全新模式，奉行外交多边主义参与区域安全合作，积极发展相邻国家间的次区域经济合作，遵循循序渐进的原则推进国际区域经济一体化，完善国际区域经济合作的协同机制，探索不同的国际区域经济合作模式，推动不同主体加入到国际区域经济合作进程。

《国家主义、地区主义与全球主义——兼论中国大战略的谋划》③ 一文针对中国大战略谋划及实施过程中如何协调国家主义、地区主义和全球主义三者之间的关系进行了论述，作者认为国家主义是中国大战略谋划的基础，而全球主义是中国大战略谋划必须要有的宏观视野，但是两者的连接点应该是地区主义，所以应该突出地区主义在其中的核心价值。作者建议中国应该明确大战略的框架，这个框架应该包括富民强国为目标的国家主义战略，以创设、主导供给制度为目标的地区主义战略和以参与、分享为目标的全球主义战略。

---

① 宏观经济研究院课题组：《关于加强国际次区域经济合作的探讨》，《宏观经济管理》2013 年第 5 期，第 30~33 页。

② 尹朝晖：《地缘政治与国际区域经济合作》，《世界政治与经济》2011 年第 7 期，第 105~107 页。

③ 门洪华：《国家主义、地区主义与全球主义——兼论中国大战略的谋划》，《开放导报》2005 年第 3 期，第 23~29 页。

## 四、研究思路

本书主要由七个部分组成：第一部分为导论，主要介绍选题理由、研究意义、研究范围和研究创新等，同时对国内外已有的博览会相关研究成果进行归纳、总结和评价，介绍本书结构。

第一章至第六章是文章的主体部分。第一章在界定基本概念的基础上，对中国边疆地区博览会的历史演化做系统说明，并对其发展模式做总结和评价。

第二章讨论中国边疆地区博览会的动力机制。笔者从全球、区域、国家和地方政府四个层面建构中国边疆地区博览会的立体化动力机制，并对四种动力的地位、相互之间的关系进行定性研究和梳理，分析四种动力对中国边疆地区博览会的意义，展示内外部环境中诞生的中国边疆地区博览会强大的可持续发展能力。

第三章讨论中国边疆地区博览会在国际区域合作中的功能，结合实证研究和案例分析，分析中国边疆地区博览会在区域合作中的全面的外交功能、推进区域一体化功能和利益共同体建构功能。

第四章讨论中国边疆地区博览会的战略影响。中国边疆地区博览会诞生在经济全球化、区域一体化、中国世界大国化和西部大开发的背景下，中国边疆地区博览会多元功能的发挥，具有多重地缘战略影响。首先，中国边疆地区博览会布局境内，但形成了中国周边地区外交战略的支点体系，塑造了有利的地缘战略格局。其次，中国边疆地区博览会在中国周边地区贸易中形成了以中国为中心的地区贸易投资格局。再次，中国边疆地区博览会实践了中国周边外交的理念，提升了中国在区域的国际形象。最后，中国边疆地区博览会促进了亚洲不同文明和民族间的交流和融合，有利于和谐亚洲的出现。

第五章对中国边疆地区博览会的典型案例“中国—东盟博览会”进行了具体的研究。在详细分析中国—东盟博览会发展历史历程、组织管理和行动策略的基础上，重点探讨了中国—东盟博览会来自国际体系、国家和广西壮族自治区三个层次的动力，对其在周边战略中所承担的地缘战略和区域治理功能进行了细致的梳理和分析。最后全面分析了其在促进中国和东盟一体化、改善中国地缘战略环境，提升地区意识和认同以及提升中国地区软实力等方面发挥的具体影响。

第六章探讨中国边疆地区博览会的发展趋势和面临的挑战。根据对中国边疆地区博览会的动力机制、功能机制和影响机制的研究，对未来中国边疆地区博览会的发展趋势做了科学的判断，认为边疆地区博览会将呈现大发展的趋势，在这一前提下，其战略功能将得到进一步发挥，运作机制将向层次化演进。

# 第一章　中国边疆博览会的形成与发展

中国边疆地区博览会是正在形成的一类新型博览会，其本身不仅承担着国家周边战略的功能，而且也正在逐步影响中国的周边战略设计。在对中国边疆地区博览会本身进行研究之前，有必要厘清相关概念的含义，这些概念主要包括“博览会”、“中国边疆地区”、“中国边疆地区博览会”等，同时也有必要对中国边疆地区博览会的历史发展进程做系统的梳理，并对其发展模式做一定探讨。

## 第一节　基本概念

### 一、博览会概念及其发展历史

#### （一）定义和特征

博览会是近代资本主义市场经济发展的产物，是指在特定时间内集商品展示、信息交流和娱乐表演等活动于一体的大型活动。在中国的博览会实践中，博览会基本等同于展览会、交易会、洽谈会等，只不过在具体策划中有所侧重。现代社会意义上的博览会发端于第一次工业革命时期英国的万国工业博览会，其后欧美各国政府开始相继举办世博会，随后这种形式扩散到市场其他主体，成为重要的贸易手段。

国际博览局[①]对博览会定义为“国际博览会是一种由国家举办的大规模的国际节事活动，最主要的宗旨在教育人民、促进国家进步，它既是促进国家认同、展示工业技术进展和洽谈消费贸易的工具，同时也是开展国际对话、公共外交和

① 国际展览局成立于 1928 年，1931 年正式开展活动，是政府间的国际组织，负责监督和管理全世界举办时间超过三个星期的和非商业的国际展览会，中国是国际展览局的成员国，中国著名外交官吴建民曾担任国际展览局主席。详见国际博览局官网：http：//www.bie-paris.org/site/en/bie/who-we-are。

国际合作的独一无二的平台”。[1]根据规模不同，国际博览局将博览会分为综合性世博会和专业性世博会。国际博览局认为国际博览会的参与者有国家、国际组织、NGOs、公司和其他组织。另外，国际博览会有三根支柱：全球视野、国际规模和永久的文化和城市遗产。国际博览会可以给参加者以不一样的体验价值，并且给公民更新的对话，为各国间的合作注入活力。

国际展览联盟[2]认为国际展览会是由法人（私营公司、官方机构和半官方机构）在固定场地定期举办的面向参展商和参观者的商业性服务活动。[3]国际展览联盟所规定的国际展览会不仅对参展商的要求很高，只限于生产者、独家代理和批发商，其他商人或代理商人不允许参加，而且对政府支持、展览会规模、国外参展商和参观者数量等有严格的限制。

刘大可按照系统论的观点从博览会主体、博览会经营部门、博览会客体、博览会市场和博览会消费者五个方面对展览会进行定义，认为展览会是由具有法人地位的厂商出资，通过战略组织者策划，利用展览这一特定媒介，向市场和消费者展示商品和劳务的信息，以达到一定的经济目的的商务活动。[4]

王春雷、陈震认为展览会是一种具有一定规模和相对固定的举办日期，以展示组织形象或产品为主要形式，以促成参展商和贸易观众之间的交流洽谈为最终目的的中介性活动。[5]

本书对博览会概念的认识是前面几种观点的综合，即国际博览会是由国家（含地方政府）或者法人在固定时间、固定场馆举办的大规模的国际性节事活动，活动本着一定的宗旨和目的，在一定主题下，为参与者提供技术、产品展示和贸易投资机会，同时也可以为其他参与主体提供国际对话、多边交流和国际合作创造机会和平台。

博览会具有多种特征，第一，博览会主体的多元性，即博览会的主体既可以是法人，也可以是政府；第二，博览会功能的多重性，即博览会不仅具有商贸经济功能，甚至还具有国际对话、多边外交、国际合作和意识形态建构功能；第

① 国际展览局官网：Why an EXPO？ http：//www.bie-paris.org/site/en/home/why-an-expo。

② 国际展览联盟 1928 年成立于意大利，不同于国际展览局，是非政府间展览业的国际组织，其会员不是各国政府，而是各国的展览企业、会展场地公司。国际展览业联盟是国际展览业最为重要的国际组织，对规范展览会运营起着重要的作用。详细参见国际展览业联盟官网：http：//www.ufi.org/。

③ 新华网：《国际展览联盟章程》，http：//news.xinhuanet.com/expo/2003-02/24/content_741763.htm。

④ 刘大可、陈刚、王起静：《会展经济理论与实务》，北京：首都经济贸易大学出版社 2006 年版，第 29~29 页。

⑤ 王春雷、陈震：《展览会策划与管理》，北京：中国旅游出版社 2006 年版，第 15 页。

三，参与主体的多元性，博览会的参与主体除了企业以外，还可以是政府、国际组织、NGOs 和其他组织；第四，博览会形式的多样性，即博览会不仅包含展览会，还可以包括会议、论坛、娱乐、演出等形式；第五，博览会的固定性，博览会一般在固定的时间固定的场馆举办；第六，博览会的价值性，即博览会不仅具有营销价值、传播价值，还具有教育价值、体验价值等。

**（二）发展简史**

对于最早出现的博览会以及出现的时间，国内外学术界的观点仍然是不统一的。[①] 根据国际博览局的观点，第一次现代意义的博览会是 1851 年英国伦敦的万国工业博览会，这也是学术界比较认可的一种观点。随着工业革命的扩散和西方世界殖民的发展，博览会扩散到一些殖民地和半殖民地社会[②]，这在一定程度上促进了全球现代化进程。第二次世界大战以后，西方国家纷纷进入后工业化阶段，博览会去政治化趋势明显，这一阶段，博览会在西方主要发达国家开始走向衰落；但是与此同时博览会在新独立的亚非拉国家开始受到重视，博览会开始被视作国家政治工具加以运用。[③]

西方国家以国家为主体举办的博览会已经衰落，据国际展览局官方网站统计，1851~1900 年西方国家共举办博览会 12 次，1900~1940 年共举办 13 次，达到历史最高峰，但是第二次世界大战以来发达国家只举办了 6 次综合类世博会，其中美国举办 1 次，日本举办 1 次[④]，英国已经 100 多年没有举办世博会，法国上一次举办世博会是在 1937 年。

在综合博览会衰落的同时，专业博览会开始发展起来，并成为现代博览会的主要模式。以博览会大国——德国为例，类似法兰克福展览公司、杜塞尔多夫展览公司的专业的博览会组织公司不断兴起，推动专业博览会在内容和形式方面的不断创新[⑤]，德国会展公司不仅在德国本土办展，而且成为全球玩家。

① 比如，德国称为博览会，大多数使用“exposition”，美国和加拿大则称为贸易展，使用“trade show”或者“exhibition”，我国对博览会的称呼有很多种，比如，展览会、交易会、洽谈会等，有的甚至统称为会展。

② 这方面的研究参见莫爾頓，Morton，Patricia A；長谷川章：《パリ植民地博覧会：オリエンタリズムの欲望と表象》，東京：ブリュッケ2002 年。Burris J P.，Exhibiting Religion：Colonialism and Spectacle at International Expositions，1851-1893 [M]. University of Virginia Press，2001.

③ 参见夏松涛：《展示新中国：建国初期展览会研究（1949~1957）》，华中师范大学博士学位论文，2010 年。

④ 根据国际展览局官方数据，美国自 1962 年西雅图世博会以后就没有举办国世博会，日本上次举办综合类世博会也上溯到 1970 年。整个西方 20 世纪 80 年代没有举办国世博会，只是在冷战结束后才陆续举办了两届世博会，即 1992 年的西班牙塞维利亚世博会和 2000 年汉诺威世博会。

⑤ 曼弗雷德·基希盖奥格、维尔纳·M. 多恩夏特等：《博览管理》，上海：上海财经大学出版社 2008 年版，第 16~21 页。

### （三）分类

国际博览局将博览会分为两种：一种是注册类的博览会，另一种是认可类的博览会。[①]注册类的博览会也称综合类世界博览会，一般情况下每五年举办一次，会期一般不超过 6 个月，是一项世界性的、最高级别的科技成果和先进理念的集中展示盛会，一般需要所在国家政府代表城市向国际展览局提出申请，并由国际展览局成员国投票决定。认可类博览会也称为专业类世博会，是规模和影响仅次于综合类世博会的博览会，认可类不需要向国际展览局申请，只需要向国际展览局备案即可，认可类世博会一般会期不少于 3 个星期，不多于 3 个月，一般有明确的主题策划，总展览面积不超过 25 公顷。国际博览局划分的两类博览会不具有商业性的展览行为。

国际展览联盟将展览会分为三大类：综合类展览会、专业类展览会和消费类展览会。[②]综合类展览会按照内容不同可以划分为技术与消费品类展览会、消费品类展览会和技术类展览会，国内广州的广交会、义乌的义博会和深圳的高交会分别属于上述综合类展览会中的三类。目前在国内，综合类展览会中相当大一批属于政府主导型展览会。专业展览会按照行业和产业属性不同划分为农业、林业、葡萄酒及设备、公共工程、建筑装饰、扩建及设备等 10 类展览会，目前国内大多数会展公司主办的展览会都属于专业展览会，专业类展览会也是我国市场化程度最高的展览会类型。消费展览会包括艺术品及古董类展览会和综合性地方博览会，目前国内艺术品及古董市场急剧扩张，并且地方政府举办会展的动力很足，催生了中国消费展览会的繁荣。

根据国别不同可以将博览会分为国际博览会和国内博览会，国际博览会需要多个国家的主体参与，国内博览会的参与主体则都是本国的生产商和消费者。不过在实践中对于国际博览会的定义趋向越来越严格的操作。

根据功能不同可以将博览会分为贸易博览会和战略博览会。[③]虽然博览会的功能是多元的，但是贸易功能一直是主导性的功能，大多数博览会承担着促进贸易合作的任务，随着新兴工业化国家崛起，特别是中国的实践，博览会开始承担国家战略功能，如广交会在特定历史时期就承担了国家对外开放窗口的战略功能。

根据展示方式不同将博览会分为线下博览会和线上博览会。随着互联网的兴

---

① 新华网：《国际展览会公约》，http：//news.xinhuanet.com/expo/2004-07/29/content_1672476.htm。

② 国际展览业协会官网：http：//www.ufi.org/。

③ 战略类的博览会一般由一个或者多个国家或者地区政府主办，主要体现并承担国家和地区的政治意志和战略，不同于市场主体举办的博览会。

起，一种全新的博览会形式出现，这就是在线博览会，也被称为线上博览会、虚拟博览会、网络会展、永不落幕的展览会等，传统的博览会被称为线下博览会或者实体博览会。网络会展的兴起是对传统博览会的有益补充，借助立体化的博览会格局，线上线下实现全方位互动将有助于博览会功能的全面发挥。①

根据区域定位不同还可以将博览会划分为世界博览会、区域博览会、全国博览会、地区博览会和城市博览会。具有明确区域指向的博览会是中国对世界博览会事业的首创和贡献。

## 二、中国边疆地区

### 定义和特征

边疆是一个国家疆域的边缘部分。作为世界上领土面积第三大国，中国不仅拥有辽阔的国土，而且还拥有面积广大的边疆地区。另外，作为世界上唯一一个拥有几千年绵延不绝文明的古国，中国的边疆地区历经变化，既是历史的也是现实的，在不同历史发展阶段，中国边疆地区具有不同的内涵。因此如何定义中国的边疆地区，从何种角度定义，在学术界并没有统一的答案。

基于历史的考察，周平认为中国的边疆地区是指中国临近边界的区域，具有政治的、文化的、经济的和军事的含义。② 中国边疆地区有狭义的边疆、中观意义的边疆和广义上的边疆，边境县以及新疆生产建设兵团的边境团场等属于狭义边疆，与边疆相邻的地市级行政区域，即边境市、自治州等属于中观意义上的边疆地区，与边界相邻的省级行政区域，如省、自治区等，是广义的边疆。边疆地区存在一种被日益解构，而逐渐外延缩小的趋势。

梁双陆比较倾向于从区域经济学的角度对边疆进行界定③，认为边疆地区是中国参加中国周边地区经济一体化的战略依托地区，认为边疆地区在中国与周边国家区域一体化推进中，从要素的跨国流动中获利是明显的。

本书认为，边疆是一国临近国境线的边缘部分，是事关一国家安全的重要国防前沿，也是一国政治、经济、文化、社会等发展薄弱的地区，同时也是参与区域一体化的战略地区。中国的边疆地区既有一般边疆地区的普遍性特点，也有中国边境地区独特的特征，具体来说，中国边疆地区有以下特征：

第一，从地缘政治上看，中国边疆地区是中国地缘政治斗争的前沿地区。中

① 张丽、万磊、刘明广、罗秋菊：《展览：线上、线下的理性对接》，《中国会展》2007 年第 17 期。
② 周平：《中国边疆治理研究》，北京：经济科学出版社 2011 年版，第 16~18 页。
③ 梁双陆：《边疆经济学》，北京：人民出版社 2009 年版，第 29~35 页。

国的边疆地区分布着世界的主要大国，东部与日本美国隔海相望，北部西部与俄罗斯相邻，南部与印度接壤，是东西方大国最为集中的地区。同时东北亚、中国台湾、中亚、南亚等遍布世界火药库，既是大国角力的场域，也是地区霸权争夺的战场。同时传统安全交织着非传统安全，使得中国的边疆地区成为中国维护国家安全和国家利益的前沿地区。①

第二，从经济发展上看，中国边疆地区是西部大开发的重要地区，也是中国推动同周边国家和地区实现区域一体化的战略纽带。中国的边疆地区由于历史和地理的原因，一直处于经济欠发展的状态，加之又多是民族聚集地区，因此呈现出复杂的发展特征；中国边疆地区所处的东北亚、中亚、东南亚和南亚是世界上一体化进展较为缓慢，但发展空间巨大的地区，应将国内协调发展和促进周边地区一体化结合起来，是中国落实西部大开发战略和周边战略的最佳结合。

第三，从安全上来看，中国边疆地区是传统安全和非传统安全汇集的地区，事关中国战略安全和周边稳定。中国边疆地区要么毗邻地缘对抗前沿，要么存在分离势力和恐怖活动，是中国传统安全的重点地区，另外环境问题、水资源问题、经济安全等非传统安全日益进入中国战略学界的视野。②

第四，从文明上看，中国边疆地区是不同文明汇集地区。中华文明、印度文明、伊斯兰文明、佛教文明等不同文明交会在中国边疆地区及其周边地区，这既为不同文明间交流提供了可能，也为不同文明的冲突造就了土壤。③ 如何实现不同文明间的和谐共处成为考验中国边疆地区治理的首要问题。

## 三、中国边疆地区博览会

### 定义和特征

中国边疆地区博览会是以举办地属性命名的一类新型博览会，它是介于世界性博览会和全国性博览会之间的一种博览会形态，属于创新类型的博览会。按照不同分类标准，中国边疆地区博览会属于国际博览会、区域博览会、综合类博览会和战略博览会。

中国边疆地区博览会具有以下特征：

（1）政府主导型是中国边疆地区博览会的第一大特征。中国边疆地区博览会

---

① 冯绍雷、封帅：《中国周边安全的新认知：特点、功能与趋势》，《国家安全研究》2013 年第 2 期，第 34~57 页。

② 同上。

③ 塞缪尔·亨廷顿：《文明的冲突与世界秩序的重建》，北京：新华出版社 2010 年版。

都是由政府主办、政府相应机构承办的博览会。以第一个边疆地区博览会为例，中国—东盟博览会是由温家宝倡议，由中国和东盟 10 国经贸主管部门及东盟秘书处共同主办，并由广西壮族自治区政府承办，具体负责运行的是广西国际博览事务局。①

（2）发展性是中国边疆地区博览会的主要特征。边疆地区，特别是陆地边疆地区经济社会基本上都属欠发达的状态，国家级博览会落户边疆地区主要的目的就是通过发展边疆贸易，使边疆地区跟上整个国家现代化的步伐。以中国—亚欧博览会为例，这一国家级博览会是在原“乌洽会”的基础上升格而成，是落实中央《关于推进新疆跨越式发展和长治久安的意见》和《关于深入实施西部大开发战略的若干意见》的产物，对边疆发展的追求是最根本的内因和驱动力。②

（3）贸易性是中国边疆地区博览会的基本特征。中国边疆地区博览会的首要功能就是要发展边疆地区同周边国家间的经贸往来，并推动投资和贸易的一体化进程。中国—东盟博览会、中国—东北亚博览会、中国—亚欧博览会和中国—南亚博览会都是针对博览会所在省区在国际区域合作中的区位而设计开发的贸易投资博览会，通过边疆地区的区位和地缘优势促进中国同周边的东南亚、东北亚、中亚和南亚等区域的商品贸易与投融资，并最终实现中国主导下的地区一体化进程。③

（4）战略性是中国边疆地区博览会最为突出的特征。中国边疆地区博览会是中国边疆地区发展战略和中国周边战略的有机统一，承担着政治交往、多边外交、人文交流和经贸合作等众多功能，是名副其实的战略博览会。④

---

① 宋晓天、杜新、郑军健：《中国—东盟博览会发展报告（2004~2008）》（精简本），南宁：广西师范大学出版社 2009 年版，第 7~29 页。

② 新疆国际博览事务局、新疆财经大学：《中国—亚欧博览会年度报告（2011 年）》，乌鲁木齐：新疆人民出版社 2012 年版，第 1~21 页。

③《第三届中国—东盟博览会在南宁开幕　温家宝出席开幕式并致辞》，http：//www.gov.cn/ldhd/2006-10/31/content_428960.htm，《2013 中国—阿拉伯国家博览会开幕　习近平致信祝贺》，http：//www.gov.cn/ldhd/2013-09/15/content_2488951.htm，《再创丝绸之路新辉煌——在第二届中国-亚欧博览会开幕式暨中国—亚欧经济发展合作论坛上的演讲》，http：//www.gov.cn/ldhd/2012-09/02/content_2215381.htm，《汪洋出席第二届中国—南亚博览会开幕式并致辞》，http：//news.xinhuanet.com/world/2014-06/06/c_1111023562.htm。

④ 从中国边疆地区博览会承担的战略类型看，有边疆地区发展战略、对外开放战略、区域一体化战略、地缘政治战略等。

# 第二节　中国边疆地区博览会的兴起和发展

中国边疆地区博览会的发展大体上可以分为萌芽阶段、逐步形成阶段和发展调整阶段。

## 一、中国边疆地区博览会萌芽阶段（1992~2003 年）

中国边疆地区博览会萌芽阶段经历了比较长的时期，基本上相当于从邓小平南方讲话到中国加入世界贸易组织这一段时期。根据发展环境的变化，萌芽阶段大致上又可以分为以下两个阶段：

第一阶段起止时间为 1992~1999 年。以建立全方位的对外开放体系、加入世界贸易组织和融入经济全球化为主要国际、国内背景。这一时期的中国边疆地区博览会主要以对外贸易投资洽谈会的形式出现，如哈尔滨经济贸易洽谈会（以下简称哈洽会）、乌鲁木齐对外经济贸易洽谈会（以下简称乌洽会）和昆明进出口商品交易会（以下简称昆交会），这几个展览会分别是中国—俄罗斯博览会、中国—亚欧博览会和中国—南亚博览会的前身，在升格以前，哈洽会、乌洽会和昆交会分别举办了 24 届、18 届和 20 届。[①]

从举办目的上来看，萌芽阶段的边疆地区博览会基本上是为了适应国家全方位对外开放格局的需要和本地区经济发展的需要而创办的，目的是在经济全球化和东部地区经济腾飞的背景下实现西部地区对外贸易的发展。以哈洽会为例，其名称几经变革，从 1990 年最初创建时的“中国对苏联、东欧国家经贸洽谈会”到“中国哈尔滨边境、地方经济贸易洽谈会”再到 1996 年正式更名为“中国哈尔滨经济贸易洽谈会”，反映了哈洽会对外开放思路的变化，即由边境地区对苏东地区开放逐步向东北亚和全世界开放。[②]

这一时期的博览会组织形式带有明显的政府主导型特征。政府主导型的办展思路体现在展览会决策、展览会组织机构和展览会的参展方式上。以乌洽会为

---

① 《中国—俄罗斯博览会简介》：http：//www.00615.net/hqhjj.php。《中国—亚欧博览会简介》：http：//expo.iyaxin.com/content_2951939.htm。《中国昆明进出口商品交易会简介》：http：//www.csaexpo.cn/html/2013/21kjh_0222/212.html。

②《哈洽会历届回顾》：http：//www.ichtf.com/ljhg/indexlj.php。

例，举办乌洽会的倡议来自时任国务院总理李鹏，在首届乌洽会开幕式上李鹏亲自出席并剪彩，这是新中国成立以来在边疆地区举办的博览会中首次由国务院总理出席，体现了中央政府对乌洽会的重视。[①] 为了更好地组织洽谈会，乌洽会成立了乌洽会办公室负责乌洽会具体的运营工作[②]，并采取国别和省市组团的形式组织参展，允许易货贸易和现汇贸易交易两种交易方式同时存在，体现了浓厚的政府主导型的特征。[③]

这一时期的洽谈会顺应了经济全球化的趋势，并且抓住了各自的区位优势以及中央对外开放的政策优势，取得了不错的办展效果，促进了边境地区的对外贸易。据统计，1990 年首届哈洽会的参会国家及地区仅有 10 个，基本上都是苏联和东欧国家，参会境外客商人数 2500 人，成交额仅有 18 亿瑞士法郎，相当于 12.618 亿美元[④]，但是到 1999 年第十届哈洽会参会国家和地区就已经达到 51 个，境外客商人数也增加到 6200 人，外贸成交额 35.7 亿美元。[⑤]

第二阶段的起止时间为 2000~2003 年。这一阶段的主要国际、国内背景是：一方面，中国正式加入世贸组织，启动经济全球化的进程，与此同时顺应区域一体化的潮流，启动中国—东盟自贸区建设进程，周边国际环境获得改善；另一方面，中国国内西部大开发正式启动，西部地区迎来新一轮发展机遇。

这一阶段最为显著的特征是部分边疆地区地方政府开始有意识地在推进自身对外开放事业中向中央政府的周边战略靠拢和寻找定位。这其中最具代表性的当属广西壮族自治区举办的对越国际贸易博览会，经过 2001 年、2002 年、2003 年连续三年举办的经验，并经过大量的调研、论证和公关，广西壮族自治区终于在 2004 年后来居上获得了边疆地区第一个面向特定定期的国家级博览会——中国—东盟博览会的承办权，这是国内第一个将地方发展战略中央化、中央战略地方化的边境省区。[⑥]

与广西壮族自治区敏锐地捕捉到区域一体化并加以利用的做法不同的是，黑

---

① 亚心网：《历届乌洽会》，http：//www.iyaxin.com/zhuanti/node_7442.htm。

② 其他洽谈会也都有成立相应的办公室，如昆交会办公室、哈洽会办公室等。参见乌鲁木齐经贸洽谈会简介：http：//www.caec.org.cn/index.php？ a=show&catid=74&id=763。

③ 中国—俄罗斯博览会官网：《历届回顾第一、第二阶段》，http：//www.ichtf.com/php/news/new_ljhg.php？ id=42455。

④ 按 1990 年 6 月汇率，1 瑞士法郎相当于 0.701 美元。

⑤ 哈洽会历届回顾：第一阶段，http：//www.ichtf.com/php/news/new_ljhg.php？ id=42455。哈洽会历届回顾：第三阶段，http：//www.ichtf.com/php/news/new_ljhg.php？ id=42457。

⑥ 黄志勇：《广西前两次大开放浪潮经验启示及对掀起第三次大开放浪潮的对策建议》，《东南亚纵横》2013 年第 7 期，第 3~15 页。

龙江、新疆和云南在举办洽谈会时一直在追求泛国际化和规模化，没能很好地利用好举办博览会的先发优势。如哈洽会的办展思路为：以俄罗斯为主、面向东北亚、辐射全世界、服务全中国。昆交会虽然在此期间举办了一系列针对中国和东盟合作的活动，比如2001年洽谈会期间举办“中越地区经贸合作国际研讨会”和“澜沧江、湄公河次区域贸易、投资和发展合作研讨会”，但是整体的办展定位和思路并没有跟上形势的发展。[①]

这一阶段的洽谈会虽然与国际专业博览会相比还存在不小的差距，但是在展览的组织、展馆布局等方面取得了长足的进步，而且基本上摒弃了易货贸易的交易方式。

## 二、中国边疆地区博览会逐步形成阶段（2004~2013年）

2004年首届中国—东盟博览会举办，随后一系列针对周边地区的国家级博览会相继举办，标志着中国边疆地区博览会正式形成。根据这一发展阶段的边疆地区博览会的表现，可以再分为两个小的阶段。

第一阶段的起止时间为2004~2010年，以中国全面融入全球经济和启动中国—东盟自贸区、西部大开发为主要国际和国内背景。这一时期的典型标志是中国—东盟博览会的一枝独秀。

从举办目的来看，这一阶段的边境地区博览会呈现复合型的特点。中国—东盟博览会举办的主要目的是为中国—东盟自贸区建设服务，是典型的经济外交的体现。另外，由于是中国国家领导人倡议、东盟各国领导人一致支持并大力参与的活动，因而还具有促进中国与东盟间政治外交交往的目的。博览会期间大量的人文交流活动也使博览会具有了推动中国与东盟人文交流的目的。[②]

中国—东盟博览会在借鉴哈洽会、乌洽会和昆交会的组织形式的基础上，逐步形成了一整套特色鲜明的边疆地区博览会组织管理模式。在组织机构的构成上，主办单位由中国商务部和东盟10国商务主管部门共同组成，形成了11国共办的模式，这有别于乌洽会和昆交会的国内相关省区联合主办的模式。[③] 为了更

---

①《中国昆明进出口商品交易会简介》，http：//www.kmfair.org/kjh/DisplayPages/ContentDisplay_190.aspx?contentid=3961。

② 周平：《中国—东盟博览会CAFTA建设的影响》，《对外经贸实务》2009年第7期，第78~81页。路红艳：《充分发挥中国—东盟博览会服务中国—东盟自由贸易区发展的战略平台作用》，《东南亚纵横》2011年第10期，第17~20页。

③ 如昆交会的主办单位有云南、四川、重庆、西藏、贵州、广西壮族自治区和成都，乌洽会的主办单位有新疆维吾尔自治区、新疆生产建设兵团、陕西省、青海省、宁夏回族自治区、甘肃省和西安市，参见昆交会官网，http：//www.kmfair.org/kjh/default.aspx；张凤武：《新疆“走西口”面面观——我国西部对外贸易态势与前景透视》，《乌鲁木齐职业大学学报》1994年第3、第4期，第59~66页。

好地运营管理中国—东盟博览会，广西壮族自治区政府成立了直属的博览会管理机构——广西国际博览事务局，这种成立专门国际博览事务局运营边疆地区博览会的做法也成为国内省区一种通行的做法。①

边疆地区博览会的功能逐步完善。与萌芽阶段的边疆地区博览会的单一经贸功能明显不同，这一阶段的边疆地区博览会功能因为中央战略地方化和地方战略中央化而开始具有更丰富的维度。比如，这一阶段的中国—东盟博览会不仅服务中国—东盟自贸区的经济外交功能获得提升和丰富，而且逐步形成了中国和东盟间又一个多边外交活动平台，并且成为新国际机制的孵化平台。②

这一时期的边疆博览会保持着开放的发展态势。中国—东盟博览会以商品贸易、服务贸易和投资贸易为主要展示和交易内容，结合中国—东盟自贸区的进程和需求策划各种机制化的论坛，逐步形成了覆盖经济、交通、政治、人文、科技等各个领域的博览会运作框架。③ 与此同时，其他边疆地区博览会尚处于萌芽阶段的洽谈会也在逐步向博览会的运作模式靠拢。④

第二阶段的起止时间是 2011~2013 年，这一阶段的主要国际、国内背景是经济全球化和区域一体化加速发展，全球力量出现转移，中国成长为世界第二经济大国，成为全球经济增长的主要动力，并且高度重视周边区域一体化对于中国和平发展与和平崛起的意义，努力推动和周边国家的一体化。与此同时，中国粗放式的经济增长代价高昂，不均衡的地区发展战略亟须调整，中国边疆地区是承接东部先进制造业转移和与周边各国开展贸易投资合作的桥头堡。⑤

这一时期的显著标志是覆盖中国周边的全方位中国边疆地区博览会格局正式形成。继 2004 年诞生中国—东盟博览会以后，2011 年乌洽会升格成为中国—亚欧博览会，2013 年中国—南亚博览会、中国—阿拉伯国家博览会和中国—东北亚博览会相继形成，这样围绕中国周边地区形成了针对东南亚、东北亚、中亚和

---

① 2008 年 8 月，吉林省博览事务局成立，2009 年 8 月四川博览事务局成立，2010 年 11 月年新疆国际博览事务局成立，2011 年 3 月宁夏回族自治区博览局成立，2012 年 11 月黑龙江会展事务局成立。http://chinaneast.xinhuanet.com/2009-07/13/content_17073951.htm；http://news.163.com/11/0817/07/7BL1T52N00014AED.html；http://www.mofcom.gov.cn/aarticle/difang/bingtuan/201011/20101107228781.html；http://www.hlj news.cn/fouxw_sn/2012-11/03/content_1589680.htm。

② 一大批以“南宁共识”、“南宁倡议”命名的国际协议产生，形成了独具特色的国际治理中的南宁渠道。参见张磊、黄志勇：《“南宁渠道”的性质、功能作用与成功经验》，《东南亚纵横》2014 年第 12 期，第 3~15 页。

③ 中国—东盟博览会官网：http://www.caexpo.org/index.html? gb=1。

④ 昆交会开始专注于中国和南亚的商品贸易，2008 年开始举办南亚商品展，为中国—南亚博览会做铺垫。乌洽会也开始和区域合作组织合作举办上合商务日等活动。

⑤ 霍建国：《“一带一路”战略构想意义深远》，《人民论坛》2014 年第 10 期，第 33~35 页。

南亚的全方位覆盖的博览会格局。[1] 这一时期，中国边疆地区博览会从小到大，从单一到体系，完成了历史性的跨越，博览会的功能也逐步向多元化发展，成长为真正的战略博览会。[2]

这一阶段中国边疆地区博览会的运作日趋成熟，呈现出不同于以往的战略性特征。具体表现在运作模式上是不仅重视同区域国家政府的合作，而且更加重视同区域性国际组织的合作，因而显示出中国边疆地区博览会推动区域一体化的强烈色彩。比如，中国—东盟博览会的主办机构中有东盟秘书处，并且经常结合大湄公河次区域合作机制、泛北部湾开发等策划论坛和活动，以深入推动地区一体化，不仅如此，其倡导的中国和东南亚互联互通的建议经过不断讨论酝酿最终催生了亚洲基础设施投资银行的方案和海上丝绸之路战略。[3] 中国—南亚博览会和南盟秘书处保持密切合作，中国—亚欧博览会同上海合作组织保持高度合作等。

鉴于中国边疆地区博览会通过"拼图"[4] 式的布局战略重构了中国的周边战略，成为中国开展"睦邻、安邻、富邻"的重要的战略工具，同时，中国边疆地区博览会"拼图零片—拼图整体"的布局模式也有助于更好地理解和实践中国和亚洲命运共同体战略。

拼图游戏

拼图的制作、起源和用途。拼图首先要在方形的薄木板上绘制图案，然后用线锯将整张木板切割成各种形状的细小零片。英语中拼图的说法为"Jigsaw Puzzle"，正是因此而得名——"Jigsaw"为线锯（一种可按任意曲线切割的工具），"Puzzle"为难题或迷局。拼图常被用来开发儿童的智力，现代社会拼图的用途非常广泛。

---

① 王军善：《五大博览会全方位提升沿边开放水平》，《中国改革报》，2013 年 9 月 25 日第 9 版。

② 比如，中国—东盟博览会建立的目的是推动中国东盟自贸区的落实，现在不仅成为推动中国东盟自贸区发展的重要推动力，而且也成为中国东盟新的多边对话平台，并且成为中国东盟间文化交流的重要窗口。参见宋晓天、杜新、郑军健：《中国—东盟博览会发展报告（2004~2008）》（精简本），南宁：广西师范大学出版社 2009 年，第 241~256 页。

③ 中国—东盟博览会就中国和东盟间基础设施领域形成多个合作机制，比如，中国—东盟港口发展与合作论坛、中国—东盟电信部长论坛、中国—东盟互联互通交通部长会议等机制，其中 2013 年中国—东盟互联互通交通部长特别会议通过的 《联合声明》呼吁创建一个以中方为主的亚洲地区互联互通投融资平台，这就是亚洲基础设施投资银行的由来。

④ 拼图（英语：Jigsaw Puzzles）是一种益智类游戏的通称，拼图是一种解决平米空间填充和排列难题的游戏，要求玩家将多块印有局部图案的扁平零片进行拼组，把全部零片拼接起来构成一幅几何平面图，平面上将展现完整的图案。公认的第一个商业的拼图游戏是木制的地图拼图，产生于 1760 年左右，由伦敦的一名叫约翰·斯皮尔斯布瑞的雕刻师和地图师制作而成。最初拼图在英国被用来教小学生地理学知识，后来扩展到其他社会领域。参见 History of Jigsaw Puzzles：http：//www.jigsaw-puzzle.org/jigsaw-puzzle-history.html。

拼图除了传统的平面拼图，还有形式各异的立体拼图。构成拼图的部分被称作拼图零片，拼图零片通过全面互锁或者非互锁的方式来实现完整的拼图图案。全面互锁是通过拼图零片边缘的凸起和凹陷来实现，这种连接方式类似于家具制作中的“榫卯结合”，凸起的部分叫榫头，凹陷的部分叫卯眼，榫头和卯眼合在一起的时候，拼图十分牢固。非互锁拼图一般是以形态各异相互交叉的曲线来分割零片，因此零片的边缘也就是曲线的一段。[①] 这种拼图因为相对简单，因为缺少榫卯结果，拼图易散。

拼图游戏玩家要有一定的空间想象力，能够凭借对局部特征和整体特征的认知将打乱的拼图零片拼成完整的图案。

中国及其周边地区可以看作是一幅民族国家制度下被打乱的松散拼图。根据不同的标准，比如地理的、历史的、文明的等，可以将中国及其周边划分为中国周边战略的拼图零片，比如东北亚拼图零片、东南亚拼图零片、中亚拼图零片和南亚拼图零片。这么多拼图零片如何和最大的拼图零片中国实现全面互锁（Fully Interlocking）的拼接，如何找到双方的“榫头”和“卯眼”十分关键，这将直接关系到中国周边命运共同体战略的实施效果。

## 三、中国边疆地区博览会发展调整阶段（2014 年至今）

2014 年以来是中国边疆地区博览会发展的调整阶段。这一时期伴随着新一届中国领导集体的上任，周边外交战略的确立，中央统筹调整了边疆地区博览会的布局和发展战略。[②] 这将形成未来中国边疆地区博览会发展顶层设计和制度。

这一阶段的显著标志是中国—俄罗斯博览会的举办。与之前的五大边疆地区博览会面向特定区域、注重区域一体化不同，中国—俄罗斯博览会开创了边疆地区博览会服务双边关系发展的先例。[③]

---

① http：//zh.wikipedia.org/wiki/%E6%8B%BC%E5%9C%96。

② “一带一路”战略愿景和行动中将中国边疆地区博览会视作“一带一路”的合作机制，表示要继续发挥沿线各国区域、次区域相关国际论坛、展会以及博鳌亚洲论坛、中国—东盟博览会、中国—亚欧博览会、中国—南亚博览会、中国—阿拉伯博览会、中国—俄罗斯博览会等平台的建设性作用。愿景和规划中对西藏、福建、内蒙古等地也做了规划。

参见新华网：《推动共建丝绸之路经济带和 21 世纪海上丝绸之路的愿景和行动》，http：//news.xinhuanet.com/finance/2015-03/28/c_1114793986.htm。

③ 中国—俄罗斯博览会由中国商务部、黑龙江省人民政府、俄罗斯联邦经济发展部、俄罗斯工业和贸易部共同主办，目的是将中国的东北振兴战略和俄罗斯的远东开发相结合，参见中国—俄罗斯博览会简介，http：//www.00615.net/hqhjj.php。

中国边疆地区博览会渐成体系，一方面使中国周边战略有了机制化的平台，另一方面相互之间因定位重叠而形成的不必要竞争也造成了一定的资源浪费，同时也使博览会的效果大打折扣，因此，中央审时度势对中国边疆地区博览会进行了一定程度的调整。具体调整方案是，中国—东盟博览会、中国—南亚博览会作为国家重要的外事性会展活动每年一届，其他边疆地区博览会由每年一届改为两年一届。[①]

# 第三节 中国边疆地区博览会的运作模式

## 一、战略观念变革与中国边疆地区博览会

中国边疆地区博览会创新型的运作模式从根本上体现的是中国战略观念变革，这不仅表现在对中国边疆地区的认知上，也表现在对中国边疆地区博览会的认知上。

### （一）对中国边疆地区的认知变革

首先，针对中国边疆地区战略地位认知向度发生了明显的变化。在中国传统战略视野中，中国边疆地区只是单纯作为内地的安全屏障而存在的，从新中国成立一直到 20 世纪 90 年代初，这种单一的内向认知向度基本没有变化。随着 90 年代中后期，特别是 21 世纪初和平崛起战略和全方位开放战略的提出，中国边疆地区在中国战略视野中的地位悄然发生了根本性的变化，这主要表现为边疆地区对内地的安全屏障意义虽然得以继续强调，但是边疆地区在经济社会发展中的边界效应和区域一体化中的边缘经济增长中心成长机制受到更为全面的重视，而且这种双向的认知向度有逐渐强化的趋势。[②]

其次，针对中国边疆地区的认识维度也在发生变化。这主要表现为中国边疆地区的认知维度逐步由单维向多维转变。在和平发展战略和全方位开放战略推进过程中，中国边疆地区研究逐步摆脱安全维度的单一的认知局限，经济维度、文化维度、地缘政治维度、资源维度和区域合作和治理维度等被不断纳入战略研究的视野中，特别是边疆地区对维护中国的发展利益的重要性得到越来越多的认

① 以上信息综合来自各个边疆地区博览会官网。

② 梁双陆：《边疆经济学：国际区域经济一体化与中国边疆经济发展》，北京：人民出版社 2009 年版，第 154~192 页。

可。[①] 这种认可形同对中国边疆地区发展的松绑。

最后，在和平崛起战略和全方位开放战略推进中，中国边疆地区的战略地位获得空前的提高。21 世纪以来，与经济全球化并行不悖的区域一体化潮流对中国的区域合作，特别是周边地区的区域一体化的政策和实践形成了强烈的冲击。无论是加入 APEC，还是发起成立上海合作组织，抑或是强力推动中国—东盟自由贸易区，都显示了中国在面对区域一体化合作浪潮不甘落后的态度和心理。新疆之于上海合作组织，广西之于中国东盟自由贸易区建设，无不凸显了边疆地区在中国大战略特别是周边战略中日益重要的地位和作用。

**（二）对中国边疆地区博览会本身的认知变革**

中国边疆地区博览会立足于中国边疆地区，面向特定地区经济贸易合作，将博览会的经贸功能拓展运用到国际关系领域，本质上是一种经济外交行为，推动了中国和相关地区的经济贸易合作，这种创新的博览会实践极大地带动了中国战略学界对博览会的观念变革。

中国边疆地区博览会不同于西方历史上的边疆地区博览会或者殖民地博览会，具有常设性、制度性和机制性等特征。中国边疆地区博览会自诞生以来就成为中国和周边各国开展区域合作的复合型功能平台，并且产生了诸多制度溢出性效果，中国边疆地区博览会开始脱离一般博览会经济外交的认知，开始具有了国际公共产品的特征。[②] 实际上，中国边疆地区博览会主观上是促进边疆地区的经济社会发展，缩小边疆地区同东部沿海地区的差距，在一定程度上促进中国周边经济外交开展，保障中国和平崛起的良好周边环境，但是客观上探索了为亚洲区域合作提供国际公共产品的新路径，也在一定程度上意味着中国主导的基于相互依赖的制度化和机制化的新型国际制度。

一般而言，博览会具有文明交流和先进观念传播功能，中国边疆地区博览会相比一般博览会还具有认同建构功能。立足于区域合作的中国边疆地区博览会举办过程中，中国和周边区域各国持续互动，不断学习，相互依存不断加深，共同认同逐步建立，促使人们博览会观念的变革，这种功能对于推进地区一体化建设至关重要。在中国边疆地区博览会形成 10 年以来，中国和周边各国在互动过程

---

① 梁双陆：《边疆经济学：国际区域经济一体化与中国边疆经济发展》，北京：人民出版社 2009 年版，第30~53 页。也可以参考周平等：《中国边疆治理研究》，北京：经济科学出版社 2011 年版，第 21~32 页。

② 如中国—东盟博览会期间举办的 160 多个高层次论坛和专业论坛，通过了一系列以《南宁共识》、《南宁联合宣言》和 《南宁倡议》命名的会议文件，为促使更多的中国—东盟合作机制诞生做出了贡献。参见宋晓天、杜新、郑军健:《中国—东盟博览会发展报告（2004~2008）》（精简本），南宁：广西师范大学出版社 2009 年版，第 244~245 页。

中，通过复杂的相互学习和共同命运，增强了彼此的相互依存，创造新的地区认同，特别是建构了新的集体意识和集体身份[①]，这是由中国主导的基于身份建构的逐步由区域身份最终走向“亚洲身份意识”和亚洲命运共同体的新阶段。

## 二、中国边疆地区博览会的运作模式

### （一）中国边疆地区博览会的决策模式

1. 决策依据

中国周边地缘战略环境的变化是中央政府支持中国边疆地区博览会举办的重要外部诱因。进入 21 世纪以来，中国周边的地缘战略环境持续发生深刻的变革，大国实力此消彼长，和平与发展成为区域内国家的共同追求。首先，21 世纪最初 10 年，美国的注意力被阿富汗和伊拉克战争所牵制，反恐成为美国最为主要的任务。这一方面极大地缓解了美国对中国周边的战略压力，另一方面也给中国在周边开展经济外交，推动中国主导的区域合作创造了良好和宽松的外部环境。美国忙于反恐，日本经济持续衰退，普京时代俄罗斯的欧洲战略空间被北约不断压缩，外交上选择和中国协作。其次，经过 20 世纪末的亚洲金融风暴的冲击，中国和亚洲邻国对深化区域合作的共识与日俱增，亚洲意识觉醒，各种区域合作陆续兴起，相互之间的信任得以建立并不断巩固，中国威胁论逐渐被中国机遇论取代，周边各国争相和中国发展全方位的关系。最后，中国周边各国大多数为转型国家，市场化导向的改革为中国边疆地区博览会提供了一致的外部制度环境。

中国自身的发展、国家定位和周边战略的变化是中央政府主动完善和利用中国边疆博览会的内部动因。进入 21 世纪以来，在国际上，中国崛起的趋势越发明显，不仅对国际体系，而且对区域秩序形成了极大的冲击，这种情势亟须对周边战略做出一定程度的调整；[②]与此同时，在国内，中国的大陆性和海洋性的冲突和失衡也越发明显，东部沿海和中西部内陆的经济不平衡日益严重，这种情势也亟须对中国的地缘发展战略做出一定程度的调整。[③] 在国家崛起的背景下，中国对国家定位进行了微调，即中国既是世界上的经济大国，同时也是最大的发展

① 比如，中国—东盟博览会举办过程中对双方的认同和观念正向变革起了重要的推动作用，参见范丽萍：《建构主义视域下的中国—东盟博览会》，《广西师范大学学报》（哲学社会科学版）2011 年第 5 期，第 114~118 页。

② 法里德·扎卡利亚：《后美国世界：大国崛起的经济新秩序时代》，赵广成、林民往译，北京：中信出版社 2009 年版，第 117~121 页。

③ 索尔·科恩：《地缘政治学：国际关系的地理学》，严春松译，上海：上海社会科学院出版社 2011 年版，第 280~297 页。

中国家，中国应该对国际社会有所贡献，在地区合作中扮演建设者的角色。与之相对应的是中国周边战略的调整，周边地区在中国全球战略中的地位明显升高，居于首要地位，而且从“睦邻”逐步发展到“富邻”，并逐步走向命运共同体的理念。[①]

边疆地区的比较优势、地缘优势和政策环境是边疆地方政府相继举办博览会最直接的动因。中国的边疆地区与沿海地区相比，虽然经济社会发展相对落后，但是具有明显的比较优势，集中体现在交通、资源、劳动力等要素上，如同沿海开放造就了若干海疆边缘增长中心的形成、成长和扩散，推动沿海经济带的繁荣，中国的边疆地区的开放，也能够形成若干陆疆边缘增长中心，甚至在中国与周边地区一体化过程中逐步成为地区发展中心。[②] 比如，中国—亚欧博览会所在地新疆是古代陆上丝绸之路的重要周转地区，同时也是现代亚欧大陆桥的桥头堡，煤、石油、天然气等战略资源丰富，劳动力成本低，并且毗邻周边的中亚国家，民族、宗教、语言等方面有着天然的密切关系，是亚欧大陆地理上的“心脏地带”。[③]

2. 决策机构

党中央、国务院是中国边疆地区博览会的最高决策机构。从现有的边疆地区博览会的举办情况看，国务院是决定其举办规格、形式、内容和规模等的最高决策机构和审批机构。根据现行 1982 年宪法第三章第三节规定，国务院是最高权力机关的执行机关，是最高的行政机关，国务院拥有领导和管理全国经济工作和管理对外事务，同外国缔结条约和协定的权力。[④]

中央外事工作领导小组在中国边疆地区博览会决策机构中占有重要的地位，甚至是关键的决策地位。中央外事工作领导小组即中央国家安全领导小组，是中央政治局、国务院负责领导国家安全和外事工作的议事协调机构，由中共中央、国务院和中央军委等多个部门的主要负责人组成。[⑤] 现在由中共中央总书记担任

---

① 2013 年 4 月博鳌亚洲论坛习近平首提树立亚洲命运共同体意识，之后明确提及中国和东盟命运国共同体关系，在 2013 年 10 月中央周边国家外交工作座谈会上以“让命运共同体意识在周边国家落地生根”为题进行了集中的阐释。详见 http：//news.xinhuanet.com/2013-10/25/c_117878944.htm。

② 梁双陆:《边疆经济学：国际区域经济一体化与中国边疆经济发展》，北京：人民出版社 2009 年，第 154~157 页。

③ 索尔·科恩:《地缘政治学：国际关系的地理学》，严春松译，上海：上海社会科学院出版社 2011 年，第 16~20 页。

④ 中国政府网:《中华人民共和国宪法》（全文），http：//www.gov.cn/gongbao/content/2004/content_62714.htm。

⑤ http：//zh.wikipedia.org/wiki/%E4%B8%AD%E5%A4%AE%E5%A4%96%E4%BA%8B%E5%B7%A5%E4%BD%9C%E9%A2%86%E5%AF%BC%E5%B0%8F%E7%BB%84.

小组组长，成员一般由负责外事工作的国务院副总理或国务委员、外交部、国防部、公安部、国家安全部、港澳办、侨办、新闻办的负责人，以及中宣部、中联部的部长和总参谋部的高级将领等组成。中央外事工作领导小组由组长、副组长、秘书长（办公室主任）和组员组成，下设中央外事工作领导小组办公室。[①]

商务部是中国边疆地区博览会最为主要的主办机构，在中国边疆地区博览会举办过程中起着极为重要的中枢和核心作用。中华人民共和国商务部是中国国务院主管商业经济和贸易的组成部门，在对外贸易中承担着极为重要的职责，商务部职责[②]中的第一、第七、第十、第十四条和第十五条明确规定了在研究区域经济合作发展战略、拟定多、双边（含区域、自贸区）经贸合作战略和政策、负责对外援助和牵头拟定并执行对香港地区、澳门地区和台湾地区的经贸规划等方面的职能。具体到中国边疆地区博览会运作过程中，商务部主要通过报送中央外事工作领导小组和国务院举办博览会的请示、牵头组织博览会组委会、国内筹备会、高官会、国际经济展区筹备会、主题国、领导人邀请等机制发挥作用和影响。[③]

组委会是中国边疆地区博览会具体的领导机构和议事机构，一般在国务院的领导下，由商务部负责牵头成立。组委会的职责主要有协调相关政策的拟定和实施工作，协调解决博览会的相关事宜，推动落实博览会举办期间国家领导人、政府部长和相关国际组织领导人的出席事宜，推动博览会同期的各种论坛、会议和活动的开展，并就博览会举办过程中的重大事项做出决定。[④]

### （二）中国边疆地区博览会的布局策略

中国边疆地区博览会自产生以来就显示出一定的区域地缘特征，特别是在中国边疆博览会不断发展丰富过程中更加遵循了一定的地缘战略规律。虽然单个边疆地区博览会面向特定区域板块的经济合作，比如中国—东盟博览会针对东南亚

---

① 中央外事工作领导小组办公室主要有五项工作职能：对国际形势和执行外交政策中的重大问题、外事管理工作进行调查研究，提出建议；承办中央外事工作领导小组全体会议和办公会议的会务工作，催办会议事项，承办外事协调工作；代党中央拟定和修订外事工作的某些全国性规定，审核中央、国家机关各部门和各省、自治区、直辖市制定的重要外事规定；办理中央、国家机关各部门和各省、自治区、直辖市报送中央外事工作领导小组和国务院的有关重要外事工作的请示、报告；承办中央外事工作领导小组和国务院交办的其他外事事项。详细参见维基百科：中央外事领导小组办公室，http：//zh.wikipedia.org/wiki/%E4%B8%AD%E5%A4%AE%E5%A4%96%E4%BA%8B%E5%B7%A5%E4%BD%9C%E9%A2%86%E5%AF%BC%E5%B0%8F%E7%BB%84%E5%8A%9E%E5%85%AC%E5%AE%A4。

② 中国商务部官网：《主要职责》，http：//www.mofcom.gov.cn/mofcom/zhizi.shtml。

③ 宋晓天、杜新、郑军健：《中国—东盟博览会发展报告（2004~2008）》（精简本），南宁：广西师范大学出版社 2009 年版，第 22~23 页。

④ 同上书，第 20~21 页。新疆国际博览事务局、新疆财经大学：《中国—亚欧博览会年度报告：2011》，乌鲁木齐：新疆人民出版社 2012 年版，第 35、第 47~51、第 145 页。

区域建设区域合作平台，但所有边疆地区博览会合在一起就构成了中国在亚洲地区整体的周边战略，这在中国的双边战略和亚洲战略之间形成了过渡状态的周边战略。

中国边疆地区博览会的地缘战略规律主要表现在：第一，从举办地来看，中国边疆地区博览会主要在陆地边疆省份的省会城市举办，而举办城市一般具备成为区域国际中心城市的潜质。第二，从经济地理角度看，中国边疆地区博览会所在省区与面对的地区可以融合发展。第三，从命名方式看，中国边疆地区博览会基本遵循了“中国＋区域（或者国家）博览会”的命名模式，表明中国边疆地区博览会以推动中国和区域经济合作为手段，努力实现区域一体化。通过这种方式中国可以构筑一种小范围的区域一体化合作机制，能够在最大限度上排除美国等区域外大国的影响，实现中国在周边战略上的突破。

中国边疆地区博览会兴起的主要国内背景是西部大开发战略的实施，其主要目的是通过国家级博览会带动西部地区的发展，实现全国经济的再平衡，因此在布局边疆地区博览会时重要的参考因素就是区域分布的合理和平衡。东南亚、东北亚、中西亚和南亚真正实现了每一个方位都有一个国家级博览会的存在。

中国边疆地区博览会从一开始成立就注重博览会的复合功能策略。这里的复合功能指的是中国边疆地区博览会承载多种功能，除了经济贸易功能以外，中国边疆地区博览会还承载着经济外交、地缘政治经济战略、区域合作、文化交流等功能，比如由中国和东盟 10 国共同主办的中国—东盟博览会，承载着推动中国和东盟国家友好合作、促进中国—东盟自贸区建设的时代使命，因此围绕使命不仅设计了展览和经贸洽谈，而且策划了领导人会晤制度、中国—东盟商务与投资峰会，乃至系列论坛和文化交流活动。[①]

**（三）中国边疆地区博览会的执行体系**

主办单位是中国边疆地区博览会执行体系中最为重要的一类单位，主办单位在中国边疆地区博览会举办过程中主要是领导、沟通和协调工作，是执行体系的中枢单位，主办单位对博览会成功举办起着极为重要的作用。主办单位一般由商务部和博览会所在省或自治区政府组成，在某些情况下，外交部、发展和改革委员会、工业和信息化部、科技部、文化部、交通运输部、中央宣传部、国家旅游局、中国贸促会等单位也会出任主办单位。另外，中国边疆地区博览会的主办单

① 宋晓天、杜新、郑军健：《中国—东盟博览会发展报告（2004~2008）》（精简本），南宁：广西师范大学出版社 2009 年版。

位中除了中方的主办单位，也越来越多地邀请外方的政府商务主管部门担任联合主办单位，形成了中外共同主办博览会的格局。[①]

承办单位是中国边疆地区博览会运作中的中坚力量，是博览会具体事务的执行机构。中国边疆地区博览会的承办单位一般由博览会所在省或者自治区的商务部门、贸促部门及其相关政府机构来担任，比如，中国—东北亚博览会的承办单位是吉林省商务厅、中国贸促会吉林省委员会、吉林省发展和改革委会等 13 家单位，中国—亚欧博览会的承办单位是中国贸促会新疆委员会、新疆维吾尔自治区商务厅、新疆建设兵团商务局、新疆自治区招商发展局、新疆自治区外（侨）办等 11 家单位，承办单位参与的多寡是衡量边疆地区博览会规模、难度和影响力的重要指标。

协办单位是中国边疆地区博览会中主要协助主办单位开展工作的相关单位，对整个博览会的举办起着十分重要的支撑作用。虽然协办单位地位要高于承办单位，但是其在博览会举办期间并不从事具体的博览会组织管理工作，因此重要性要小于承办单位。中国边疆地区博览会的协办单位一般包括国务院有关部委和有关省、自治区、直辖市甚至是特别行政区。另外，为了方便区域各国的招展和博览会组织工作，一般情况下主办方还会邀请区域内国家的政府商务部门、贸促机构和全国性的商会等担任协办单位，比如中国—亚欧博览会就邀请了国内协办单位 22 个，境外协办单位 17 个，这一方面壮大了博览会的组织机构，另一方面大大降低了博览会的操作难度。[②]

支持单位是中国边疆地区博览会开展过程中不可或缺的商业资源，是衡量博览会实力、质量和市场化程度的重要指标。在边疆地区博览会实际运作实践中，支持单位一般是各类民间商会组织，但是并不是所有边疆地区博览会都设有支持单位。

---

① 中国亚欧博览会官网：《走进博览会—海外合作机构》，http：//www.caeexpo.org/jiegou/index.jhtml。中国—东盟博览会官网：《组织机构》，http：//www.caexpo.org/html/2013/news_zjblh_0626/200042.html。中国—东北亚博览会官网：《博览会简介》，http：//www.neasiaexpo.org.cn/about/index.html。中国—南亚博览会官网：《走进南博会》，http：//www.csaexpo.cn/html/2013/guanyunanbohui_0109/27.html。中国—俄罗斯博览会官网：《博览会简介》，http：//www.china-russiaexpo.org/czzn.php。

② 国内协办单位：北京市、天津市、上海市、重庆市、河北省、山西省、陕西省、辽宁省、吉林省、黑龙江省、江苏省、安徽省、福建省、江西省、山东省、湖南省、河南省、湖北省、广东省、四川省和深圳市。境外协办单位：上海合作组织秘书处、联合国贸易和发展会议、联合国工业发展组织、联合国开发计划署、阿富汗商业部、巴基斯坦贸易发展署、大韩贸易振兴公社、韩国贸易协会、韩国知识经济部、吉尔吉斯斯坦工商会、荷兰国家贸易促进中心、日本国际贸易促进会、土耳其经济部、塔吉克斯坦工商会、伊朗贸易发展局、香港贸易发展局、莫斯科工商会。详见新疆国际博览事务局、新疆财经大学：《中国—亚欧博览会年度报告：2011》和《中国—亚欧博览会年度报告：2012》，乌鲁木齐：新疆人民出版社 2012 年版。

秘书处是中国边疆地区博览会开展过程中最为核心的常设具体执行机构，承担着博览会几乎所有活动的组织和管理工作。中国边疆地区博览会的秘书处一般是和应运而生的博览局是合一机构，比如，中国—亚欧博览会秘书处和新疆博览事务局是合一机构，中国—东盟博览会秘书处和广西国际博览事务局是合一机构。①

除此之外，中国边疆地区博览会执行体系还包括媒体支持单位、赞助合作单位等组成部分②，这些组成部分对于中国边疆地区博览会提升公共外交的影响力和塑造区域集体共识至关重要，并且能够在一定程度上帮助提升中国边疆地区博览会的市场化水平和运营效率。③

① 中国—东盟博览会官网：《职能机构》，http：//www.caexpo.org/html/2014/news_zjblh_1230/200043.html。

② 中国—东盟博览会官网：《关联链接》，http：//www.caexpo.org/gb/link/lianjie/index.html。

③ 中国—东盟博览会建立了丰富立体的海内外媒体宣传架构，不仅提升了中国—东盟博览会在区域内的影响力，而且使区域内命运共同的意识成长，有力地推动了中国和东盟地区的一体化进程。另外，数量众多的赞助合作伙伴，不仅降低了博览会的办展成本，而且提高了博览会的盈利能力，促进了政府主导和市场驱动的良性结合。参见 http：//www.caexpo.org/gb/link/lianjie/index.html。

# 第二章　中国边疆地区博览会的动力机制

中国边疆地区博览会的建立和形成具有深刻而复杂的国际国内背景，是全球权力从西方向东方历史性转移的反映，也是中国回应周边地区“搭乘中国经济便车”需求的结果，是中国地区合作意识的觉醒产物。

## 第一节　国际体系转型

国际体系包括权力结构、国际制度和观念分布，充分理解并分析这三个要素有助于把握国际体系转型的内在脉络，有助于解释国际行为体的战略选择，这也是解释中国边疆地区博览会体系动力的关键。

### 一、权力结构的变化

新现实主义认为，国际体系的结构主要是由大国的权力分配界定的，因此国际体系的转型其实质是大国权力分配已经发生或正在发生质的变化。新现实主义认为国家的权力主要是硬权力，也就是物质性质的权力，其特征是客观的，并且用极的概念来表示体系的结构[①]，比如两极体系、多极体系等。实力结构的变化是国际体系转型的物质基础，它主要包括两个基本的维度，一个是由极数所确定的力量分布，另一个是主要大国的力量对比和差距。[②]

#### （一）大国数量的变化

极数的变化也就是大国的数量的变化是衡量国际体系权力结构变化的第一个

① 秦亚青：《权力·制度·文化——国际政治学的三种体系理论》，《世界经济与政治》2002 年第 6 期，第5~10 页。

② 刘丰：《国际体系转型与中国的角色定位》，《外交评论》2013 年第 2 期，第 1~16 页。

维度。进入21世纪以来，除了原有的美国、俄罗斯、中国、欧盟和日本等大国或集团以外，新兴国家不断崛起，对原有的大国体系形成显著的冲击。这种冲击主要表现在两个方面：第一个方面是世界经济政治重心开始由大西洋地区向太平洋地区转移，这一转移过程伴随着新兴国家的集体崛起，特别是以中国为中心的亚洲大陆作为一个整体的崛起，这对世界权力结构的影响将是革命性的。[①] 第二个方面是这一轮的全球发展相对均衡，亚非拉大陆都有新兴国家的崛起，并开始追求与自身实力相符的国际政治经济影响力，重视在国际社会生活中展示实力、塑造形象和地区联合。[②]

**表2-1　1990年以来世界经济TOP20排名变化**[③]

单位：美元

| 排名 | 国家名称 | 1990年 | 国家名称 | 2000年 | 国家名称 | 2013年 |
|---|---|---|---|---|---|---|
| 1 | 美国 | 5979600000000.00 | 美国 | 10284800000000.00 | 美国 | 16768100000000.00 |
| 2 | 日本 | 3103698099973.41 | 日本 | 4731198760271.14 | 中国 | 9240270452046.99 |
| 3 | 德国 | 1764967948916.60 | 德国 | 1947208402432.28 | 日本 | 4919563108372.50 |
| 4 | 法国 | 1275300566196.84 | 英国 | 1548663943107.88 | 德国 | 3730260571356.51 |
| 5 | 意大利 | 1177754920168.07 | 法国 | 1368438363736.87 | 法国 | 2806427978233.99 |
| 6 | 英国 | 1066688571555.40 | 中国 | 1198474937919.30 | 英国 | 2678454886796.67 |
| 7 | 加拿大 | 592014912581.42 | 意大利 | 1142213930348.26 | 巴西 | 2245673032353.76 |
| 8 | 西班牙 | 535101248775.42 | 加拿大 | 739455928893.68 | 意大利 | 2149484516711.75 |
| 9 | 俄罗斯 | 516814258695.57 | 墨西哥 | 683647980782.41 | 俄罗斯 | 2096777030571.25 |
| 10 | 巴西 | 461951782000.00 | 巴西 | 644701831101.39 | 印度 | 1876797199132.60 |
| 11 | 中国 | 356937329023.32 | 西班牙 | 595402616546.90 | 加拿大 | 1826768562832.01 |
| 12 | 印度 | 326608014285.32 | 韩国 | 561633037419.54 | 澳大利亚 | 1560372473125.21 |
| 13 | 荷兰 | 313037995643.23 | 印度 | 476609148165.17 | 西班牙 | 1393040177013.68 |
| 14 | 澳大利亚 | 310944978838.02 | 澳大利亚 | 414987125541.67 | 韩国 | 1304553972501.69 |
| 15 | 韩国 | 284757121057.99 | 荷兰 | 413396904367.05 | 墨西哥 | 1260914660977.14 |
| 16 | 墨西哥 | 262709785592.71 | 阿根廷 | 344272910000.00 | 印度尼西亚 | 868345652474.90 |
| 17 | 瑞典 | 258154283908.90 | 瑞士 | 271659728209.38 | 荷兰 | 853839351964.46 |
| 18 | 瑞士 | 257420293190.33 | 土耳其 | 266567532725.66 | 土耳其 | 822135183160.00 |
| 19 | 比利时 | 206113804563.01 | 瑞典 | 259802012617.06 | 沙特 | 748449600000.00 |
| 20 | 伊拉克 | 179910699665.12 | 俄罗斯 | 259708496267.33 | 瑞士 | 685434185074.11 |
| | 合计 | 22519258903708.70 | 合计 | 33284011609137.60 | 合计 | 75592940968183.30 |
| 新兴国家占比 | | 9.45% | | 13.33% | | 27.07% |

信息来源：世界银行数据目录，http：//data.worldbank.org。

① 马凯硕：《新亚洲半球：势不可挡的全球权力东移》，刘春波、丁兆国译，北京：当代中国出版社2010年版。

② 中国在2008年、2010年相继在北京和上海举办了夏季奥运会和世博会，巴西在2014年举办了世界杯，并还将于2016年在里约热内卢举办夏季奥运会，南非也承办了2010年世界杯。

③ 本表系作者根据世界银行1990年以来全球主要国家年度经济统计数据整理绘制而成。

如表 2-1 所示，1990 年以来，世界经济大国排名变化非常明显。“金砖四国”中的印度和巴西大国化明显，印度尼西亚、土耳其、沙特等地区大国实力获得显著提升，并开始追求在国际政治、经济和地区事务中的发言权。新兴大国数量的增多、大国标准的泛化或者说大国门槛的降低[①] 是并行存在的两种趋势。全球治理平台由 G8 逐步让位于 G20 是这两种并行不悖趋势的最佳注脚，这也说明国际体系的权力结构出现了历史性的分散和转移趋势，传统政治经济大国在国际体系中的主导地位有所削弱，其要想保持世界事务治理的领导权就必须依靠和更多新生力量的合作。

新兴国家的崛起，特别是以中国为代表的亚洲地区新兴国家的集体崛起为中国边疆地区博览会的产生和发展准备了强大的客观物质基础。如表 2-1 所示，2000 年时，世界经济 20 大经济体中，中国及其周边邻国（不包括日本）只有 4 个，亚洲国家（不含日本）只有 3 个，但是 2013 年世界 20 大经济体中，中国及其邻国（不包括日本）就占据了 5 个，亚洲国家（不包括日本）占据了 6 个。

**（二）国际战略格局的演化**

冷战后，尽管有所争论，但是“一超多强”的国际战略格局正在向新的方向演化却是不争的事实。有的学者认为，虽然进入 21 世纪以来，“多强”与“一超”的力量对比虽未发生质变，但是由于美国在“9·11”恐怖袭击到“9·15”金融危机这段时间的权力遭到全方位挑战，“一超”的地位已经大不如前，而“多强”在国际事务中的作用有所上升，因此国际战略格局发生次序颠倒，由原来的“一超多强”开始演变为“多强一超”。[②]

当前，美国的“一超”地位得以保持。虽然反恐战争和经济危机对美国软硬实力造成了一定程度的损害，但是并没有对美国“一超”地位造成根本性的挑战，美国仍然是世界上最大的经济国、科技国和最强的军事国，拥有最强大的软实力。美国对国际体系仍然具有很强的操控能力，其自身恢复能力和制度创新能力巨大，并且对新兴国家崛起设置了一定程度的障碍和干扰，尤其将中国视为对美国超强地位的最大挑战，通过“瘦身欧洲、稳定中东、强化亚太”[③] 确保美国的地位不被挑战。

中国的实力获得空前的提高，国际影响力也显著增加。以经济实力为例，如

---

① 林利民：《21 世纪国际体系转型析论》，《现代国际关系》2009 年第 6 期。

② 袁鹏：《国际体系转型与中国的战略选择》，《现代国际关系》2009 年第 4 期，第 39~40 页。秦亚青：《国际体系转型以及中国战略机遇期的延续》，《现代国际关系》2009 年第 4 期，第 35~37 页。

③ 陈积敏：《“奥巴马主义”渐进成型》，《领导文萃》2014 年第 5 期，第 33~35 页。

表 2-1 所示，1990 年中国的 GDP 仅为 3569 亿美元，位于全球第 11 位，居于发展中国家第三位，不及俄罗斯和巴西，仅相当于美国 GDP 总量的 6%、日本的 11%、德国的 20%，甚至不及加拿大和西班牙。2000 年中国的 GDP 已超过 1 万亿美元，达到 11984 亿美元，跃居发展中国家首位，全球排名已经提高到第六位，仅次于美国、日本、德国、英国和法国，GDP 提高到相当于美国 GDP 的 12%、日本的 25%、德国的 61.5%。截至 2013 年，中国 GDP 达到 92400 亿美元，超过日本、德国、英国和法国，已经跃居世界第二位，GDP 已经达到美国 GDP 的 55%，直追苏联国力的最高时期，中国的绝对国力和相对国力均获得大幅度提高，如果按照购买力来计算的话中国和美国的国力几乎相当，这使国际经济领域逐步呈现出两极格局的态势。

欧洲主要国家的实力遭到大幅度的削弱。根据表 2-1 计算，英、法、德、意欧洲四大国占世界经济总量的比率从 1990 年的 23.5%下降到 2000 年占世界经济总量的 18%，并于 2013 年下降到 15%，并且这种下降的趋势还将持续。虽然欧盟一体化的发展有助于欧洲国家的整体实力提升，但是其对世界经济的影响在逐步下降是不争的事实。

日本 20 世纪 90 年代以来经济一直发展缓慢，日本人经历了历史上最为漫长的“经济失落十年”，日本虽然保住了世界第三经济大国的位子，但是其在全球经济中的比重从 1990 年的 13.8%急剧下降到 2013 年的 6.5%，其对全球经济发展的火车头作用逐步让位于中国和其他新兴国家。①

与西方国家整体衰落形成鲜明对比的是新兴国家在全球经济中的整体崛起。这里既有崛起国家数量上的增加，也有崛起国家绝对规模和影响的变化。如表2-1 所示，非西方国家在全球经济 20 强中由 1990 年的 6 个，提高到 2013 年的 9 个，占全球经济的比重 1990 年仅为 9.45%，2000 年时上升到 13.33%，2013 年更是快速提高到 27.07%，这表明在国际战略力量对比中，非西方国家，特别是新兴国家正在成为国际关系中的重要力量。特别值得一提的是，亚洲国家在全球经济中的作用获得空前的提高，1990 年时，亚洲国家除日本外没有进入全球经济前 10 强，进入全球经济前 20 强的也仅有 4 个，而且所占份额非常低，仅为 5.1%，但是到 2013 年亚洲进入全球经济 20 强的国家达到 6 个，尤其是所占全球经济总量的比重历史性地提高到了 19.7%。

---

① 根据表 2-1 的计算可以看出，日本在全球经济中的比日益降低，其对全球经济增长的重要性也随之下降。

新兴国家的崛起，一方面为中国边疆地区博览会创造了巨大的客观动力，另一方面也更加有利于创造和维护中国边疆地区博览会发展所需要的国际和平环境。

## 二、国际制度的转型

21 世纪以来，国际制度变革的压力越来越大。这是因为现行的国际制度安排是通过战争形式最终固定下来的，反映的是第二次世界大战后美苏两极体制的利益，也反映了当时国际力量尤其是国际战略力量对比及其利益要求。随着冷战的结束，原有的国际制度越来越不适应变化了的国际体系，存在“国际制度失灵”的状况，尤其是不能反映新兴发展中国家力量的利益需求，因此变革国际制度的呼声日益高涨。简言之，全球实力结构的改变要求对全球利益分配制度进行调整。

国际制度这一次转型不同于人类历史上的前两次转型。尽管前两次国际制度转型伴随了长期的战争和动乱，但是转型基本都在战争结束后就完成了，冷战后开始的国际制度转型更多的是在和平环境下进行的，需要经过长期的实力竞争和博弈才能确定下来。[①] 另外，经济全球化、区域一体化并行不悖的发展趋势也使这一次的国际制度转型带有明显的层次性特点和更加重视国际经济制度调整的特点，需要指出的是地区性国际制度处于转型的中心地位，既是推动全球层面国际制度转型的主体，也是成为国际制度转型中需要改造的客体。[②] 最后，尽管传统安全依然在国际关系中居于重要地位，但是各种非传统安全的出现，如全球气候变暖、跨国犯罪、海上安全、恐怖主义、分离主义运动、互联网安全、人口的贫困化等，成为国际制度转型重点关注的领域，也成为国际制度新的生长点。

21 世纪以来，国际制度转型在全球层次和地区层次深入展开。在全球层次的国际制度转型主要集中在联合国安理会常任理事国席位的改革、世界银行和国际货币基金组织的股权和投票权[③] 以及世界贸易组织多哈回合谈判等方面。联合国安理会的改革难度较大，改革的推力和阻力将在一定时期内维持均衡态势。虽然世界银行和国际货币基金组织进行了一定的改革，提升了部分新兴国家的股权投票权，但是仍不能满足新兴国家的要求，阻力同样较大。世界贸易组织多哈回

---

① 林利民：《21 世纪国际体系转型析论》，《现代国际关系》2009 年第 6 期。

② 从东盟的发展可见一斑。

③ 谢世清：《国际货币基金组织份额与投票权改革》，《国际经济评论》2011 年第 2 期，第 119~126 页。谢世清、曲秋颖：《世界银行投票权改革评析》，《宏观经济研究》2010 年第 8 期，第 8~11 页。

合谈判2006年陷入停滞状态以后，多边贸易体制遭到普遍的不信任，刺激了各种地区层次的多边贸易制度的产生和发展。地区层次的国际制度转型主要表现在三个方面：第一个方面是既有的地区国际制度不仅关注传统安全和政治领域，而且更加关注地区一体化，推动全球化在地区层次的实现，如2008年席卷全球的美国金融危机爆发后，上海合作组织也开始了全面推进区域经济合作的进程，逐步向政治、安全和经济的三轮驱动转变，经济合作在上海合作组织中的地位上升。①第二个方面是这一轮的国际制度转型带有明显的小国集团牵引的特征，小国集团在提供区域合作规范、制度方面发挥了独有的优势，如东盟在东亚地区一体化中发挥的作用。②第三个方面是新兴大国在推动地区国际制度变革中发挥着关键的作用。由于实力的增强，新兴国家成为地区国际制度变革的最主要的推动力，特别是金砖国家对地区国际制度转型的推动更加关键。③

## 三、观念分布的转型

研究观念分布的转型对于揭示深层次的中国边疆地区博览会的动力显得十分必要。建构主义认为，观念分布或者说观念结构转型是国际体系转型最根本的影响力量，观念塑造了国际关系行为体在国际社会的身份认同，界定着国际关系行为体的利益，并进而影响国际关系行为体的战略选择和政策取向。亚历山大·温特认为，不同于表层化的权力结构，观念结构是被掩藏于实力结构之下的深层次结构，是使权力结构具有意义的社会结构。④观念分布有两种基本的维度，一是国际社会的基本价值观之间的力量对比，特别是主导意识形态的性质和内容，这一维度的内容不仅对国际社会意识起支配作用，而且决定着国际社会相当多国家的发展模式和政治经济体制；二是国际社会的主导行为规范与准则，这一维度的

① 上海合作组织有关区域经济合作的文件，参见2009年的合作文件：《上海合作组织成员国财长和央行行长联合声明》、《上海合作组织成员国关于加强多边经济合作、应对全球金融经济危机、保障经济持续发展的共同倡议》、《上海合作组织成员国元首叶卡捷琳堡宣言》、《上海合作组织成员国政府首脑（总理）理事会会议联合公报》等；2011年文件：《上海合作组织成员国元首关于建构持久和平、共同繁荣地区的联合宣言》等。http：//www.sectsco.org/CN11/show.asp？id=354。http：//www.sectsco.org/CN11/show.asp？id=355。http：//www.sectsco.org/CN11/show.asp？id=231。http：//www.sectsco.org/CN11/show.asp？id=295。http：//www.sectsco.org/CN11/show.asp？id=607。

② 门洪华：《东亚秩序建构：一项研究议程》，《当代亚太》2008年第5期，第70~86页。

③ 樊勇明：《金砖国家合作与亚洲多元发展》，《复旦学报》（社会科学版）2013年第6期，第151~157页。

④ 秦亚青、魏玲：《结构、进程与权力的社会化——中国与东亚地区合作》，《世界经济与政治》2007年第3期，第7~15页。

内容起着调整国际行为体行为的作用，反映了国际利益分配在观念上的呈现。[①]

21 世纪以来，国际社会的基本价值观之间的力量对比呈现多元共处和两元对立的复合趋势[②]，但是非西方的价值观正在获得较大的国际空间。“9·11”恐怖袭击以后，美国及其盟国在南亚和中东地区进行反恐战争，并在东欧、西亚、北非甚至东亚等地推行“颜色革命”，试图通过颠覆别国政权的方式向全世界输出美国的价值观和“华盛顿共识”，效果往往不佳，美国的硬实力和软实力均严重受损。与此同时，中国作为世界经济大国的快速崛起吸引了日益广泛的关注，中国发展模式获得国际社会越来越多的认同[③]，并且以中国为首的金砖国家开始以发展国家代言人的形象出现，代表了不同于美国为首的价值观的新价值观群体。另外，围绕人权、主权、民主、自由贸易、网络自由等议题西方发达国家和广大发展中国家也存在比较严重的观念对立。

国际社会的主导行为规范与准则也在发生一系列重要的转变。第一个转变是新兴国家在全球治理、地区安全、多边贸易、非传统安全、气候变化等领域的发言权比重增大，推动了国际规范建设，使得国际价值观共识中得以更多地体现发展中国家的理念和思想。[④] 比如在 2014 年 APEC 领导人会议上，中国主导通过的《北京纲领：构建融合、创新、互联的亚太》采纳了中国主张的亚太自贸区建设路线图，并以亚太自贸区北京路线图命名，同时制定了亚太互联互通蓝图和推动全球价值链发展合作的战略蓝图。[⑤] 第二个转变是多边主义成为大多数国家，尤其是新兴大国在国际事务中所采取的行为规范。多边主义代表合作、协调，与霸权国家的单边主义的对抗形成鲜明对比。第三个转变是国际社会主导行为规范与准则的制定重心开始由传统领域向新兴领域转移。比如，外太空行为规范、国际互联网行为规范、海上行为准则等开始进入国际社会的视界。第四个转变是改变不公平、不合理，特别是不民主的国际政治经济旧秩序成为国际社会的共识。

观念的转型还体现在发展观、安全观和地区主义等观念的更新上。近年来，国际社会的发展观逐步由注重经济的单一发展观向可持续发展观更新，更加注重

---

① 刘丰：《国际体系转型与中国的角色定位》，《外交评论》2013 年第 2 期，第 1~16 页。

② 杨洁勉：《新兴大国群体在国际体系转型中的战略选择》，《世界经济与政治》2008 年第 6 期，第 6~12 页。

③ 袁鹏：《国际体系转型与中国的战略选择》，《现代国际关系》2009 年第 4 期，第 39~40 页。

④ 杨洁勉：《新兴大国群体在国际体系转型中的战略选择》，《世界经济与政治》2008 年第 6 期，第 6~12 页。

⑤ 2014 APEC 官网：《北京纲领：构建融合、创新、互联的亚太》（全文），http：//www.apec-china.org.cn/1/2014/11/12/21@2504.htm。

经济、环境和社会之间的协调，更加重视以人为本。[①] 2014 年以《亚洲相互协作与信任措施会议第四次峰会上海宣言》通过为标志，表明中国倡导“共同、综合、合作和可持续”的新型亚洲安全观得到亚洲地区所有国家的支持和认可。[②] 经济全球化与地区一体化并行发展的进程中，地区主义也获得了更新，独立自主不再被视为唯一的选择，地区经济一体化成为主流，融入地区、依靠地区、带动地区被视为大小国一致的战略选择，地区主义越来越被视为一种重要的权力资源。[③]

## 第二节　中国的崛起和战略调整

### 一、中国崛起的外部性

中国经济的崛起及其外部性为中国边疆地区博览会的发展提供了客观的物质动力。外部性理论是福利经济学或者公共经济学的重要理论，但是也与国际关系中的公共选择理论、国际机制理论和国际责任论等有着密切的关系。外部性是指个体经济单位的行为对社会和其他经济单位有利或者不利的影响，但是并没有承担相应的责任或者获得回报。外部性的解决方式一般有三种：第一种是将外部性问题内部化；第二种是政府干预的补偿机制；第三种是科斯提出的“科斯定理”，即政府不宜直接出面解决，应该制定外部性问题的法律和制度，明确产权，降低市场交易成本，为市场机制创造正常运行的条件。[④]

中国的崛起不同于一般小国的经济崛起，甚至不同于人类历史上其他大国的经济崛起，具有更加强大的外部性，这种强大的外部性是中国边疆地区博览会得以产生并持续发展的内在动力。胡鞍钢将中国崛起的外部性总结为五个效应：第

① 联合国开发计划署每年都会发布人类发展指数，详细参见联合国开发计划署官网：http：//www.un.org/zh/aboutun/structure/undp/report.shtml，世界银行不光统计世界各国年度发展总量的数据，还对发展的质量进行评估，甚至细分到公共部门和私人部门，如世界发展指数、世界治理指数、气候变化数据、知识经济指数、物流绩效指数、基础设施中的私人参与等。详细参见世界银行数据库，http：//datacatalog.worldbank.org/。

② 中国新闻网：《习近平在亚信第四次峰会上做主旨发言》（全文），http：//www.chinanews.com/gn/2014/05-21/6196012.shtml。

③ 门洪华：《东亚秩序建构：一项研究议程》，《当代亚太》2008 年第 5 期，第 70~86 页。

④ 王方华：《中国与东亚区域经济的合作》，湘潭大学硕士学位论文，2011 年。

一个是巨大的人口规模效应，第二个是更大的劳动力参与就业效应，第三个是迅速扩大的规模效益，第四个是开放市场和贸易规模效应，第五个是最大的资源消耗规模效应[①]，并认为前四项效应成为正外部性，最后一项效应是负外部性。与之相对应的，中国周边地区各国对中国崛起的评价和认知则呈现明显的层次性，针对第一、第二个效应中国周边各国普遍视中国崛起为各自工业化和现代化的学习对象和榜样，认为中国的发展为周边各国实现现代化和工业化提供了一条含金量很高的路径。针对第三个效应，周边各国普遍视中国为亚洲地区经济发展的“火车头”，不仅如此，因为中国拥有巨额的外汇储备和过剩的工业产能，也被视为主要资本和技术来源国。针对第四个效应，中国已经成为大多数周边国家最大贸易伙伴国、最大的进口国和最大的出口国，并将继续带动周边国家贸易的增长，如图 2-1 所示，中国进出口贸易额占世界总贸易额的比重由 2003 年的 13.26%迅速提升到 2013 年的 18.86%，而美国则由 2003 年的 25.93%下降到 2013 年的 20.05%，德国由 2003 年的 17.01%下降到 2013 年的 14.3%。针对第五个效应，中国被周边各国视为世界主要资源消耗的“超级大国”、“环境脆弱大国”，中国和周边各国在能源、水资源等领域存在一定的竞争关系，并在环境治理等方面存在比较大的矛盾。

中国崛起的外部性具有正、负两种维度，分别是“中国机遇论”和“中国威胁论”的重要论证依据，发挥中国崛起的正外部性作用，限制并消除负外部性影响需要增加区域公共产品的供给。这是因为增加区域公共产品供给将导致正外部性增加，而负外部性减少，有助于降低各国参与区域合作的成本，并且有利于提高区域内各国的资源配置，提高区域内各国参与区域合作的积极性。中国边疆地区博览会是中国政府提供的区域公共产品的一种形式，不仅着眼于中国边疆地区的经济社会发展，更加着眼于中国崛起外部性的解决，它的发展既推动着中国正外部性能量的释放，也限制着中国崛起负外部性的影响扩散，成为周边地区合作的重要平台。

## 二、中国国际战略调整

### （一）战略观念的变革

20 世纪 90 年代以来，特别是 21 世纪以来，随着逐步融入国际社会，中国的战略观念发生了重要的变革，主要表现为中国开始拥抱地区主义、制度主义和

① 胡鞍钢：《中国崛起的五大规模效应》，《中关村》2006 年第 1 期，第 70~74 页。

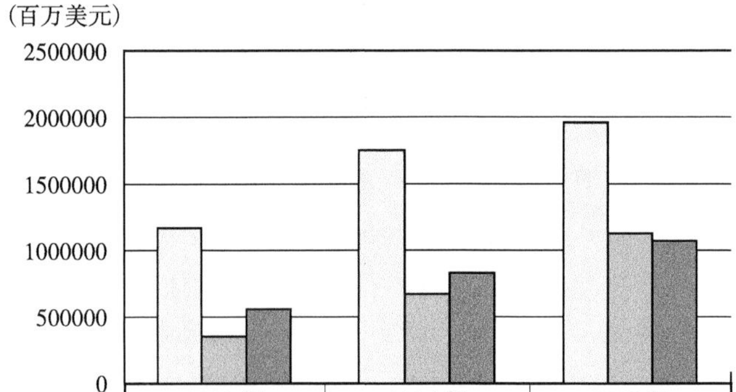


| | 2003 年 | 2006 年 | 2013 年 |
|---|---|---|---|
| □ 美国 | 1190937 | 1756167 | 1964475 |
| ■ 中国 | 363384.9 | 680960.2 | 1145317 |
| ■ 德国 | 566503 | 840975.7 | 1072699 |

**图 2-1　中、美、德三国出口额对比（2003~2013 年）**[①]

信息来源：世界银行数据目录。http：//data.worldbank.org。

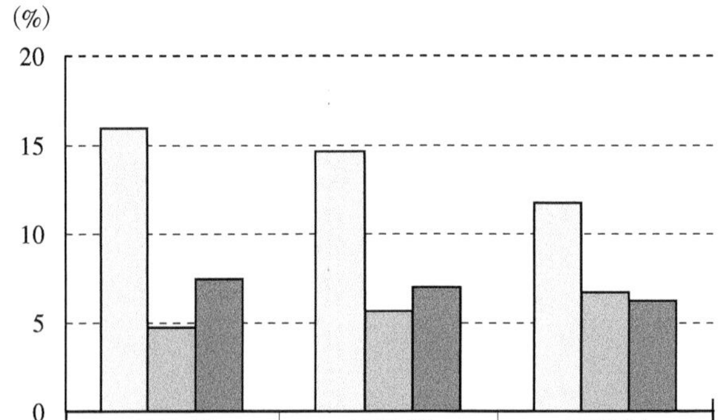


| | 2003 年 | 2006 年 | 2013 年 |
|---|---|---|---|
| □ 美国 | 16.02 | 14.81 | 11.78 |
| ■ 中国 | 4.89 | 5.74 | 6.87 |
| ■ 德国 | 7.62 | 7.09 | 6.44 |

**图 2-2　中、美、德三国占世界出口市场份额变化对比（2003~2013 年）**[②]

信息来源：世界银行数据目录。http：//data.worldbank.org。

① 作者根据世界银行 2003 年、2006 年和 2013 年全世界进出口统计数据整理而成。

② 同上。

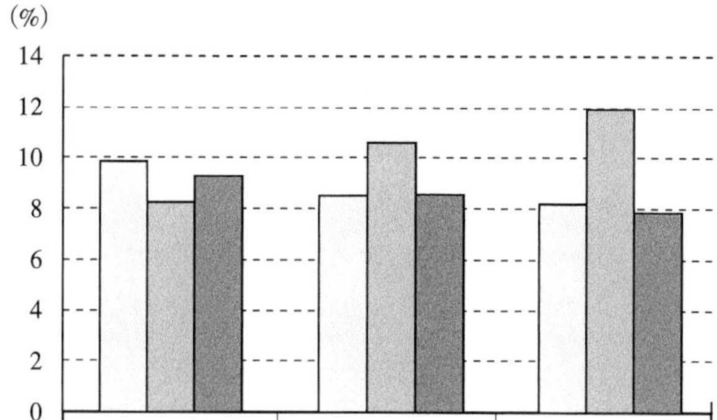


| | 2003 年 | 2006 年 | 2013 年 |
|---|---|---|---|
| □ 美国 | 9.91 | 8.57 | 8.27 |
| ▨ 中国 | 8.37 | 10.62 | 11.99 |
| ■ 德国 | 9.34 | 8.6 | 7.86 |

**图 2–3　中、美、德三国占世界进口市场份额变化对比（2003~2013 年）**①

信息来源：世界银行数据目录。http：//data.worldbank.org。

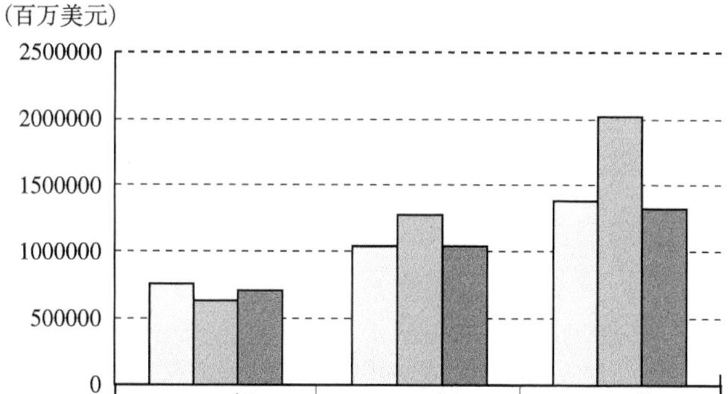


| | 2003 年 | 2006 年 | 2013 年 |
|---|---|---|---|
| □ 美国 | 754839.6 | 1037477 | 1396566 |
| ▨ 中国 | 637006.9 | 1285220 | 2025264 |
| ■ 德国 | 711097.7 | 1040315 | 1327626 |

**图 2–4　中、美、德三国进口额对比（2003~2013 年）**②

信息来源：世界银行数据目录。http：//data.worldbank.org。

开放主义，并且更加重视软实力的在国际关系中的作用。

第二次世界大战以后，地区主义成为国际社会的一种重要现象和观念。地区主义是多边主义的一种形式，包含价值认同和地区一体化两个层次。第一个层次是对地区价值的认同和信仰，“代表了一种秩序的价值追求，目的是建构、维持

① 作者根据世界银行 2003 年、2006 年和 2013 年全世界进出口统计数据整理而成。

② 同上。

和修正特定地区内的政治、经济、安全秩序”①，并且坚持认为地区层次安排是实现国家利益的最有效方法。第二个层次指的是地区合作的实践过程，是地区内国家通过联合实现一体化的历史过程。地区主义经历了两个主要发展阶段，第一个发展阶段是 20 世纪 50 年代到 70 年代，其标志是欧共体的成立和发展。第二个阶段是 20 世纪 80 年代以来，以新地区主义为主要特征，发达国家和发展中国家纷纷采取地区主义政策，地区一体化成为全球的重要社会现象和潮流。

冷战结束以来，中国国际国内战略相继完成调整，地区主义开始成为中国开展对外关系的重要战略选择。中共十五大报告中明确指出，中国坚持睦邻友好，和平解决同邻国的争议问题，并提出“积极参与多边外交活动”②，为中国争取长期的和平特别是良好的周边环境，这为中国地区主义指明了方向。1997 年的亚洲金融危机及后来中国采取的负责任行为，使中国的国际形象获得极大提升，并获得亚洲各国的信任，极大地强化了亚洲命运共同体的意识，也促使中国更加积极地投入到地区合作进程中。③ 中共十六大报告中指出，中国继续坚持睦邻友好，不仅首次提出了与邻为善、与邻为伴的周边外交方针，而且也首次提出了加强区域合作的周边战略。④ 博鳌亚洲论坛⑤ 和上海合作组织⑥ 在建构亚洲地区主义意识和实践中也发挥着越来越大的作用。近年来，和谐亚洲、亚洲命运共同体等的提出反映了中国地区主义更高层次的发展和追求。⑦

制度主义是中国在重返联合国以后开始具有的战略观念，不仅包含在国际上

① 胡晓：《地区主义与东亚地区秩序建构》，《理论月刊》2012 年第 11 期，第 178~182 页。

② 人民网：《江泽民在中国共产党第十五次全国代表大会上的报告》（全文）http：//cpc.people.com.cn/GB/64162/64168/64568/65445/4526290.html。

③ 肖欢容：《地区主义理论的历史演进》，中国社会科学院研究生院博士学位论文 2002 年。转引自庞中英：《中国的亚洲战略：灵活的多边主义》，《世界经济与政治》2001 年第 10 期，第 30~35 页。

④ 人民网：《江泽民在中国共产党第十六次全国代表大会上的报告》（全文），http：//cpc.people.com.cn/GB/64162/64168/64569/65444/4429116.html。

⑤ 博鳌亚洲论坛见证了中国亚洲地区意识的成长，参见郑必坚：《中国和平崛起新道路和亚洲的未来——在 2003 年博鳌亚洲论坛的讲演》，《理论参考》2004 年第 5 期，第 3~4 页；胡锦涛：《推动共同发展，共建和谐亚洲——在博鳌亚洲论坛 2011 年会开幕式上的演讲》，《新华月报》2011 年第 10 期，第 96~97 页；习近平：《共同创造亚洲和世界的美好未来——在博鳌亚洲论坛 2013 年会上的主旨演讲》，《今日海南》2013 年第 4 期，第 10~11 页。

⑥ 上海合作组织在中国的亚洲地区主义建构中代表了一种新的范式。参见肖欢容：《地区主义理论的历史演进》，中国社会科学院研究生院博士学位论文 2002 年，第 139~140 页。

⑦ 和谐亚洲的地区战略是由胡锦涛主席在 2006 年亚信领导人第二次会议上提出来的，参见 http：//news.xinhuanet.com/newscenter/2006-06/17/content_4710535.htm。亚洲命运共同体是习近平主席在 2013 年博爱亚洲论坛做主旨发言时提出的概念，并在随后出访印度尼西亚、中央周边外交工作座谈会、上海合作组织峰会等场合提出中国东盟命运共同体、中国周边命运共同体和上海合作组织成员国命运共同体的理念。http：//news.xinhuanet.com/politics/2013 -04/07/c_115296408.htm，http：//news.xinhuanet.com/world/2013 -10/03/c_117591652.htm，http：//www.gov.cn/ldhd/2013-10/25/content_2515764.htm。

参与和完善国际制度、利用国际制度维护和拓展国家利益，而且还包括在国内的基本制度建设，其同样包含对国际制度的价值认同和对国际制度的参与及建设两个方面。1971 年 10 月中国恢复联合国安理会常任理事国的席位，标志着中国开始由国际制度的旁观者向参与者身份的转变。1978 年改革开放以后，中国加快了融入国际制度体系的步伐。1992 年邓小平南方讲话成为中国全方位对外开放的前奏，中国参与国际制度开始呈现出战略性、全面性和长远性的特征。① 进入 21 世纪以来，以上海合作组织为标志中国开始尝试创设反映中国利益的新的国际制度，这表明中国利用和塑造国际制度的能力获得了空前的提高。

开放主义是中国战略观念变革的主要线索之一。中国的开放主义同改革主义是相互促进、共同发展的一对战略观念。中国拥抱开放主义的实质是放弃闭关锁国、主动参与全球经济生产、分配和贸易体系的一种战略行为。中国的开放主义呈现出明显的渐进性、层次性和针对性等特征。具体来看，就是中国的对外开放逐步由沿海、沿江到沿边乃至内地的有序渐进的开放，由开放初期的主要针对欧美发达国家开放，向 21 世纪以来的针对周边国家开放转变。开放主义早期所起的历史作用主要是吸引国外先进的技术和管理经验，通过出口导向性战略进行创汇，扩大中国参与全球生产链的参与能力，并且加入各类国际经济制度安排倒逼中国国内的政治经济体制改革。

在中国崛起成为现实的背景下，开放主义的历史作用开始呈现不一样的维度，主要表现在，第一，开放主义开始强调国际国内两个维度，其特征是既重视先进技术和产业的“引进来”，也同样重视中国企业的“走出去”。第二，开放主义既重视对传统发达国家的开放，也更加重视对地区的开放，开发主义和地区主义开始形成历史的合力作用。第三，新历史条件下的开放主义更加强调中国的国际责任，其具体特征是强调中国对全球经济和地区经济发展的带动和引领作用。

**（二）国际战略的调整**

在中国战略观念变革的带动和影响下，中国的国际战略尤其是周边战略进行了深刻的调整。

中国周边战略调整的一项内容是战略目标的调整，具体来说就是将周边战略的目标由“为中国发展营造和平的尤其是良好的周边环境”调整为“建设中国和周边国家命运共同体”。中共十五大报告中指出坚持睦邻友好的周边战略，为现代化建设创造一个长期的和平国际环境特别是良好的周边环境，这里强调了中国

---

① 门洪华：《中国软实力评估报告》（上），《国际观察》2007 年第 2 期，第 15~26 页。

周边地区在中国发展中的政治安全意义。[①] 中共十六大报告中进一步将周边战略丰富，提出了与邻为善、与邻为伴的周边外交方针，并且首次提出通过区域合作促进和周边各国的交流和合作，开始将周边各国视作中国发展的有利条件，这标志着中国开始认识到经济合作在塑造中国良好周边环境中的地位和作用。中共十七大报告将周边战略融入到中国和平发展大战略中，强调互利共赢的开放战略，主张通过中国的发展促进地区的发展，扩大各方利益会合点，支持多边合作，承担相应的国际义务，并且发挥建设性作用[②]，这标志着中国的周边合作政策开始向地区主义转向，并且认识到国际制度和国际公共产品在中国周边战略中的战略作用。中共十八大报告中明确提倡人类共同体意识，主张从人类共同利益高度看待本国和他国的发展，努力使本国的发展更好地惠及周边国家，发挥负责任大国的作用[③]，这标志着中国对周边战略的认知已经超越了政治、安全和经济，开始渗透到人文、社会等其他领域。

随着中国周边战略目标的调整，中国战略工具和手段获得不断更新和丰富。为了推进中国和周边各国睦邻友好的关系，中国主导建立的上海合作组织、六方会谈、中国—东盟自贸区等一批新的国际组织、国际机制相继建立，为中国周边战略的开展奠定了良好的制度环境。

## 第三节 地方政府的国际合作行为

### 一、地方政府在国际区域经济合作中的理论解释

中国边疆地区博览会本质上是一种地方政府的国际合作行为，其发展的主导力量是边疆地方政府。因此，理解地方政府在国际合作中的动力对于全面理解中国边疆地区博览会的地方动力具有十分重要的意义。

① 人民网：《江泽民在中国共产党第十五次全国代表大会上的报告》（全文），第九部分国际形势和对外政策，http：//cpc.people.com.cn/GB/64162/64168/64568/65445/4526290.html。

② 人民网：《胡锦涛在中国共产党第十六次全国代表大会上的报告》（全文），第十一部分始终不渝走和平发展道路，http：//cpc.people.com.cn/GB/64093/67507/6429855.html。

③ 同上书，http：//www.zhb.gov.cn/zhxx/hjyw/201211/t20121120_242254.htm。

**（一）央地分权说**

央地分权说认为尽管中国是单一制的国家，外交权属于中央政府，但是在实践中，中央政府这种权力归属并不是绝对的，外交分权不仅在中央政府部门间横向存在分权，也同样在中央政府和地方政府纵向间存在分权。在全球化和区域集团化的背景下，中央政府通过制度性分权和政策性分权为地方政府参与国际合作提供了激励和保障，成为地方政府参与国际合作的强大动力。[①]

改革开放以来，中国在对外关系领域的分权主要从以下几个方面展开：

第一个方面是制度性分权，即通过立法的形式实现分权。1982 年颁布的《中华人民共和国宪法》规定中央和地方国家机构职权的划分，遵循在中央统一领导下，充分发挥地方的积极性、主动性的原则，并赋予了地方较为清晰的立法权限和经济、文化等行政管理权限。[②] 1984 年通过的 《中华人民共和国民族区域自治法》规定了民族自治地方依照国家规定，可以开展对外经济贸易活动，与国外接壤的民族自治地方经国务院批准，可以开展边境贸易，而且可以享受国家的优惠政策，并且可以和国外进行教育、科学技术、文化艺术、卫生、体育等方面的交流。[③] 1990 年通过的《中华人民共和国香港基本法》和 1993 年通过的《中华人民共和国澳门基本法》分别明确规定了中央人民政府授权香港、澳门依照基本法处理有关对外事务的权力，这使香港和澳门具有其他内地省份所不具有的高度自主参与国际活动的权力。[④] 随着 2000 年通过的《中华人民共和国立法法》的实施和地方立法实践的扩大，地方立法的范围会间接涉及地方与国外同级行为体之间的关系，从而具有广义外交的性质。

第二个方面是政策性分权，即通过国家政策的调整赋予地方政府的开展对外事务的各种权力。改革开放以来，地方政府成为中国经济发展的主导力量，原因

---

① 苏长和：《中国地方政府与次区域合作：动力、行为及机制》，《世界经济与政治》2010 年第 5 期，第 4~24 页。

② 中国政府网：《中华人民共和国宪法》，第三章国际机构第五节地方各级人民代表大会和地方各级人民政府，http：//www.gov.cn/gongbao/content/2004/content_62714.htm。

③ 中国政府网：《中华人民共和国民族区域自治法》，第三章自治权第三十一条和第四十二条有关规定，http：//www.gov.cn/ziliao/flfg/2005-09/12/content_31168.htm。

④ 中国政府网：《中华人民共和国香港基本法》，第二章第十三条，第五章第一节第一百一十五、一百一十六条，第六章第一百四十九条和第七章，http：//www.gov.cn/test/2005-07/29/content_18298.htm；中国政府网：《中华人民共和国澳门基本法》，第二章第十三条，第七章对外事务，http：//www.gov.cn/test/2005-07/29/content_18300.htm。

之一就是中央政府财权分权，并下放外贸权[①] 和融资举债权，促使地方政府拥有更多的国际合作自主权，也激发了地方政府参与国际合作的热情。特别是加入世界贸易组织以后，中国取消贸易经营权的审批制，这极大地释放了地方政府推动对外贸易的潜能。2004 年通过的《中华人民共和国对外贸易法》附则中规定，国家对边境地区与接壤国家边境地区之间的贸易以及边民互市，采取灵活措施，给予优惠和便利，为地方政府从事国际经济合作扫清了障碍。2012 年国务院通过的《关于加强进口促进对外贸易平衡发展的指导意见》在提高贸易便利化方面赋予地方政府主导作用。[②]

**（二）梯度开放说**

梯度开放说认为中国地方政府的国际合作动力得益于中国的对外开放战略，是在对外开放过程中逐步形成的，具有鲜明的层次性和梯度推进性，即从东南沿海开始，逐步向沿江、沿边到内地全方位开放，被学界形象地称为“梯度开放战略”[③]。梯度开放战略是同中国的国情相适应的开放战略，为地方政府参与国际合作提供了重要的契机和战略动力，同时也使地方政府国际合作呈现出不平衡性和差异化竞争的特征。

梯度开放战略对中国边疆地区影响最大的就是西部大开发战略的制定和实施。1999 年中共十五届四中全会通过的《中共中央关于国有企业改革和发展若干重大问题的决定》中明确提出西部大开发战略，并且从国内区域经济协调发展角度规定了东部沿海地区在西部大开发战略实施中承担的“产业转移、技术转让、对口支援、联合开发”等战略责任。[④] 2001 年通过的《中华人民共和国国民经济和社会发展第十个五年计划纲要》将实施西部大开发战略作为单独一章进行阐述，确定了通过对内、对外开放进行西部大开发的新思路，并着重指出促进西部边疆地区与周边国家和地区开展经济技术与贸易合作对于形成优势互补、互惠互利的国际区域合作新格局的意义[⑤]，这在一定意义上促成了边疆地区国际合作新局面的

---

① 比如新疆自治区和新疆兵团享受的外贸授权，详细参见《国务院办公厅关于新疆维吾尔自治区边境贸易有关政策的复函和国务院办公厅关于新疆生产建设兵团边境贸易有关政策的复函》，http：//www.gov.cn/zhengce/content/2010-11/12/content_4703.htm，http：//www.gov.cn/zhengce/content/2010-11/13/content_4675.htm。

② 中国政府网：《国务院关于加强进口促进对外贸易平衡的指导意见》（全文），http：//www.gov.cn/zhengce/content/2012-05/02/content_4415.htm。

③ 王立军：《全球化背景下的中国地方政府国际合作》，山东大学博士学位论文 2012 年。

④ 人民网：《中共中央关于国有企业改革和发展若干重大问题的决定》，第三部分从战略上调整国有经济布局，http：//cpc.people.com.cn/GB/64162/71380/71382/71386/4837883.html。

⑤ 中国交通运输部官网：《中华人民共和国国民经济和社会发展第十个五年计划纲要》（全文），http：//www.moc.gov.cn/zhuzhan/jiaotongguihua/guojiaguihua/guojiaxiangguan_ZHGH/200709/t20070927_420874.html。

产生。随后，国务院针对西部大开发相继制定了《“十五”西部大开发总体规划》、《西部大开发“十一五”规划》和《西部大开发“十二五”规划》，规定了西部大开发的战略目标，从政策上、路径上和制度上等确保了西部大开发有序进行。[①]此后，国务院针对广西、新疆、云南、东北地区还制定了具体的发展规划，为边疆地区的国际合作，特别是发展边疆地区博览会提供了政策支持。[②]

**（三）是区位优势说**

所谓区位优势是指在一定地域范围内发展某种产业或者生产，从事某种经济活动所具有的优势条件。[③]这种解释认为中国边疆地区虽然经济落后，但是在全球区域经济一体化和中国经济转型升级背景下开展国际合作具有内地其他地区不可比拟的有形的和无形的区位优势，具有一定绝对的和相对的区位优势，也具有局部区位优势和全局区位优势，并且在铁路、公路、内河航运和海运等交通通信条件持续改善的环境下，边疆地区还具有了以前所不具有的时空区位优势。

中国边疆地区博览会的发展动力来源于边疆地方政府对自身区位优势的不断发掘。冷战结束以后，特别是亚洲金融危机以后，中国和东盟国家互信达到新的历史高度。广西壮族自治区政府意识到了在中国和越南、特别是和东盟未来经贸交往中所具有的区位优势，并且采取措施改善边境地区的交通，从陆路和海路两

①《“十五”西部大开发总体规划》明确规定了西部开发的重点区域：西陇海兰新经济带和南（宁）、贵（阳）、昆（明）经济区等重点区域和西藏、新疆等少数民族地区，并指出要推动西陇海兰新经济区与中亚地区的经济技术交流和合作以及加强南贵昆经济区与东南亚地区的经济联系。详细内容参见《“十五”西部大开发总体规划》，http：//www.china.com.cn/chinese/zhuanti/xbkf5/797281.htm。《西部大开发“十一五”规划》更加明确了统筹西部大开发与对内对外开放的战略思路，指出西部地区要积极参与我国与东南亚、东亚、中亚、东北亚地区各国的双边、多边贸易合作，探索边境地区开发和对外开放的新模式。参见《西部大开发“十一五”规划》（全文），http：//www.sxgxt.gov.cn/0/1/5/38/312/2164.htm。《西部大开发“十二五”规划》重点指出全球区域经济一体化深入推进对于西部地区参与国际分工是重大战略机遇，有助于西部地区提升内陆开放水平和沿边开发开放水平。另外，国内的经济发展方式加快转变，对于西部地区也是重大的发展机遇。针对重点经济区的规划更加凸显了对外开放中寻求定位的战略思路，明确了：第一，天山北坡地区是我国针对中亚、西亚地区国际商贸中心、物流中心和对外加工合作中心的定位；第二，北部湾地区是我国面向中国—东盟自贸区的桥头堡地位；第三，滇中地区是我国面向东南亚、南亚地区对外开放门户的地位，在向北、向西、向东盟、向西南方向开发中内蒙古、新疆、广西和云南的战略角色定位。详细内容参见《西部大开发“十二五”规划》（全文）：http：//www.agri.gov.cn/cszy/BJ/whsh/ncwh/201202/t20120221_2486222.htm。

② 针对广西的社会经济发展，2008 年制定了《广西北部湾经济区发展规划》，2009 年制定了《国务院关于进一步促进广西经济社会发展的若干意见》，并于 2011 年通过了《南宁市城市总体规划（2011~2020）》。http：//news.xinhuanet.com/local/2008-02/21/content_7640299. htm，http：//www.gov.cn/zhengce/content/2009-12/07/content_1632.htm，http：//www.gov.cn/zhengce/content/2011-10/17/content_5251.htm。针对云南的发展，国务院 2011 年通过了《国务院关于支持云南省加快面向西南开放重要桥头堡的意见》，http：//www.gov.cn/zhengce/content/2011-11/03/content_1396.htm。针对新疆的发展，国务院 2014 年通过了《乌鲁木齐市城市总体规划》（2014~2020），并于 2010 年和 2014 年召开了两次中央新疆工作座谈会。http：//www.gov.cn/zhengce/content/2014-11/25/content_9248.htm。

③ 杨吾扬、梁进社：《地域分工与区位优势》，《地理学报》1987 年第 3 期，第 201~209 页。

个方向下大力气改善中国和东盟国家的交通条件，所以赢得了和云南竞争中国—东盟博览会承办权的最后胜利。更难能可贵的是，广西壮族自治区政府在这之后的时间内不断将自身的区位优势进行阐释和放大，使之成为国家周边战略的有效载体和依托。①

## 二、中国边疆地方政府区域合作的实践

中国边疆地方政府参与区域经济合作，尤其是次区域合作的实践成为推动中国边疆地区博览会发展的实践动力。

在西南地区，广西和云南在参与区域经济合作中表现积极，成果较为丰富，成为中国地方政府参与区域合作的最为典型的案例。次区域合作成为云南和广西较早涉足的国际合作领域。大湄公河次区域经济合作机制和中国—东盟自贸区是广西和云南参与区域合作最为成功的案例。早在 1992 年，亚洲开发银行倡议大湄公河次区域六国举行首次部长会议，共同发起成立大湄公河次区域经济合作机制，以促进此区域经济共同发展和繁荣。云南省参与了第一届大湄公河次区域经济合作部长会议，并成为唯一一个参与大湄公河次区域经济合作的地方政府，这一身份一直维持到 2005 年广西加入合作。目前，大湄公河次区域经济合作已经机制化，成为中国和东盟次区域合作的典范，成功地拉近了中国和东盟在时空和心理上的距离。自贸区建设成为广西参区域国际经济合作的又一亮点。2002 年，中国和东盟签署了《中国—东盟全面经济合作框架协议》，决定 2010 年建成中国—东盟自贸区，正式启动了中国—东盟自贸区的建设进程。② 2003 年，广西政府抓住自贸区建设的历史机遇，向商务部正式举办中国—东盟博览会，通过中国—东盟博览会推动中国—东盟自贸区建设的申请，并得到商务部的高度认可，随后温

① 广西壮族自治区政府对广西的区位优势认知和发掘有一个清晰的历史脉络，即由 20 世纪 90 年代西南省份出海的大通道逐步向中国和东盟合作的高地转变。详细内容参见 1995 年广西制定的《国民经济和社会发展“九五”计划和 2010 年远景目标规划纲要》，将服务西南地区作为主要发展战略，凸显的是打造广西的时空区位优势，http：//www.gxzf.gov.cn/zwgk/fzgh/ztgh/201407/t20140710_432254.htm。2006 年广西人大通过的《广西壮族自治区国民经济和社会发展第十一个五年规划纲要》中，将广西的区位优势表述为中国和东盟的结合部，泛珠三角地区和东盟经济区、东亚和东南亚的连接点，同时也是西南地区和东盟的交流门户，凸显了广西的时空区位优势、全局区位优势和绝对区位优势，http：//www.gxzf.gov.cn/zwgk/fzgh/ztgh/201407/t20140710_432255.htm。2011 年广西人大指定的《广西壮族自治区国民经济和社会发展第十二个五年规划纲要》进一步明确指出，努力将广西的区位优势、资源优势和生态优势转化为竞争优势，以空间换时间、资源换产业、存量换增量，努力建设成为中国和东盟开放合作的新高地，并首次提出加强地方外事工作，完善与周边国家省级事务定期会晤磋商机制，凸显的是打造广西无形的区位优势，http：//www.gxzf.gov.cn/zwgk/fzgh/ztgh/201105/t20110524_323633.htm。

② 中国商务部中国自由贸易区服务网：中国—东盟自贸区简介，http：//fta.mofcom.gov.cn/dongmeng/dm_xieyijianjie.shtml。

家宝在中国—东盟领导人会议上提出在中国广西南宁举办中国—东盟博览会的倡议，并得到东盟各国领导人的一致认可和支持。早在 1993 年，昆明就开始举办中国昆明进出口商品交易会（简称昆交会），为了促进中国和南亚各国的商品贸易，搭建中国面向南亚区域合作的桥头堡，2008 年起开始举办中国—南亚商品展，为中国—南亚博览会积累了实践经验。

在西北地区，陕西和新疆以及最近的宁夏在区域经济合作中表现抢眼，成为向西区域经济合作的主导省份。陕西省很早就注意到了亚欧大陆桥和丝绸之路的价值，2005 年推动国务院批准成立了欧亚经济论坛，不仅成为西部大开发的重要平台，而且成为上海合作组织框架内重要的区域经济合作平台。[①] 新疆参与区域经济合作主要是通过参与上海合作组织、中亚经济合作区和中俄哈蒙阿尔泰区域经济合作机制来实现，另外举办乌鲁木齐对外经济贸易洽谈会也是新疆参与区域经济合作的尝试。

上海合作组织（SCO）成立于 2001 年，是中国政府发起成立的第一个政府间区域合作国际组织。上海合作组织的前身是 1996 年成立的由中国、俄罗斯、哈萨克斯坦、吉尔吉斯斯坦和塔吉克斯坦组成的“上海五国”会晤机制，初衷是解决成员国之间的边境军事互信、裁军和划界问题。目前，上海合作组织已经发展成为亚欧地区最大的地区性政治军事组织，拥有中国、俄罗斯、哈萨克斯坦、吉尔吉斯斯坦、塔吉克斯坦和乌兹别克斯坦 6 个成员国，以及巴基斯坦、印度、伊朗、蒙古和阿富汗 5 个观察员国。随着合作的发展，上海合作组织的合作领域已经扩展到政治、军事、经济、人文和社会等领域。上海合作组织在中亚经济合作中拥有强大的影响力，已经成为中国—亚欧博览会的重要合作伙伴。[②]

阿尔泰区域是指环阿尔泰山系区域，包括中国新疆的阿勒泰地区、俄罗斯阿尔泰边疆区及阿尔泰共和国、哈萨克斯坦的东哈萨克斯坦州、蒙古国的巴彦乌列盖省及科尔多省，简称四国六方，面积约 78 万平方公里，人口约 500 万人。阿尔泰区域合作机制肇始于 2000 年中国新疆倡导举办的首届阿尔泰区域科技合作与经济发展国际研讨会，会中中俄哈蒙四国代表签署了《阿尔泰区域合作倡议》，并

---

① 胡锦涛在 2011 年阿斯塔纳上海合作组织成员国元首理事会第十一次会议上的演讲中指出，为了推动区域经济一体化，促进地区各国共同发展，中国努力将欧亚经济论坛、中国—亚欧博览会打造成为区域经济合作平台，促进地区经济繁荣发展。参见胡锦涛演讲全文：http：//politics.people.com.cn/GB/1024/14910992.html。

② 上述材料整理自“上海合作组织简介”、“上海合作组织秘书长：中国—亚欧博览会将为该组织经贸合作提供有效平台”、“第四届中国亚欧博览会论坛”，http：//www.sectsco.org/CN11/brief.asp，http：//news.xinhuanet.com/fortune/2011-08/30/c_121933841.htm，http：//www.caeexpo.org/lthda/index.jhtml。

正式形成了阿尔泰区域合作的会议机制。2002 年，中俄哈蒙阿尔泰区域合作国际协调委员会成立，合作层次获得提升。自机制成立以来，四国六方已经在科技、教育、旅游、经济和交通等领域开展了广泛的合作。2011 年以来，阿尔泰区域合作机制成为中国—亚欧博览会的重要参与力量。[①]

中亚区域经济合作机制（CAREC）是在亚洲开发银行倡导下于 1996 年成立的基于贷款融资项目的区域合作机制，成员国包括哈萨克斯坦、吉尔吉斯斯坦、乌兹别克斯坦、中国（由新疆维吾尔自治区和内蒙古自治区作为地域代表）、塔吉克斯坦（1997）、阿塞拜疆（2003）、蒙古（2003）和阿富汗（2005）8 个发展中国家。中亚区域合作机制通过促进和推进交通、贸易便利化、贸易政策以及能源四大重点领域的区域合作，帮助中亚国家认识和实现区域一体化。为中亚区域经济合作提供支持的多边机构除了亚洲开发银行，还有欧洲复兴开发银行、国际货币基金组织、伊斯兰发展银行、世界银行和联合国开发计划署。[②]

在中国东北地区，吉林和黑龙江在区域经济合作中始终走在前沿。东北省份参与区域经济合作最为典型的就是图们江次区域开发机制，另外东北亚地方政府合作委员会机制、哈尔滨国际经济贸易洽谈会也比较典型。

图们江发源于中国境内的长白山，向东流向日本海，上游是中国和朝鲜界河，下游是朝鲜和俄罗斯界河，历史上是中国东北北部和蒙古国的重要出海口。广义上图们江区域是指中国吉林省的延边、俄罗斯的滨海边疆区中南部、朝鲜的罗津和先锋地区。1992 年，联合国开发计划署倡导图们江次区域开发，目标是通过执行区域合作开发，在中国、朝鲜和俄罗斯交界的图们江三角洲地区建设一个堪称“东北亚的香港”经济开发区，倡议迅速得到中国、俄罗斯、朝鲜、韩国和蒙古五国的积极响应，并共同启动了图们江区域合作开发项目。1995 年，五国签署《关于建立图们江地区开发协调委员会的协定》、《关于建立图们江地区的经济开发区及东北亚开发协调委员会的协定》和《图们江地区经济开发及东北环境准则谅解备忘录》三个合作基础文件，标志着图们江国际区域合作开发进入了实质性的操作阶段。

2005 年，“图们江地区合作开发项目”更名为“大图们倡议”区域合作，合

---

① 上述材料整理自“中俄哈蒙四国签署《阿尔泰区域合作倡议》”、“中俄哈蒙阿尔泰区域科技经济合作不断深入”和“中俄哈蒙四国专家呼吁建立阿尔泰区域绿色经济带”，http：//www.people.com.cn/GB/channel2/19/20000725/159066.html，http：//www.most.gov.cn/dfkj/xj/tpxw/201108/t20110816_89056.htm，http：//www.mofcom.gov.cn/aarticle/resume/n/201301/20130108513976.html。

② 上述材料整理自“中亚区域经济合作计划：十年合作”，http：//www.carecprogram.org/ru/uploads/events/2010/9th-MC/Draft-10Year-Commemorative-Study-Main-Text-cn.pdf。

作区域扩大到整个东北亚地区，包括中国东北三省和内蒙古、朝鲜的罗津、蒙古的东方省份、韩国的釜山、束草、蔚山和浦项等东部沿海省、俄罗斯的滨海边疆区。大图门倡议区域合作以交通、贸易便利化、旅游、环境保护和能源五大领域为重点合作领域。[①] 2009 年，国务院批复《中国图们江区域合作开发纲要——以长吉图为开发开放先导区》，明确指出把中国—东北亚投资贸易博览会、中国长春国际汽车博览会和中国长春国际农业食品博览交易会办成全国著名会展品牌，创新图们江区域国际合作机制，定期举办东北亚经济合作论坛、图们江区域城市论坛等专业对话研讨活动。[②] 2013 年，“大图们倡议”区域合作机制成为升格后的中国—东北亚博览会的重要推动力量。

① 上述材料整理自“王维娜：发挥大图们倡议作用，推动图们江区域合作”和“图们江流域开发”，http：//tmj.investjilin.com/content/？349.html，http：//www.neat.org.cn/chinese/hzjz/index.php？topic_id=001004003。

② 新华网：《中国图们江区域合作开发规划纲要》（全文），http：//chinaneast.xinhuanet.com/2009-11/17/content_18251163.htm。

# 第三章　中国边疆地区博览会的功能分析

中国边疆地区博览会自形成以来就开始显示出多方面的功能，其在区域贸易治理、周边战略和社会建构等方面的功能日益引起学术界和政策界的重视。

## 第一节　多边贸易治理功能

中国边疆地区博览会在贸易方面的功能是其最基本的功能，也是中国边疆省区举办中国边疆地区博览会最基本的追求。多边贸易治理功能主要是围绕繁荣周边地区国际经济贸易、规范双边或者多边的贸易和投资展开。

### 一、繁荣国际经济贸易

#### （一）定位

中国边疆地区博览会基本上定位于中国和周边地区或者国家间的经济贸易平台。促进贸易、产业联动是博览会的重要功能之一，但是不同于一般的国际博览会，如表 3-1 所示，中国边疆地区博览会在促进贸易和发挥产业联动功能时具有明确的地区指向，服务于中国和周边具体某一个地区的经济贸易。比如，中国—东盟博览会定位于“涵盖商品贸易、服务贸易和投资贸易三大内容的”国家级、国际性的经贸盛会，是中国与东盟扩大商贸合作的新平台。[①] 中国—东北亚博览会定位于中国和东北亚国家间经贸合作的重要平台。[②]

① 中国—东盟博览会官网：走进博览会，http：//www.caexpo.org/html/gb/zoujinbolanhui/zjblh/。
② 中国—东北亚博览会官网：博览会简介，http：//www.neasiaexpo.org.cn/about/index.html。

**表 3–1　中国边疆地区博览会定位情况**[①]

| 博览会名称 | 博览会涵盖国家和地区 | 博览会定位 | 起源 |
|---|---|---|---|
| 中国—东盟博览会 | 中国、东盟 10 国 | 中国和东盟国家经贸交流的重要平台 | 对越国家贸易博览会（2001~2003） |
| 中国—亚欧博览会 | 中国、中亚 5 国、南亚和欧洲 | 中国与亚欧国家经贸合作的重要平台、首脑外交和人文交流的重要平台等 3 项 | 乌洽会（1992~2010） |
| 中国—东北亚博览会 | 中国、俄罗斯、日本、朝鲜、韩国、蒙古 | 东北亚各国政府对话渠道；区域经贸合作重要平台；东北亚人文交流平台等 6 项 | 中国·吉林东北亚投资贸易博览会（2005~2012） |
| 中国—南亚博览会 | 中国、南亚 7 国 | 中国和南亚国家互利合作的重要桥梁 | 中国–南亚国家商品展（2008~2012）和昆交会（1993~2012） |
| 中国—阿拉伯国家博览会 | 中国、阿盟 22 国 | 中国和阿拉伯国家间商品贸易、服务贸易、金融投资、科技合作、文教旅游五大平台 | 宁洽会暨中阿经贸论坛（2010~2012） |
| 中国俄罗斯博览会 | 中国、俄罗斯 | 中国和俄罗斯国家间的战略合作平台 | 哈洽会（1992~2013） |

信息来源：①http：//www.caexpo.org/。②http：//www.csaexpo.cn/。③http：//www.neasiaexpo.org.cn/。④http：//www.caeexpo.org/。⑤http：//www.casetf.org/。⑥http：//www.ichtf.com.cn/。

### （二）组织保障

为了确保推动博览会推动区域贸易发展的功能实现，中国边疆地区博览会从内外两方面健全组织。作为区域贸易促进博览会，中国边疆地区博览会在区域范围内建立各种制度或者机制以确保区域内的博览会组织效果，如表 3–2 所示。这种组织制度或者机制有区域内国家政府商务主管部门共办制度、中国商务部主办与区域内国家贸易促进机构协办相结合的制度、中国商务部主办与区域内国家贸易促进机构、国内省区协办结合的制度。

**表 3–2　中国边疆地区博览会组织机构情况**[②]

| 博览会名称 | 主办单位 | 承办单位 | 协办单位 |
|---|---|---|---|
| 中国—东盟博览会 | 中国、东盟 10 国商务部门、东盟秘书处等 12 家主办单位 | 广西壮族自治区 | 科技部、香港贸发局等 7 家国内部委 |

① 以上表格内材料系作者根据中国—东盟博览会、中国—亚欧博览会、中国—南亚博览会、中国东北亚博览会、中国—阿拉伯国家博览会和中俄博览会官方网站和其他公开材料整理而成。

② 同上。

续表

| 博览会名称 | 主办单位 | 承办单位 | 协办单位 |
| --- | --- | --- | --- |
| 中国—亚欧博览会 | 商务部、中宣部、新疆自治区、新疆生产建设兵团等 29 家主办单位 | 新疆国际博览事务局、新疆商务厅、商务部投资促进局乌鲁木齐市政府等 11 家承办单位 | 北京市政府等 21 家省级政府和深圳市政府；上海组织秘书处等 4 家国际组织，阿富汗商业部、韩国贸易协会等 13 家亚欧国家政府部委和商、协会 |
| 中国—东北亚博览会 | 商务部、发改委、吉林省政府 3 家住单位 | 中国—东北亚博览会秘书处、吉林省博览事务局（中国贸促会吉林分会）、长春市政府等 14 家承办单位 | 外交部等 6 家中央部委；黑龙江省政府等 3 家省级政府；日本国际贸易促进会等 9 家区域内国家级商会 |
| 中国—阿拉伯国家博览会 | 商务部、中国贸促会、宁夏回族自治区政府 3 家主办单位 | 宁夏博览局（中国贸促会宁夏分会） | 无公开资料 |
| 中国—南亚博览会 | 商务部、云南省政府 2 家主办单位 | 云南国际博览事务局、昆明市政府 | 无公开资料 |
| 中国俄罗斯博览会 | 商务部、黑龙江省政府、俄罗斯经济发展部、俄罗斯工贸部 4 家主办单位 | 黑龙江省会展事务局（哈洽会办公室）、哈尔滨市政府 | 无公开资料 |

信息来源：①http：//www.caexpo.org/。②http：//www.csaexpo.cn/。③http：//www.neasiaexpo.org.cn/。④http：//www.caeexpo.org/。⑤http：//www.casetf.org/。⑥http：//www.ichtf.com.cn/.

### （三）博览会推介

中国边疆地区博览会招展招商活动集中体现了区域贸易促进的思想和富邻的战略思想。从各个博览会实践运行看，各个中国边疆地区博览会都将区域内国家招展作为博览会最为主要的工作加以落实，并辅之以区域外国家和地区的招展活动，体现了开放性的地区主义思想。

根据招展的层级不同，分为国家级招展招商行为和地方政府招展招商行为。国家级招展招商行为的主体一般是国家商务部、贸促会或者外交部，有时甚至是国家领导人，采取的方式有新闻发布会、政府间协议、政府间会晤或者各种形式的演讲，个别博览会还有制度性的区域内国家各种级别的博览会工作机制。国家级招展招商行为不仅体现了国家对推动中国和周边区域各国的贸易关系的重视，而且有助于提升区域内各国商业机构对博览会的信心，能够帮助博览会树立权威的贸易平台的形象。以中国边疆地区博览会 2013 年全年的招展招商行为为例，国务院新闻办、商务部共举办 6 场专题新闻发布会介绍各个边疆地区博览会的举办和筹办情况①，另外一些新闻发布会虽然不是专门针对中国边疆地区博览会而举行的，但是也对边疆地区博览会起到了宣传推广作用。② 2014 年习近平、李克强访问周边国家时，各个边疆地区博览会作为重要事项写入政府间协议的达到 7 次之多。③ 另外中国边疆地区博览会在各种重要演讲中被提及的次数也越来越多，2014 年 9 月 18 日习近平在访问印度时提出“充分发挥中国—南亚博览会的作用，打造互利合作新平台”④，将博览会在区域合作中的地位提高到新的高度。随后在尼泊尔加德满都的第十八届南亚国家联盟首脑峰会上，中国代表团外交部副部长刘振民在演讲中将中国—南亚博览会视为中国和南盟国家间深化合作、提升关系的重要机制，表示“努力将中国—南亚博览会、中国—南亚商务论坛、中国南亚国家友好组织论坛打造成中国—南盟合作的重要平台”。⑤

地方政府一般在中国边疆地区博览会中居于承办单位的角色和地位，是招展

---

① 国务院新闻办官网：国务院举办中国与南亚经贸合作籍暨首届中国—南亚新闻发布会，http：//www.scio.gov.cn/xwfbh/xwbfbh/wqfbh/2013/0507/index.htm。国务院新闻办官网：国务院举行中国与东北亚经贸合作等有关情况新闻发布会，http：//www.scio.gov.cn/xwfbh/xwbfbh/wqfbh/2013/0402/index.htm。国务院新闻办官网：国务院举行宁夏社会经济发展暨中阿经贸合作有关情况新闻发布会，http：//www.scio.gov.cn/xwfbh/xwbfbh/wqfbh/2013/0717/index.htm。国务院新闻办官网：国务院举行新疆对外开放暨第三届中国—亚欧博览会新闻发布会，http：//www.scio.gov.cn/xwfbh/xwbfbh/wqfbh/2013/0528/index.htm。国务院新闻办官网：国务院举行中国与东盟建立战略伙伴关系 10 周年等情况发布会，http：//www.scio.gov.cn/xwfbh/xwbfbh/wqf-bh/2013/0723/index.htm。国务院新闻办官网：商务部就中国—东盟“两会”召开媒体新闻吹风会，http：//www.scio.gov.cn/xwfbh/gbwxwfbh/xwfbh/swb/Document/1345233/1345233.htm。

② 国务院新闻办官网：商务部召开“自贸区建设”专题新闻发布会，http：//www.scio.gov.cn/xwfbh/gb-wxwfbh/xwfbh/swb/Document/1352864/1352864.htm。

③ 人民网：《中蒙关于建立和发展全面战略伙伴关系的联合宣言》，商定在经贸领域举办—东北亚博览会、中蒙俄经贸洽谈会、建立中蒙博览会等方式，争取两国贸易额扩大。http：//politics.people.com.cn/n/2014/0822/c1024-25514749.html。新华网：《中韩联合声明》附件中规定双方积极支持参与对方国家主办的各类展会，中方欢迎韩国政府有关部门和更多企业参加中国—东北亚博览会。http：//news.xinhuanet.com/world/2014-07/04/c_126707452.htm。中国外交部：《第十七次中国—东盟领导人会议主席声明》中对中国—东盟博览会为推动双方贸易投资发挥的作用表示赞赏，http：//www.fmprc.gov.cn/mfa_chn/ziliao_611306/1179_611310/t1215662.shtml。中国政府网：《中俄总理第十八次定期会晤联合公报》中指出中国商务部、中国黑龙江省和俄罗斯联播经济发展部共同主办中俄博览会，http：//www.gov.cn/ldhd/2013-10/22/con-tent_2512543.htm。中国外交部：《中塔关于进一步发展和深化战略伙伴关系的联合宣言》中规定利用中国—亚欧博览会平台全面提升两国毗邻区合作水平，http：//www.fmprc.gov.cn/mfa_chn/ziliao_611306/1179_611310/t1190872.shtml。中国外交部：《中孟关于更加紧密的全面合作伙伴关系的联合声明》中中方欢迎孟加拉国继续积极参与中国—南亚博览会，http：//www.fmprc.gov.cn/mfa_chn/ziliao_611306/1179_611310/t1164172.shtml。中国外交部：《中华人民共和国和土库曼斯坦关于发展和深化战略伙伴关系的联合声明》中商定充分利用中国—亚欧博览会平台，加大土方同中国新疆的合作，http：//www.fmprc.gov.cn/mfa_chn/zil-iao_611306/1179_611310/t1155093.shtml。

④ 中国外交部：《习近平在印度世界事务委员会的演讲》（全文），http：//www.fmprc.gov.cn/mfa_chn/zil-iao_611306/zyjh_611308/t1192744.shtml。

⑤ 中国外交部：《外交部副部长刘振民在第十八届南盟峰会开幕式上的讲话》，http：//www.fmprc.gov.cn/mfa_chn/ziliao_611306/zyjh_611308/t1214748.shtml。

表 3-3　2013 年中国—南亚博览会推介[①]

| 推介会时间 | 推介会地点 | 推介对象 | 推介形式 | 推介会规模 | 举办单位 |
|---|---|---|---|---|---|
| 2013-1-8 | 孟加拉国·达卡 | 孟加拉政界、工商界人士 | 主、宾演讲 | 100 余人 | 云南省政府 |
| 2013-1-10 | 印度·新德里 | 印度政界、工商界人士 | 主、宾演讲 | 100 余人 | 云南省政府 |
| 2013-1-15 | 巴基斯坦·卡拉奇 | 巴政界、商协会、媒体人士 | 主、宾演讲 | 100 余人 | 云南省政府 |
| 2013-3-3 | 中国·北京 | 东南亚、南亚和东亚各国使节 | 主、宾演讲 | 南亚、东南亚等 19 个国家的驻华使节 | 云南省政府 |
| 2013-3-29 | 马来西亚·吉隆坡 | 马来西亚工商界、华人华侨企业、新闻界 | 主、宾演讲 | 500 余人 | 云南省政府 |
| 2013-4-1 | 印度尼西亚·雅加达 | 印度尼西亚政界、工商界人士 | 主、宾演讲 | 500 余人 | 云南省政府 |
| 2013-4-4 | 新加坡 | 新加坡政界、工商界人士 | 主、宾演讲 | 800 余人 | 云南省政府 |
| 2013-4-15 | 加德满都 | 尼泊尔政界、商界协会人士 | 主、宾演讲 | 无具体数字 | 云南省政府 |
| 2013-5-6 | 中国·澳门 | 政界、工商界 | 主、宾演讲 | 300 余人 | 云南省政府 |
| 2013-5-7 | 中国·香港 | 香港工商界、新闻界人士 | 主、宾演讲 | 400 余人 | 云南省政府 |

信息来源：①http：//www.yndaily.com/。②http：//www.xinhuanet.com/。③http：//www.people.com.cn/。④http：//www.csaexpo.cn/。

招商的主体。地方政府招展招商行为的主体主要是省一级的博览事务局，另外还会有省一级政府、省一级的贸促会和博览会举办城市的市政府等部门，个别博览会还通过建立国际、国内的地方政府间的制度性工作机制来进行招展招商。地方政府的招展招商行为一般采取推介会、访谈、座谈会来进行，有时候通过地方外事协议来进行。如表 3-3 所示，2013 年 1 月到 5 月，为了宣传和推介中国—南亚博览会，云南省政府先后在东南亚、南亚国家举办了十余场达到几百人规模的推介会，向东南亚和南亚华人、华侨和政商等界别人士宣传和演讲。

**（四）贸易发展**

中国边疆地区博览会一般都会根据中国和周边地区的贸易进程、资源禀赋、产业结构和行业特点，进行区域的招展招商行为，并在此基础上进行有针对性的展区划分。中国边疆地区博览会基本上由区域最大的投资贸易洽谈会转型升格而来，由过去主要关注招商引资的“引进来”办展模式，向“引进来”和“走出去”相结合的更具有可持续发展的模式转变，因此原先就具有的推进贸易的功能得到更大的释放。

① 表 3-3 中内容系作者根据云南日报、新华网和人民网针对中国—南亚博览会的专题报道材料整理而成，部分材料来源于中国驻南亚国家大使馆。

中国边疆地区博览会推动贸易发展改变主要表现为两大变化：第一个大变化是贸易格局和对象的变化，即中国各个边疆地区博览会贸易对象由传统的欧、美、日等发达国家开始逐步调整为以周边国家为主，贸易格局随着发生根本性变化。第二个大变化是贸易方向和贸易规模上的变化，即原先的博览会只是关注出口，关注对发达国家和市场的出口，以赚取外汇为主要任务，中国边疆地区博览会改变了这个模式，转变为以服务国家和周边地区一体化为目标，以服务中国企业更好地走出去，特别是进军中国周边国家和市场为目标，强调贸易平衡，因此比较重视进出口结构的优化和整体的平衡。

中国边疆地区博览会对中国边疆省区的贸易促进效果是非常明显的。如表 3-4 所示，2013 年面向东北亚、中西亚、南亚和东南亚的四个主要的边疆地区博览会共实现 13384 个标准展位的净展览面积，吸引来自中国及周边国家和地区的 6000 多家企业参展，参展参会客商人数已经达到广交会参会客商的 77%，贸易成交额接近 114 届广交会的 80%，而且在促进国内外投资方向成效显著，达到 101.1 亿美元[①]（只统计了东盟博览会和亚欧博览会的数据），而且极大地拉动了国内省市区对边疆地区的投资热潮，实现国内合作项目签约额 14000 多亿元，从而实现了内外贸的全面发展。

**表 3-4　2013 年广交会和中国边疆地区博览会办展情况比较[②]**

| 博览会名称 | 展位数 | 参展企业总数 | 参展参会客商人数 | 贸易成交（亿美元） | 国际合作项目签约额（亿美元） | 国内合作项目签约额（亿元） |
|---|---|---|---|---|---|---|
| 中国—东盟博览会 | 4600（1294） | 2300 | 55000 | 19.1 | 90.56 | 900.79 |
| 中国—南亚博览会 | 2420（784） | 1200 | 51000 | 174.6 | | 5982 |
| 中国—东北亚博览会 | 2600（1007） | 966（627） | 10000 | 12.04 | —— | —— |
| 中国—亚欧博览会 | 4264 | 1565（133） | 30000 | 45.84 | 10.54 | 7392.5039（122.55 国内贸易） |
| 中国—阿拉伯国家博览会 | —— | —— | —— | —— | —— | —— |

① 因为获取难度等原因，此处只统计了中国—东盟博览会和中国—亚欧博览会的数据。

② 表 3-4 中数据系作者根据中国进出口商品交易会（广交会）官方网站统计数据、中国—东盟博览会官网统计数据、中国—亚欧博览会官网统计数据、中国—东北亚博览会官网统计数据以及中国—南亚博览会官方总结报告整理而来。

续表

| 博览会名称 | 展位数 | 参展企业总数 | 参展参会客商人数 | 贸易成交（亿美元） | 国际合作项目签约额（亿美元） | 国内合作项目签约额（亿元） |
|---|---|---|---|---|---|---|
| 合计 | 13384 | 6031 | 146000 | 251.58 | | |
| 广交会 | 59539 | 24517 | 189646 | 316.9（出口成交额） | | |

信息来源：①http：//www.caexpo.org/。②http：//www.csaexpo.cn/。③http：//www.neasiaexpo.org.cn/。④http：//www.caeexpo.org/。⑤http：//www.casetf.org/。⑥http：//www.cantonfair.org.cn/cn/index.asp。

中国边疆地区博览会对外贸的拉动效益进一步凸显。如表 3–5 所示，2004 年首届中国—东盟博览会举办以来，中国和东盟之间的贸易额逐年攀升，从 2004 年的 1058.83 亿美元，增加到 2013 年的 4436.1 亿美元，翻了两番，远远快于同期中国和美国、欧洲、日本等主要贸易伙伴国的贸易增速。对比之下，中国—东盟博览会对广西与东盟外贸的拉动效果更加明显。2004 年时，广西与东盟贸易额只有 10 亿美元，而到 2013 年时，双边贸易额已经接近 160 亿美元，增长了约 16 倍，远远快于同期中国和东盟的贸易增长速度。更为重要的是，广西在全国对东盟贸易中所占的比重由 2004 年的不足 1%，增加到 2013 年时的 3.586%，大大提升了广西在中国与东盟贸易中的比重。

**表 3–5　中国与东盟、广西与东盟双边贸易统计（2003~2013年）①**

| 年份 | 中国与东盟贸易额（亿美元） | 增长率（%） | 广西与东盟贸易额（亿美元） | 增长率（%） | 广西与东盟贸易额占中国与东盟贸易额的比率（%） |
|---|---|---|---|---|---|
| 2003 | 782.52 | 42.9 | 8.3 | 32.2 | 1.06 |
| 2004 | 1058.83 | 35.3 | 10 | 20.5 | 0.94 |
| 2005 | 1303.7 | 23.1 | 12.24 | 23.4 | 0.937 |
| 2006 | 1606.37 | 23.2 | 18.27 | 49.3 | 1.137 |
| 2007 | 2025.2 | 26 | 29.09 | 59.2 | 1.436 |
| 2008 | 2311.13 | 14.1 | 39.88 | 33.7 | 1.726 |
| 2009 | 2130.07 | –7.8 | 49.48 | 24.1 | 2.323 |
| 2010 | 2927.75 | 37.5 | 65.26 | 31.9 | 3.468 |
| 2011 | 3628.5 | 24 | 95.6 | 46.6 | 2.635 |
| 2012 | 4001 | 10.3 | 120.5 | 26 | 3.012 |
| 2013 | 4436.1 | 10.9 | 159.1 | 32.1 | 3.586 |

信息来源：①http：//www.caexpo.org/。②http：//www.customs.gov.cn/publish/portal0/。

① 表 3–5 系作者根据中国—东盟博览会官方网站统计数据和中国海关历年统计数据整理汇集而成。

## 二、区域贸易和投资治理

中国边疆地区博览会不同于一般的贸易博览会，除了促进区域贸易功能以外，它还在区域贸易和投资治理方面发挥了重要作用。中国边疆地区博览会作为一种全新类型的博览会诞生以来，一直扮演区域贸易和投资治理的角色，这是因为：要么其是作为区域自贸区的推进器而存在，要么是作为区域合作在经济层面的一种催化器而产生的。总之，中国边疆地区博览会自诞生伊始，就承担着规范区域贸易和投资的功能。

中国边疆地区博览会区域贸易治理功能的发挥依赖于三点：

第一，区域间各国政府围绕中国边疆地区博览会促进贸易过程中产生的各种问题、现象而制定的各种协议、规则，或者达成的共识，这些在博览会运作过程中产生的区域贸易新规则或者补充了区域贸易治理体系，或者直接填补了区域贸易规则的空白，成为区域贸易治理的基础。如表 3–6 所示，中国和东盟在区域贸易治理方面形成了 10 个涉及从贸易、投资、检验检疫、交通物流、食品安全知识产权等领域的共识。

第二，中国边疆地区博览会举办时经常采取商品贸易、服务贸易和投资贸易同时进行的全市场模式，并且在博览会召开同时会举办区域各国商务部门合作机制会议，有时候甚至还扩散到外交、金融、农业、文化、科技、旅游等领域，这些合作机制能够对区域贸易中出现的新需求、新问题和新现象做出快速反应，从而确保区域贸易的健康、有序发展。如表 3–6 所示，中国和东盟各国政府专业部门的会议机制除了中国—东盟商务与投资峰会，还相继形成了中国—东盟检验检疫磋商与合作机制、中国—东盟区域森林问题协调机制、中国—东盟金融合作新机制和中国—东盟科技合作联系会议机制 4 个机制。

第三，中国边疆地区博览会在促进区域贸易发展的同时，也催生了一批区域贸易协调管理机构。这些机构逐步成为中国边疆地区博览会开展区域治理的组织依托。如表 3–6 所示，中国—东盟博览会在进出口食品安全方面、海上安全、海上安保、海关合作、版权贸易、出版进出口合作、货币合作和先进制造业合作等方面形成了协调管理机构，促进了中国—东盟贸易的健康、有序发展。

中国边疆地区博览会发展过程中围绕区域治理制定的各种协议、规则，或者达成的共识，这是中国边疆地区博览会区域贸易治理的法理基础。2004 年以来，中国边疆地区博览会达成的协议主要有以下两类：

第一类是通过政府间声明或者公报确定某一个具体的边疆地区博览会在双边

**表 3-6　中国—东盟博览会平台基础上产生的区域贸易治理网络①**

| 会议名称 | 共识名称 | 治理领域 | 参与者级别 | 主要共识内容 | 共识时间地点 |
|---|---|---|---|---|---|
| 第二届中国—东盟商务与投资峰会 | 中国—东盟国家工商会南宁共同宣言 | 贸易、投资 | 中国和东盟各国工商贸促会领导人 | 中国—东盟工商会工作会议机制化 | 2005 年 10 月 18 日，南宁 |
| 中国—东盟出入境检验检疫合作论坛 | 南宁共识 | 检验检疫 | 中国和东盟各国主管检验检疫的部长 | 建立中国—东盟检验检疫磋商与合作机制 | 2006 年 11 月 2 日，南宁 |
| 中国—东盟港口发展与合作论坛 | 中国—东盟港口发展与合作联合声明 | 交通物流 | 中国和东盟各国交通部长 | 加强在港口国监督、海上安全、海上保安和海上环境保护领域的合作 | 2007 年 10 月 29 日，南宁 |
| 首届中国—东盟质检部长会议 | 中国—东盟质检部长会《南宁联合声明》 | 食品安全 | 中国、东盟质检总局 | 促进区域各国在食品安全领域的合作和监管。进出口食品安全事务的司局级官员会议机制化 | 2007 年 10 月 29 日，南宁 |
| 首届中国—东盟林业论坛 | 中国—东盟林业合作论坛南宁倡议 | 林业区域治理 | 中国和东盟各国林业官员 | 东盟与中国同意加强对区域和全球森林问题的协调 | 2007 年 10 月 30 日，南宁 |
| 中国—东盟金融合作与发展领袖论坛 | 中国—东盟金融合作与发展领袖论坛共同宣言 | 区域金融和货币 | 中国和东盟国家金融主管部门负责人 | 建立中国—东盟金融合作新机制，加强区域内货币合作和资本合作 | 2009 年 10 月 21 日，南宁 |
| 中国与东盟海关与商界合作主题论坛 | 中国—东盟贸易便利化南宁倡议 | 海关监管、贸易 | 中国和东盟国家商务部长、海关署长 | 建立中国—东盟各国海关及相关政府机构之间的合作机制 | 2009 年 10 月 22 日，南宁 |
| 首届中国—东盟出版博览会 | 南宁共识 | 知识产权 | 中国与东盟各国出版署长 | 版权贸易、出版物进出口合作，建立出版交流与合作的长效机制 | 2011 年 10 月 22 日，南宁 |
| 首次中国—东盟科技部长会议 | 中国—东盟科技伙伴计划 | 区域科技 | 中国和东盟 10 国的科技部长 | 科技部将牵头成立中国对东盟科技合作联席会，设立中国—东盟科技伙伴计划秘书处 | 2012 年 9 月 22 日，南宁 |
| 中国—东盟先进制造业发展论坛 | 南宁倡议 | 工业合作 | 中国和东盟国家工业部长等 | 倡议以先进制造业合作为重点，加快产业转型升级，打造区域经济共同体 | 2012 年 9 月 22 日，南宁 |

信息来源：①http：//www.gov.cn/。②http：//www.xinhuanet.com/。③http：//www.people.com.cn/。④http：//www.nanning.gov.cn/。

① 表 3-6 中材料系作者根据中国政府网、新华网、人民网、中国南宁政府网等公开报道的材料整理而成。

或者多边贸易中的地位，比如中俄总理第十八次定期会晤签订《中华人民共和国商务部、中华人民共和国黑龙江省政府与俄罗斯联邦经济发展部关于联合举办中国—俄罗斯博览会的谅解备忘录》，根据协议中国和俄罗斯将共同组建组委会，组委会将对中国—俄罗斯博览会举办期间的展品跨境物流、海关检验检疫、国际合作项目筛选标准、投资便利化等制定统一的标准。[①]

第二类是博览会举办期间，围绕贸易、投资、金融、旅游、科技等领域举办的高层次论坛和专业论坛，这些论坛就区域贸易中的有关问题通过的各类共识、宣言或者倡议。[②] 这一类协议与第一类相比对签约各国政府没有太强的约束力，但是在建构共同的区域共同观念、区域共同身份时意义重大。

中国边疆地区博览会在举办过程中形成的各种规则、规范对于区域贸易治理有十分重要的意义。中国边疆地区博览会举办过程中形成的规则主要包括博览会的共办机制、博览会方案的议事规则、博览会的主宾国规则、博览会投资项目遴选规则等，这些规则对于博览会区域治理功能的发挥至关重要。另外，中国边疆地区博览会举办过程中形成的各种共识对于区域贸易治理的内容、范围、程度等也有十分重要的影响。

中国边疆地区博览会已经诞生了 10 年之久，随着其在区域贸易治理中作用的发挥，一批区域贸易治理机制形成并逐步发展起来。

## 第二节　周边战略载体

中国边疆地区博览会具有丰富的地缘战略功能，在中国周边战略中具有十分重要的地位。按照层次和内容不同，中国边疆地区博览会主要承担周边战略中的经济战略、政治战略和文化战略功能。

### 一、地缘经济战略功能

进入 21 世纪以来，中国周边战略经历了两个比较大的转变。一个转变是周

---

① 新华网：《中俄总理第十八次定期会晤联合公报》，http：//news.xinhuanet.com/2013-10/22/c_117827120_4.htm。

② 在这方面，东盟博览会做得比较好，各类专业的机制性论坛常常以“南宁宣言”、“南宁共识”“南宁倡议”等来总结成果，构成了日益强大的宣言文本体系。

边外交战略由“睦邻”向“睦邻、安邻、富邻”的转变。[①] 另一个转变是周边战略认知由“与邻为善，以邻为伴”到突出“亲、诚、惠、荣”理念的中国和周边国家是“命运共同体”的战略意识。[②]

第一个转变意味着中国对周边国家的战略调整开始从政治维度走向经济维度，不仅重视政治上的和睦、安全上的稳定，更加重视中国对周边国家经济上的发展带动，具体来说就是加强与周边邻国的互利合作，深化区域和次区域合作，积极推动地区经济一体化，与周边各国实现共同发展。[③] 在这种背景下，2003 年 10 月温家宝在印度尼西亚巴厘岛第七次中国与东盟领导人会议上倡议在中国广西南宁举办中国—东盟博览会。[④] 这直接影响了中国边疆地区博览会在服务国家周边战略时的经济战略功能。

第二个战略转变也是根本性的转变，由分彼此的邻居关系转变为不分彼此的命运共同体关系，标志着中国周边战略开始注重向社会意识建构转变。也正是在这种背景下，中国边疆地区博览会纷纷产生，并不断被写入中国和周边国家的政府协议中，或者领导人的演讲中。[⑤]

中国边疆地区博览会在中国周边经济外交中的地位越来越高。中国边疆地区博览会是中国和周边地区区域经济合作的新类型，既服务了中国和周边各个地区的贸易合作，又推动了中国和周边地区的经济一体化进程，成为中国重要的经济外交手段，也成为开展地缘经济外交的舞台。2003 年，温家宝在第七次中国与东盟领导人会议上提出，“为了推动双方商界的合作，中方建议从 2004 年起每年在广西南宁举办中国—东盟博览会”。2007 年，越南总理阮晋勇认为，中国—东盟博览会将大力促进中国—东盟自贸区的形成，这对中国和东盟是共赢的。2009 年，东盟秘书长素林认为，在美国金融危机的背景下，中国市场继续保持开放，就是对东南亚国家的帮助。中国—东盟博览会是区域合作的一个很好的例子，应该进一步扩大博览会的影响，进一步扩大博览会的作用，通过博览会我们可以扩

---

① 王光厚：《从“睦邻”到“睦邻、安邻、富邻”——试析中国周边外交政策的转变》，《外交评论：外交学院学报》2007 年第 3 期，第 38~43 页。

② 习近平：《让命运共同体意识在周边国家落地生根》，http：//www.gov.cn/ldhd/2013-10/25/content_2515764.htm。

③ 温家宝：《中国的发展和亚洲的振兴》，http：//news.xinhuanet.com/world/2003-10/08/content_1112364.htm。

④ 中国网：《温家宝在第七次中国与东盟领导人会议上的讲话》，http：//www.china.com.cn/chinese/zhuanti/zgdm/446308.htm。

⑤ 比如东北亚博览会被写入《中蒙联合宣言》、《中韩联合声明》，中国—亚欧博览会被写入《中塔联合宣言》、《中土联合宣言》等。

大贸易，增加投资，进一步推动我们在服务领域的合作。2012 年，习近平针对中国—东盟博览会在中国与东盟交往中的地位和作用做了概括，认为中国—东盟博览会不但是中国与东盟 10 国共同搭建的经贸等领域的大平台，也是中国—东盟自贸区建设的推进器。

**表 3—7　中国边疆地区博览会地缘经济环境评估①**

| 博览会名称 | 主要服务区域 | 地缘经济有利环境 | 地缘经济不利环境 | 地缘经济重要性 | 一体化程度 | 中国地缘经济战略 |
|---|---|---|---|---|---|---|
| 中国—东盟博览会 | 东盟 10 国，中国泛珠三角“9+2” | 自贸区覆盖全境，区内人口约 19 亿，巨大的消费和投资市场 | TPP 对既有自贸区安排的潜在冲击，区内国家较小，抵御经济风险能力较弱，地缘冲突，资金不足 | 结构性权力，联系性权力 | 中 | 海上丝绸之路战略，自贸区升级战略，推进 RCEP 战略，推动次区域合作开发 |
| 中国—亚欧博览会 | 中亚 5 国、阿富汗、俄罗斯中亚部分、中国西北新疆、宁夏、陕西、内蒙古中西部 | 中亚国家转型需求巨大，自然资源丰富，中欧陆上交通要道 | 中亚国家治理能力弱，市场有限，俄罗斯传统势力范围，不甘心出让区域经济主导权 | 安全结构，知识结构，运输体系，能源 | 低 | 倡议丝绸之路经济带战略，边境开放战略，国内西部大开发战略 |
| 中国—东北亚博览会 | 朝鲜、韩国、日本、俄罗斯远东地区和中国东北地区和华北地区 | 区域内经济较发达，资源丰富，市场巨大，自贸区起步 | 地缘冲突风险较高，对美国市场依赖较深 | 结构性权力，联系性权力 | 低 | 东北振兴战略，中日韩自贸区战略 |
| 中国—南亚博览会 | 南亚 7 国、中国西南地区，包括云南、西藏、青海、四川、重庆、贵州等 | 区内人口超 18 亿，区内都是发展中国家，处于工业化和城市化的初期阶段，双边自贸区起步 | 地缘冲突风险较高，国家治理能力较弱，基础设施建设落后，自贸区建设滞后，存在大国经济竞争 | 结构性权力，联系性权力 | 低 | 中巴经济走廊战略，孟中缅印经济走廊战略 |
| 中国—俄罗斯博览会 | 俄罗斯亚洲地区、中国东北地区 | 经济发展互补性强，自然资源丰富 | 俄罗斯远东地区气候恶劣，人口衰退 | 安全结构，贸易，能源和福利 | 低 | 边境开放战略 |

## 二、周边政治战略功能

中国边疆地区博览会是基于中国周边的地缘政治经济环境和地缘政治经济战略而举办的博览会，具有多重的地缘政治功能。

① 表 3-7 系作者根据地缘政治经济学的相关理论，并结合中国周边各国国情自行制作而成。

首先，中国边疆地区博览会体现了中国推动周边政治联合的地缘战略考虑。中国边疆地区博览会的命名方式体现了鲜明的地缘政治战略色彩，4个主要边疆地区博览会分别以中国—东盟博览会、中国—亚欧博览会、中国—南亚博览会和中国—东北亚博览会命名，从中可以发现一个规律，即中国倾向于在和中国周边国家发展合作时，采取“整体化”而不是“碎片化”的方式来进行，甚至有时候鼓励周边地区采取一体化的政治联合。比如在东南亚方向，不是以中国—东南亚博览会命名，而是以中国—东盟博览会命名。根据中国周边政治联合的进程，未来主要的中国边疆地区博览会有可能陆续更名为更富有地缘政治色彩的名称。

其次，中国边疆地区博览会通过首脑外交、高官会晤、公共外交等形式提升双边和多边的互信水平，从海疆和陆疆两个方向打造中国和周边地区稳定的政治关系。从表3-7中可以看出，中国边疆地区博览会的地缘政治环境比较复杂，既有有利的政治环境，也有一系列的不利环境，甚至威胁，因此，推动中国和周边地区政治上的互动，提升区域政治互信水平，有助于共同抵御来自内外部的威胁和挑战。据统计，前十届中国—东盟博览会共有多达52位中国和东盟国家领导人和2040位部长级贵宾出席①，博览会期间举行数十场领导人会晤、部长论坛和地方领导人的会谈，提升了中国和东盟间的政治互信水平，带动了中国和东盟在经贸、文化、教育等其他领域的合作，并为其他领域的合作提供了良好的政治环境和机制保障，并且对其他边疆地区博览会形成了强有力的示范作用。②

中国边疆地区博览会同时也是中国地缘战略的发布平台。温家宝总理在出席2012年9月第2届中国—亚欧博览会时做了题为“再创丝绸之路新辉煌”的主旨演讲，认为新疆地处亚欧大陆心脏地带，具有向西开放和沿边开放的区位优势、人文优势和资源优势，中国—亚欧博览会是中国在亚欧大陆架设的一座友谊与合作的新桥梁，提出“政治互信、市场开放、互联互通和人文交流”的四点倡议③，其核心思想就是中国和亚欧国家共同复兴亚欧贸易通道，实现区域联合和共同发

---

① 中国南宁政府网：《2014年“两会一节”之博览会概况》，http：//www.nanning.gov.cn/Specials/2014nrdzt/2014lhyj/blhgs/201409/t20140904_182758.html。

② 马强、王格林、张婷婷：《东盟博览会的成功经验及对中阿博览会的启示》，银川：《第二届中国·阿拉伯国家经贸论坛理论研讨会论文集》2011年 第2辑。

③ 新华网：《温家宝在第二届中国—亚欧博览会上的演讲》（全文），http：//news.xinhuanet.com/politics/2012-09/02/c_112930664_2.htm。

展，这也成为习近平“丝绸之路经济带”战略[①]的最初思想来源。李克强总理在2013年9月第十届中国—东盟博览会开幕式发表题为《推动中国—东盟战略伙伴关系新台阶》的主旨演讲，其中强调了东盟在中国周边地缘政治战略中的首要地位，表示将继续支持东盟共同体建设，支持东盟在东亚合作中的主导地位，并提出了“自贸区升级版、互联互通、金融合作、海上合作和人文交流”五点合作倡议。[②]

中国边疆地区博览会逐步成长为中国新型的多边外交舞台。中国边疆地区博览会成立伊始就具有多边外交的特征，中国—东盟博览会的开幕式、中国—亚欧博览会开幕式等活动不仅具有首脑外交的特征，也具备多边外交的特点，是中国开展周边外交的重要舞台。中国边疆地区博览会不仅吸引区域各国领导人、正副部长、地方政府领导人参会，而且也吸引越来越多的国际组织参与。以第二届中国—南亚博览会开幕式为例，吸引了尼泊尔总理苏希尔·柯伊拉腊、孟加拉国总理谢赫·哈西娜、马尔代夫副总统穆罕默德·贾米勒·艾哈迈德、老挝副总理宋沙瓦·凌沙瓦、斯里兰卡副议长昌迪玛·维拉科迪和南亚区域合作联盟秘书长阿琼·塔帕等南亚六位领导人出席并发表主题演讲，中国副总理汪洋向会与各国领导人和政府部长做了题为“让茶马古道精神永放光芒”的主旨演讲[③]，集中阐释了中国政府的南亚合作政策，提升了中国—南亚博览会多边外交的地位。

**表 3-8　中国边疆地区博览会地缘政治环境评估[④]**

| 博览会名称 | 主要服务区域 | 地缘政治有利环境 | 地缘政治不利环境 | 地缘重要性 | 区域政治互信程度 | 中国地缘政治战略 |
|---|---|---|---|---|---|---|
| 中国—东盟博览会 | 东盟10国，中国泛珠三角“9+2” | 东盟中立、不结盟，中国与东盟战略伙伴关系 | 美国再平衡战略影响，领土争端，分离主义运动 | 结构性权力，联系性权力 | 较高 | 睦邻、安邻，支持东盟在地区事务中的主导作用 |

① 中国政府网：《习近平在哈萨克斯坦纳扎尔巴耶夫大学的演讲》（全文），http：//www.gov.cn/ldhd/2013-09/08/content_2483565.htm，中国政府网：《习近平在印度尼西亚国会的演讲》（全文），题目《携手建设中国—东盟命运共同体》，http：//www.gov.cn/ldhd/2013-10/03/content_2500118.htm。

② 中国新闻网：《李克强在中国—东盟博览会和商务与投资峰会上的致辞》（全文），http：//www.chinanews.com/gn/2013/09-03/5241187.shtml。

③ 中国政府网：《汪洋出席第二届中国—南亚博览会开幕式并致辞》，http：//www.gov.cn/guowuyuan/2014-06/06/content_2695651.htm。

④ 表 3-8 系作者根据地缘政治经济学的相关理论，并结合中国周边各国国情自行制作而成。

续表

| 博览会名称 | 主要服务区域 | 地缘政治有利环境 | 地缘政治不利环境 | 地缘重要性 | 区域政治互信程度 | 中国地缘政治战略 |
|---|---|---|---|---|---|---|
| 中国—亚欧博览会 | 中亚5国、阿富汗、俄罗斯中亚部分、中国西北新疆、宁夏、陕西、内蒙古中西部 | 较好地解决领土划界问题，上海合作组织影响力增大 | 三股势力土壤深厚，中亚国家艰难转型 | 安全结构，知识结构，运输体系，能源 | 较高 | 睦邻、安邻，支持上海合作组织的发挥全方面作用 |
| 中国—东北亚博览会 | 朝鲜、韩国、日本、俄罗斯远东地区、中国东北地区和华北地区 | 东亚合作成为共识 | 地缘权力结构转型，领土、历史问题 | 结构性权力，联系性权力 | 低 | 睦邻、安邻，推动朝鲜半岛无核化，发挥六方会谈的作用 |
| 中国—南亚博览会 | 南亚7国、中国西南地区，包括云南、西藏、青海、四川、重庆、贵州等 | 中印关系改善，管控分歧，南盟影响力提升 | 领土争端，分离主义运动， | 结构性权力，联系性权力 | 低 | 睦邻、安邻，支持南盟在区域合作中的作用 |
| 中国—俄罗斯博览会 | 俄罗斯亚洲地区、中国东北地区 | 中俄全面战略伙伴关系，俄罗斯和西方地缘对抗 | 俄罗斯和美国为首的西方对抗 | 安全结构，贸易，能源和福利 | 较高 | 合作 |

## 三、地缘文化战略功能

中国边疆地区博览会覆盖几乎整个亚洲大陆，面临几乎世界上最多样的文明类型和最复杂的地缘文明环境，承担着地缘文明间沟通、对话和合作的重要功能。

**表3-9　中国边疆地区博览会多元文化环境评估①**

| 博览会名称 | 主要服务区域 | 区域主要文明类型 | 地缘文明有利环境 | 地缘文明不利环境 | 地缘重要性 | 地缘文明冲突指数 | 中国地缘文化战略 |
|---|---|---|---|---|---|---|---|
| 中国—东盟博览会 | 东盟10国，中国泛珠三角“9+2” | 儒教文明（中华文明）、伊斯兰文明、基督教文明 | 区域内部民族融合较好，宗教比较温和，中华文明受欢迎 | 部分东南亚国家伊斯兰出现极端化现象 | 文明间和睦共处的典范 | 低 | 文明对话、合作 |

① 表3-9系作者根据地缘政治经济学的相关理论，并结合中国周边各国国情自行制作而成。

续表

| 博览会名称 | 主要服务区域 | 区域主要文明类型 | 地缘文明有利环境 | 地缘文明不利环境 | 地缘重要性 | 地缘文明冲突指数 | 中国地缘文化战略 |
|---|---|---|---|---|---|---|---|
| 中国—亚欧博览会 | 中亚5国、阿富汗、俄罗斯中亚部分、中国西北新疆、宁夏、陕西、内蒙古中西部 | 儒教文明（中华文明）、伊斯兰文明、东正教文明 | 中亚政权世俗化 | 宗教极端思想散布，恐怖分子在一些中亚国家渗透 | 遏制极端宗教思想传播的前沿阵地 | 高 | 文明对话、合作 |
| 中国—东北亚博览会 | 朝鲜、韩国、日本、俄罗斯远东地区和中国东北地区和华北地区 | 儒教文明（中华文明）、日本文明 | 文明同质性高 | 日本美化甚至否认侵略历史的行为和倾向 | 文明内和解制约亚洲整体崛起的进程 | 高 | 文明对话、合作 |
| 中国—南亚博览会 | 南亚7国、中国西南地区，包括云南、西藏、青海、四川、重庆、贵州等 | 儒教文明（中华文明）、印度教文明、伊斯兰文明 | 地缘文明友好交流是历史主流 | 伊斯兰文明和印度教文明的冲突 | 印度次大陆文明和睦事关中国西部安全 | 高 | 文明对话、合作 |
| 中国—俄罗斯博览会 | 俄罗斯亚洲地区、中国东北地区 | 儒教文明（中华文明）、东正教文明 | 国家利益决定中俄友好 | 俄罗斯远东人口的衰退趋势不可避免 | 两种文明合作平衡日本文明、基督教文明 | 低 | 文明对话、合作 |

文化外交在我国也称为人文交流，是指以文化传播、交流与沟通为内容所展开的外交，是主权国家利用文化手段达到特定政治目的或对外战略意图的一种外交活动。[①] 目前，举办文化交流活动是中国边疆地区博览会比较普遍的做法。每届中国—东盟博览会都会举办"风情东南亚"的大型歌舞晚会、东南亚美食节、文化产业论坛、图书展、书画展等活动，活动涉及文化、艺术、旅游、体育、新闻出版、饮食等领域，促进了中国对东南亚各国人文的了解。中国—亚欧博览会每年都会举办主题音乐会、中外文化展示周、丝绸之路各国歌舞表演、上合组织青年交流活动、出版博览会等，促进了中国和亚欧各国，特别是和中亚国家人文领域的交流和合作。

成立制度化的文化交流机制和机构日益受到中国边疆地区博览会的广泛重视。中国边疆地区博览会在建立制度化的人文交流机制上形成了几种模式：

第一种模式，将已经存在的品牌化的人文活动整合到博览会框架下。比如，

① 李智：《试论文化外交》，《外交学院学报》2003年第1期。

中国南宁国际民歌节自 2004 年起整合成为中国—东盟博览会最重要的文化演出活动，成功地推动了中国和东盟各国在文化演出领域的合作。[①]

第二种模式，建立专门的人文交流机制和机构。比如，在中国—东盟博览会框架下建立的中国—东盟青年联谊会、中国—东盟体育人力资源培训中心[②]、中国—东盟青少年培养基地、中国—东盟妇女培训中心、中国—东盟教育培训中心等，推动了中国和东盟各国在社会、妇女、青少年、教育和体育等领域的合作。

第三种模式，设立专项基金，支持某一领域的人文交流。针对东盟、南亚、中亚等地区而设立的专项中国政府奖学金[③]在推动传播中国文化、提升中国政府软实力方面起到了重要的作用。

第四种模式，加深文化产业的合作成为最具活力的人文交流合作模式。通过举办文化产业论坛、影视展和影视合作，进一步拉近了中国和周边各国的心理距离。

## 第三节　认同建构功能

中国边疆地区博览会的建立本身就是中国和周边国家认同建构的结果，在中国边疆地区博览会持续举办的过程中，通过中国和周边地区持续的互动、相互依赖的加深、相互学习等，中国边疆地区博览会将对地区认同发挥重要的建构作用。

### 一、认同与地区认同

认同是理解中国边疆地区博览会区域影响的重要概念。认同是社会学和心理学的重要概念，具有共同身份、同一性、同质性、一致性和特性等含义。在国际政治中，认同具有两个方面内涵，一是身份的认同，二是对于某种观念或者规范

---

① 熊琨：《南宁国际民歌节在中国—东盟博览会中发挥的作用》，《现代经济信息》2014 年第 21 期。

② 中国政府网：《亚洲及大洋洲地区大众体育和发展论坛即将揭幕》，http：//www.gov.cn/jrzg/2013-11/15/content_2527937.htm。

③ 中国国家留学基金委管理委员会：《中国—东盟奖学金申请办法》，http：//www.csc.edu.cn/laihua/scholarshipdetail.aspx？cid=93&id=2063。中国政府网：《中国—东盟教育部长圆桌会议贵阳声明》（全文），提出 2020 年前留学生双十万计划，http：//www.gov.cn/gzdt/2010-08/04/content_1671224.htm。中国共产党新闻网：《中国将在未来十年向上海合作组织成员国提供 3 万个政府奖学金名额》，http：//cpc.people.com.cn/n/2013/0907/c164113-22840657.html。

(包括各种制度）的认同[1]，是行为体将自我与他者区别开来的最重要依据，也是行为体界定利益的重要依据。建构主义认为，认同是能够产生动机和行为倾向的有意图行为体的一种属性[2]，它对于研究行为体的政策意义重大。根据认同对象的不同，认同分为自我认同、集体认同。地区认同是集体认同的一种，指的是若干地理上接近并相互依存的国家在观念上与本地区其他国家认同并视自身为地区整体一部分的意识。[3]

根据认同的来源不同，可以将认同分为归属性认同、反应性认同和功能性认同。归属性认同源于地区各国的长期互动关系，包括历史经历、文化传统、宗教信仰、价值观念、人种、民族等，归属性认同对于国家的地区属性和身份具有直接影响，决定着国家的宏观政策、战略选择、地区荣誉感和责任感。欧盟国家对欧盟的认同大部分源于归属性认同。反应性认同不同于由内而外的归属性认同，是一种对于外部世界挑战或者压力的一种回应，进而表现出与外部世界的相对性和差异性。比如，北美自由贸易区很大程度上是北美国家在欧盟统一市场形成的强有力的竞争压力下做出的回应。功能性认同与归属性认同类似，都是基于地区各国的长期互动，不同的是基于各国在经济和社会等功能性领域的长期交往和互动中形成的对于地区重要性和命运的认同。与归属性认同相比，这是一种更加着眼于未来取向的认同。功能性认同存在于两种情形，一种情形是地区各国随着经济相互依存的不断加深而产生的地区认同；另一种情形是地区性危机、地区性问题诱发的对共同命运担忧而形成的地区认同。亚洲金融危机对东亚各国，尤其是东南亚各国的冲击，促进了东亚地区主义的发展。

## 二、认识中国边疆地区博览会的认同建构功能

中国边疆地区博览会是中国政府举办的基于地缘的大规模的国际节事活动，最主要的宗旨是教育区域内各国人民、促进地区进步，它既是展示中国和区域内各国工业技术进展和洽谈、消费、贸易的工具，也是促进地区认同的重要手段。

中国边疆地区博览会对地区认同的建构主要包含地区身份认同的建构、地区观念和地区规则（包含地区合作制度、机制和组织等）等内容，并通过博览会组织、现场活动和各阶段的宣传等环节来实现。

---

① 夏建平：《认同与国际合作》，华中师范大学博士学位论文，2006 年，第 21 页。

② Alexander Wendt . Social Theory of International Politics. Cambridge University Press，1999，p.224.

③ 刘兴华：《地区认同与东亚地区主义》，《现代国际关系》2004 年第 5 期，第 18~22 页。

博览会组织对地区认同的建构。中国边疆地区博览会组织环节是博览会认同建构的起点，对博览会的地区认同建构具有十分重要的意义。一般来说，中国边疆地区博览会的组织环节包括倡议、建立组委会、健全组织机构、前期筹备、具体的策划和执行等。中国—东盟自贸区建设的设想于 2001 年提出，随后在 2002 年正式签署协议，在这个过程中，如何搭建自贸区的平台，形成自贸区交流合作的机制，成为自贸区建设中无法回避的重大课题。拥有地缘优势的云南和广西相继提出了举办中国—东盟商品交易会和中国—东盟博览会的思路，并不断游说中央政府，经过半年的调研和评估，2003 年 8 月商务部正式同意广西壮族自治区人民政府承办中国—东盟商品博览会（后改为中国—东盟博览会）。2002 年 10 月，温家宝总理在印度尼西亚举办的中国—东盟领导人会议上建议从 2004 年起每年在中国广西南宁举办中国—东盟博览会，以促进中国和东盟双方商界的合作，东盟领导人普遍欢迎并予以确认。2004 年 5 月 21 日，东盟秘书处副秘书长马苏尔·阿赫马在中国—东盟会展研讨会[①] 开幕式致辞时说："中国—东盟自贸区的建立在东盟各国和中国之间产生了一种'团队感'，中国—东盟博览会的举办无疑是及时的，东盟完全支持，所有成员国都会参加。"[②] 2004 年 9 月 18 日，中国—东盟博览会特别高官会在广西桂林召开，中国—东盟博览会高官会作为中国—东盟博览会的共办机制重要组成部分得到了确认，至今已经举办 11 届。[③] 2005 年 4 月第二届中国—东盟博览会高官会进一步确定了中国和东盟各国共办的长效机制，特别是在招商招展合作方面的机制、专题设置规则和宣传推介要求，特别指出中国—东盟博览会的宣传要超越博览会本身，不仅要着眼于自贸区建设，而且要聚焦"睦邻友好、区域合作和共同繁荣"。[④] 2007 年 4 月第四届中国—东盟博览会高官会在完善十一国共办机制的基础上，推出了主题国机制，文莱成为中国—东盟博览会的首个主题国。[⑤] 针对席卷全球的金融危机，第六届中国—东盟高官会达成举办金融服务站和金融论坛的共识，地区团结合作共同应对

---

① 中国—东盟博览会官网：《中国—东盟合作基金资助中国—东盟会展工作研讨会》，http：//www.caexpo.org/gb/news/special/yantaohui/pro_news0521.html。

② 中国—东盟博览会官网：《马苏尔·阿赫马在中国—东盟会展研讨会上的开幕词》，http：//www.caexpo.org/gb/news/special/yantaohui/msr0521.html。

③ 人民网：《中国—东盟特别高官会在南宁召开》，http：//www.people.com.cn/GB/guoji/1029/2793146.html。

④ 人民网：《第二届中国—东盟博览会高官会召开》，http：//www.people.com.cn/GB/paper49/14634/1300464.html。

⑤ 新华网：《文莱成为第四届中国—东盟博览会主题国》，http：//www.gx.xinhuanet.com/dm/2007-10/21/content_11464541.htm。

危机，进一步加深了地区认同。随着中国—东盟博览会的发展壮大，吸引了区外的国家的关注和认可，2013 年 3 月第十届中国—东盟博览会高官会首次设立了特约贵宾国机制，目的是推动“中国和东盟作为一个整体”与世界其他经济体的交流。[①]

中国边疆地区博览会的主题、开幕式、论坛、演出、各种文体交流活动也同样在促使地区认同从抽象到具体、从理论到现实的转变。中国—东盟博览会举办以来，着眼于建构地区认同，并根据中国与东盟合作的年度需求特点策划主题，比较好地发挥了中国—东盟博览会的认同建构功能。在展区划分方面，中国—东盟博览会采取的是和博览会名称对应的办法，即全部商品展区划分为中国商品展区和东盟商品展区两大展区。中国商品展区包括工程机械及运输车辆展区、食品加工及包装机械展区、电力设备及新能源展区、电子电器展区、建筑材料展区。东盟商品展区包括品牌商品展区、食品农产品、家具家居、工艺品及珠宝饰品、日用消费品、服务业产品、大宗原材料等，另外在商品展区以外，还有四大专题区，投资合作区、先进技术区、服务贸易区和魅力之城区[②]，力图将中国—东盟自贸区的潜力深入挖掘出来，这显示了较强的地区认同。中国—南亚博览会的展位划分也体现了区域特点，不同于中国—东盟博览会商品展示区两大展区划分，中国—南亚博览会除了划分中国商品展区和南亚商品展区以外，还设立有东盟商品展区和其他国际商品展区，而且最为显著的是东盟商品展区显然比南亚展区面积更大，也更具吸引力，另外也有边境贸易、投资促进、服务贸易等专题展区。[③]这既显示了中国—南亚博览会正在适应国家战略定位的努力，也暗示了举办地云南在地区认同上的矛盾心理。这种因为举办地内在的地区认同矛盾造成的外在的展览会策划上的摇摆、不适也不同程度地存在于其他几个边疆地区博览会策划中。[④]

此外，中国边疆地区博览会的各种针对地区精英和大众的安排也进一步促进

---

① 北部湾在线：《第十届中国—东盟博览会高官会召开》，http：//www.bbrtv.com/2013/0329/131347.html。

② 中国—东盟博览会官网：《中国—东盟博览会五大专题区》。http：//www.caexpo.org/gb/zhuanti/11_hangye/investment/index.html。

③ 中国—南亚博览会的展馆设置凸显了其介于东盟和南亚之间地缘位置的尴尬心理以及认同上的矛盾。昆洽会官网：《展馆设置》，http：//www.kmfair.org/kjh/DisplayPages/ContentDisplay_200.aspx？contentid=3894。

④ 中国—亚欧博览会展区划分国际及港澳台展区（重点是周边国家）、投资合作展区、高新技术和服务贸易展区和商品贸易战区等四个展区，而中国—东北亚博览会则将展区划分为中国东北老工业基地振兴馆、香港和台湾商品馆、东北亚国家馆、投资合作馆、现代服务业和新兴产业馆及食品医药馆等 8 个展馆。中国—详见中国—亚欧博览会官网：展区介绍。http：//www.caeexpo.org/zhanguanjieshao/61932.jhtml。东北亚博览会官网：历届回顾之第九届中国—东北亚博览会。http：//www.neasiaexpo.org.cn/contents/5/425.html。

了地区认同的提升。比如，针对地区精英不仅安排有地区各国领导人的地区政策演讲和各种高层论坛，还有二轨的智库论坛，这些活动的安排能够最大限度地促进地区精英新观念、新思想的交换和地区意识的成长，如中国—东盟智库战略对话[①] 和中国南亚智库论坛。[②]

**表 3-10　历届中国边疆地区博览会主题对照**[③]

| 历届中国—东盟博览会主题 | | | |
|---|---|---|---|
| 年份 | 主题 | 开幕式主题 | 峰会主题 |
| 2004 | 友谊·合作·发展·繁荣 | 共启友谊之门，共注合作之水。绽放繁荣之花，敲响发展之钟 | 促进互利合作，谋求共同发展 |
| 2005 | 友谊·合作·发展·繁荣 | 聚流成河 | 中国与东盟国家：市场的开放及开发 |
| 2006 | 友谊·合作·发展·繁荣 | 珠联璧合 | 共同的需要，共同的未来 |
| 2007 | 友谊·合作·发展·繁荣 | 同舟共进，扬帆远航 | 创新合作——加快提升区域增长力 |
| 2008 | 友谊·合作·发展·繁荣 | 金桥飞架，五载同心 | 广阔的视野，积极的行动 |
| 2009 | 友谊·合作·发展·繁荣 | 合作化为危机，信心照亮航程 | 中国—东盟自贸区与东盟一体化：合作共进 |
| 2010 | 友谊·合作·发展·繁荣 | 水润花开，共享硕果 | 中国—东盟自贸区与区域经贸合作的展望 |
| 2011 | 友谊·合作·发展·繁荣 | 二十年合作拓展，自贸区成效显著。博览会常办常新 | 深化区域合作　实现共同繁荣 |
| 2012 | 友谊·合作·发展·繁荣 | 携手合作，共展宏图 | 互联互通，携手共赢 |
| 2013 | 友谊·合作·发展·繁荣 | 收获硕果，播种未来 | 推进互联互通，深化行业合作 |
| 2014 | 友谊·合作·发展·繁荣 | 共建 21 世纪海上新丝路 | 共建 21 世纪海上新丝路 |
| 历届中国—亚欧博览会主题 | | | |
| 2011 | — | | |
| 2012 | 和谐发展、合作共赢 | | |
| 2013 | 开放互信、共谋发展 | | |
| 2014 | 开放合作，共建丝绸之路经济带 | | |
| 历届中国—南亚博览会主题 | | | |
| 2013 | 相互开放、务实合作、互利共赢、和谐发展 | | |

① 中国—东盟博览会官网：《共商良策、共聚智慧、共谋未来——第六届中国—东盟智库战略对话即将召开》。http：//www.caexpo.org/index.php？ a=show&c=index&catid=20018&id=200824&m=content#。

② 中国—南亚博览会官网：《中国—南亚智库论坛简介》，http：//www.csaexpo.cn/html/huiyiluntan/zhiku-luntan/。

③ 表 3-10 系作者根据中国—东盟博览会、中国—亚欧博览会、中国—南亚博览会和中国—东北亚博览会官方网站信息整理而成。

续表

| 历届中国—东盟博览会主题 | | | |
|---|---|---|---|
| 年份 | 主题 | 开幕式主题 | 峰会主题 |
| 2014 | 相互开放、务实合作、互利共赢、和谐发展 | | |
| 中国—东北亚博览会主题 | | | |
| 2013 | 推动战略合作，改善互联通，加强全面交往，促进深度融合 | | |

信息来源：①http://www.caexpo.org/。②http://www.csaexpo.cn/。③http://www.neasiaexpo.org.cn/。④http://www.caeexpo.org/。

中国边疆地区博览会根据区域合作需求和进程安排相关论坛活动，并在观念议题设置、机制倡导和机构设立等方面具有主导作用，并获得各国的高度认可。中国—东盟博览会在相关论坛活动设置上数量最多、涉及领域最广、机制也最为完善，基本上涵盖了贸易、投资、能源、文化、旅游、科技、环境、社会、法律、体育等领域，对中国国际形象的提升非常明显，其他边疆地区博览会也开始注重由经贸向其他领域的渗透。作为 2014 年中国—东盟博览会主题国，新加坡总理李显龙在演讲中表示看好中国的经济发展，认为中国的发展对区域的发展有积极影响，“因为中国的发展将创造更多的合作共赢机遇，为我们带来繁荣”。针对中国提出的进一步促进中国—东盟经济合作的一系列倡议，包括建设升级版的中国—东盟自贸区、成立亚洲基础设施投资银行和共建 21 世纪丝绸之路等，李显龙表示了欢迎和期待。①

① 新华网，李显龙：《不能让争端笼罩中国—东盟合作积极面》，http：//news.xinhuanet.com/yzyd/local/20140916/c_1112500554.htm。

# 第四章　中国边疆地区博览会的影响分析

中国边疆地区博览会自建立伊始就具有多方面的国际战略功能，而且这些功能的国际影响逐步显现。这些国际影响主要集中体现在三个方面。

## 第一节　推动中国周边一体化的进程

中国边疆地区博览会对中国和周边地区的一体化影响既呈现一定程度的不平衡性，也呈现一定程度的整体性，在不同地区、不同领域呈现不同的特点。

### 一、推动经济一体化深入发展

中国边疆地区博览会对周边地区一体化最大的影响体现在经济领域，促进了中国和周边地区的经济一体化在广度和深度的发展。

#### （一）催生经济一体化的协议和机构

中国边疆地区博览会举办以来，不仅为中国和周边地区的贸易提供了机制性的支撑，而且通过推动相关论坛机制，达成大量经济一体化的协议，并在此基础上成立了一批一体化的推进机构。如表 4-1 所示，自 2004 年举办以来，中国—东盟博览会共签署重要的经济协议多达 10 个，涉及投资贸易、检验检疫、交通物流、食品安全、林业区域治理、区域金融和货币政策、海关监管和贸易、知识产权、区域科技合作、区域制造业合作等，基本上涵盖了中国和东盟经济合作的所有领域，为中国和东盟的经济一体化深入发展提供了必要的法律依据。[①]

在签署大量协议的同时，中国—东盟博览会也催生出一批旨在推动中国—东

① 参见第三章表 3-6 中国—东盟博览会平台基础上产生的区域贸易治理网络。

**表 4-1　中国—东盟博览会区域一体化建设成果①**

| 论坛机制 | 参会级别 | 合作协议 | 一体化促进机构 |
|---|---|---|---|
| 中国—东盟商务与投资峰会 | 领导人、部长、商会会长 | 中国—东盟国家工商会南宁共同宣言（2005） | |
| 中国—东盟出入境检验检疫合作论坛 | 部级 | 南宁共识（2006） | 建立中国—东盟检验检疫磋商与合作机制 |
| 中国—东盟港口发展与合作论坛 | 部级、商界领袖 | 中国—东盟港口发展与合作联合声明（2007） | 建立中国—东盟港口协调机制；利用中国—东盟合作基金 |
| 中国—东盟质检部长会议 | 部级 | 中国—东盟质检部长会议《南宁联合声明》（2007） | 中国和东盟各国进出口食品安全事务的高级官员会议制度 |
| 中国—东盟林业论坛 | 部级 | 中国—东盟林业合作论坛南宁倡议（2007） | |
| 中国—东盟电信部长论坛 | 部级 | 部长论坛报告（2008） | 推进中国—东盟信息高速公路建设，促进在中国和东盟地区建立一个强大的信息社会；合作应对网络安全 |
| 中国—东盟金融合作与发展领袖论坛 | 部级、金融界 | 中国—东盟金融合作与发展领袖论坛共同宣言（2009） | 建立中国与东盟金融信息共享平台与机制；确立区域内多边货币互换制度 |
| | | 第二届中国—东盟金融合作与发展领袖论坛共识（2010） | 强化区域内各国金融磋商机制；建立统一的区域金融市场体系；建立区域金融监管与国际合作机制；中国—东盟投资合作基金 |
| 中国与东盟海关与商界合作主题论坛 | 部级、商界领袖 | 中国—东盟贸易便利化南宁倡议（2009） | |
| 首届中国—东盟出版博览会 | 官员、协会、公司 | 南宁共识（2011） | 中国—东盟出版博览会 |
| 中国—东盟环境合作论坛 | 部级 | | 中国—东盟绿色使者计划（2011）；中国—东盟环保中心（2011） |
| 中国—东盟 TBT（技术性贸易壁垒）合作部长会议 | 部级 | 南宁联合声明（2011） | 中国—东盟 TBT 合作部长级磋商合作机制正式建立 |
| 中国—东盟城市森林论坛 | 部级、商界、学界 | 中国东盟城市森林论坛南宁宣言（2011） | |
| 中国—东盟科技部长会议 | 部级 | 中国—东盟科技伙伴计划（2012） | 中国—东盟技术转移平台网络；中国东盟科技示范基地；共建卫星数据共享平台；科技部长会议机制化 |
| 中国—东盟先进制造业发展论坛 | 部级、商界 | 南宁倡议（2012） | 中国—东盟先进制造业论坛机制 |
| 中国—东盟互联互通交通部长特别会议 | 部级 | 联合声明（2013） | 中国—东盟海上合作基金；设立一个以中方为主的亚洲地区互联互通投融资平台；互联互通部长级磋商机制 |

① 表 4-1 系作者根据新华网、人民网、中国新闻网等媒体公开报道内容整理而成。

续表

| 论坛机制 | 参会级别 | 合作协议 | 一体化促进机构 |
|---|---|---|---|
| 中国—东盟港口城市合作网络论坛 | 部级、商界 | 中国—东盟港口城市合作网络论坛宣言（2013） | 建设中国—东盟港口城市合作网络；设立中国—东盟海上合作基金 |
| 中国—东盟大法官论坛 | 部级 | 《南宁声明》（2014） | |
| 中国—东盟工商论坛 | 部级、商界 | 2014 | 两年一届，制度化 |
| 中国—东盟警学论坛 | 公安、学界 | 2014 | |

信息来源：①http：//www.xinhuanet.com/。②http：//www.people.com.cn/。③http：//www.chinanews.com/。

盟经济一体化的机制和机构。为了促进中国和东盟自贸区的发展，中国—东盟博览会根据形势需要推动了一大批机制的形成，主要包括部长合作机制和各种常设性论坛、展览活动等。目前，部长合作机制已经涵盖了商务、科技、文化、交通、农业、旅游、司法、金融、文化公共卫生、人力资源、教育、扶贫等部门，成为推动中国—东盟经济一体化的重要网络机制（见表 4-1）。常设性的论坛和展览活动，也在促进中国和东盟经济融合方面发挥了十分重要的作用，比如中国—东盟商务与投资峰会、中国—东盟环境合作论坛、中国—东盟金融合作与发展领袖论坛、中国—东盟博览会文化展、中国—东盟博览会农业展、中国—东盟博览会林业展等，这些常设性的论坛机制和展览活动推动了中国和东盟在专业领域的一体化进程。为了推动中国和东盟各国先进技术的转移和使用，促进中国和东盟各国创新区域一体化发展，2013 年 9 月在广西南宁成立了中国—东盟技术转移中心，这也是落实中国—东盟科技伙伴计划的重要举措。①

除了上述旨在推动一体化的协议、机制和机构以外，中国边疆地区博览会推动成立的针对一体化进程中不断涌现的次区域合作开发、跨国基础设施建设等领域的专门机制和基金也逐步显示出对区域一体化重要的推动作用。中国—东盟博览会在推动大湄公河次区域经济合作、泛北部湾次区域合作中承担了重要的功能，成功吸引了各国政府和企业的重视，南宁—新加坡经济走廊计划② 的提出也丰富

① 中国—东盟技术转移中心官网：中心介绍，http：//www.cattc.org.cn/introduce。

② 南宁—新加坡经济走廊也称中国—新加坡经济走廊，最早提出于 2006 年，并于 2009 年正式写入国家级规划，经过相关各国政府和智库的数年研讨和合作逐步上升为相关各国的共识。参见 2009 年 12 月 7 日的《国务院关于进一步促进广西经济社会发展的若干意见》提出，进一步加大对泛北部湾经济合作的支持力度，推动合作平台和机制建设，构建南宁—新加坡经济走廊，http：//www.gov.cn/zwgk/2009-12/11/content_1484887.htm。

2014 年中国—东盟博览会期间举行的中国—新加坡经济走廊节点城市市长圆桌会发表《南宁共识》，建立节点城市合作机制，务实推动中国—新加坡经济走廊，http：//news.xinhuanet.com/world/2014-09/16/c_1112506802.htm。

了中国和东盟经济一体化的内容。另外，中国—东盟博览会和专业金融机构的合作使自身经济一体化促进的作用得到了更有力的发挥，比如和中国—东盟海上安全基金、中国—东盟投资合作基金的合作，为中国—东盟一体化注入了资本的活力。

中国—南亚博览会、中国—东北亚博览会和中国亚欧博览会在推动区域经济一体化中还处于摸索阶段，各种制度化和机制化的安排相比中国—东盟博览会还明显不足。

**表 4-2　中国—南亚博览会等区域一体化建设成果①**

| 博览会名称 | 论坛机制 | 合作机构 | 合作协议 |
|---|---|---|---|
| 中国—南亚博览会 | 中国—南亚商务论坛 | 中国—南亚技术转移中心 | 无 |
| | 中国—南亚科技部长会议 | | |
| | 中国—孟加拉经贸联委会 | | |
| | 中国—斯里兰卡经贸联委会 | | |
| | 南亚国家发展援助高官论坛 | | |
| 中国—亚欧博览会 | 中国—亚欧经济发展合作论坛 | 无 | 无 |
| | 中国—中亚科技创新合作论坛 | | |
| | 丝绸之路经济带交通运输峰会 | | |
| | 上海合作组织畜牧发展研讨会 | | |
| | 亚欧新闻媒体论坛 | | |
| 中国—东北亚博览会 | 东北亚合作高层论坛 | 无 | 无 |
| | 大图们倡议东北亚旅游论坛 | | |
| | 东北亚商协会国际合作圆桌会议 | | |

信息来源：①http：//www.csaexpo.cn/。②http：//www.caeexpo.org/。③http：//www.neasiaexpo.org.cn/。

### （二）提升中国和周边地区的相互依存水平

自诞生 10 多年以来，中国边疆地区博览会有力地促进了中国和各个周边地区的贸易，促进了相互依存的提高，从根本加深了对区域一体化和命运共同体的认识。2004 年首届中国—东盟博览会举办时，总展位数只有 2506 个，其中东盟展位数只有 626 个，东盟企业参展比例仅为 25%，参展企业数 1505 家，平均每家企业展位数量仅为 1.67 个，参展参会人数为 18000 人，贸易成交额为 10.8 亿美元，国际投资合作成交额为 49.68 亿美元。② 而到 2013 年第十届中国—东盟博

① 表 4-2 系作者根据中国—南亚博览会官网、中国—亚欧博览会官网和中国—东北亚博览会官网有关活动情况介绍整理而成。

② 上述数据系作者根据第一届中国—东盟博览会概括整理而成，参见 2004 中国—东盟博览会概括，http：//www.caexpo.org/gb/news/special/huiguzhuanti/zongshu/t20050712_43785.html。

览会，总展位数已经达到 4600 个，其中东盟展位数达到 1294 个，参展企业突破 2300 家，参展参会人数已经高达 55000 人，贸易成交额达到 19.1 亿美元，国际投资合作成交额 90.56 亿美元，分别比 2004 年增长 184%、207%、153%、306%、177%和 182%。[①] 据海关总署数据统计，2004 年中国与东盟贸易额刚刚超过 1000 亿美元，达到 1069 亿美元，东盟是中国的第五大贸易伙伴，位列欧盟、美国、日本和中国香港之后，2013 年中国与东盟贸易额就已经突破 4000 亿美元，达到 4436.1 亿美元，仅位列欧盟和美国之后，位居中国的第三大贸易伙伴。[②] 与此同时，中国由东盟的第五大贸易伙伴迅速攀升为第一大贸易伙伴，并且还是东盟的最大的出口市场和重要的外资来源国。

中国边疆地区博览会的发展对中国周边自贸区建设形成良好的影响。中国—东盟博览会不仅推动了中国—东盟自贸区的建设，而且对自贸区提出了更高的要求，促使自贸区升级版的谈判。2007 年菲律宾总统阿罗约在演讲中说，“举办这样的中国—东盟博览会，能够使我们有更大决心推进中国—东盟自贸区建设，从而推进地区一体化”。[③] 2008 年世界银行副行长乔伊·普曼菲评价说，中国—东盟博览会是在中国—东盟自贸区协定下促进贸易发展的实际有效的方式。[④] 2012 年缅甸总统吴登盛在演讲中也认为中国—东盟博览会是“中国—东盟自贸区成功实施的重要组成部分”。[⑤] 2013 年越南总理阮晋勇在演讲中评价，越南支持在中国—东盟博览会 10 周年的时刻推动中国—东盟自贸区升级版谈判，认为有利于实现共同发展。[⑥] 2014 年老挝副主席本扬认为，“中国—东盟博览会是一个重要的平台，为中国—东盟自贸区的建立与运行做出了巨大的贡献，促使双方贸易额增长至今近 4000 亿美元，预计今后将成功实现到 2015 年双方贸易额增长至 5000 亿美元、2020 年增长至 1 万亿美元的目标。上述所取得的辉煌成就，成为促进和保障地区和平与稳定的重要基础”。[⑦] 世界贸易组织副总干事易小准更是高

---

① 参见第三章表 3-4 的 2013 年广交会和中国边疆地区博览会办展情况比较。

② 数据参见第三章表 3-5 中国与东盟、广西与东盟双边贸易统计（2003~2013）。

③ 新华网：第三届中国—东盟博览会开幕式图文、视频直播，http：//www.gx.xinhuanet.com/ca/blhzb.htm。

④ 宋晓天、杜新、郑军健：《中国—东盟博览会发展报告（2004~2008）》（精简本），南宁：广西师范大学出版社 2009 年版。

⑤ 中国—东盟博览会官网：缅甸总统吴登盛在第九届中国—东盟博览会开幕式上的致辞，http：//www.caexpo.org/gb/news/zdnews/9th/caexpo_km/hynews/t20120921_103521.html。

⑥ 中国网：2013 年第十届中国—东盟博览会开幕式现场直播文字实录，http：//webcast.china.com.cn/webcast/created/15505/152_1_0101_desc.htm。

⑦ 中国—东盟博览会官网：各方对第十一届中国—东盟博览会的评价，http：//www.caexpo.org/html/2014/bolanhuidongtai_0929/205832.html。

度评价，“10 年来，中国—东盟博览会在区域一体化进程中发挥了重要作用”，并认为推动贸易投资便利化、开放的政策对话以及加强各参与国之间的有效协调，可以促进经济的增长，有世界范围的意义。①

近年来，中国边疆地区博览会关注次区域合作开发，也为区域相互依存和共同发展提供了新的动力。中国—南亚博览会诞生伊始就将服务中国和南亚地区的区域一体化作为自己的使命，并持续关注孟中缅印经济走廊建设和大湄公河次区域开发，形成了自己在中国边疆地区博览会中独特的定位和优势。中国—亚欧博览会同样关注中国和中亚国家在建设丝绸之路经济带的合作，并且和上海合作组织开展了密切的合作。② 中国—东北亚博览会则重点聚焦大图们江国际合作开发，通过在旅游、交通、通信、资源等领域的不间断活动，占据了次区域合作的主导地位。

**表 4-3　中国边疆地区博览会推动周边一体化进程③**

| 博览会名称 | 博览会正式举办年份 | 自贸区有无、类型和建成年份 | 更高级别合作有无 | 备注 |
|---|---|---|---|---|
| 中国—东盟博览会 | 2004 年 10 月 | 有，多边、双边，2010 年 | 有，自贸区升级版/RECP | 一体化的主导力量 |
| 中国—亚欧博览会 | 2011 年 9 月 | 无 | 无 | |
| 中国—南亚博览会 | 2013 年 6 月 | 有，双边（中巴自贸区）2009 年 | 无 | 中印、中斯自贸区正在谈判 |
| 中国—东北亚博览会 | 2013 年 9 月 | 有，双边（中韩自贸区）2015 年 | 无 | 中日韩自贸区正在谈判 |

信息来源：①http：//fta.mofcom.gov.cn/。②http：//www.caexpo.org/。③http：//www.csaexpo.cn/。④http：//www.neasiaexpo.org.cn/。⑤http：//www.caeexpo.org/。

## 二、促进社会文化领域的广泛合作

中国边疆地区博览会不仅关注和推动区域经济一体化，而且也同样重视在社会文化整合中发挥作用。

① 中国—东盟博览会官网：各方对第十一届中国—东盟博览会的评价，http：//www.caexpo.org/html/2014/bolanhuidongtai_0929/205832.html。

② 中国—亚欧博览会诞生伊始就十分重视自身在亚欧大陆桥上的重点节点作用，历次博览会都举办了许多相关活动，也和上海合作组织开展了论坛活动的组织管理工作。详细参见天山网相关报道，比如，亚欧博览会“上合日”，秘书长伊玛纳利耶夫在接受采访，http：//news.ts.cn/content/2012-09/04/content_7203677.htm。

③ 表 4-3 系作者根据商务部中国自由贸易区服务网、中国—东盟博览会、中国—亚欧博览会、中国—南亚博览会、中国—东北亚博览会等官方网站的信息整理制作而成。

首先，中国边疆地区博览会高度重视区域一体化进程中科技的作用，利用科技推动了中国和周边地区社会文化领域的合作进程。中国在电信、导航、高铁技术装备、新能源、互联网、现代农业等领域拥有一定的技术优势，也是中国边疆地区博览会展示和宣传的重点领域。近两年来，中国北斗导航系统成为中国—东盟博览会最为活跃的参展商，不仅举办北斗专题展，而且深度参与中国—东盟港口城市合作网络论坛、中国技术转移与创新合作大会和博览会其他主题活动，广泛展示了北斗导航系统在地区反恐、救灾减灾、海洋安全、交通旅游和经济社会各领域的应用前景，主动融入中国—东盟技术转移中心，成功实现在东南亚地区的初步应用和产业化。[①] 北斗导航系统走进东盟将开创中国提供区域公共安全产品的新格局[②]，形成中国和周边地区一体化进程中的新的产品福利模式。未来，中国的电信技术、高铁技术等向周边地区的输出也必将促进区域一体化更加立体的展开。

**表 4-4　中国边疆地区博览会社会文化领域一体化建设成果[③]**

| 论坛机制 | 主办 | 共识 | 一体化机制或机构 |
|---|---|---|---|
| 中国—东盟妇女论坛 | 中国妇联 | 中国—东盟妇女友好宣言（2006），南宁宣言（2008） | 中国—东盟妇女论坛两年一届；中国—东盟妇女培训中心（2007） |
| 中国—东盟人才资源开发合作论坛 | 中国人事部、广西壮族自治区政府 | 2007 | 中国—东盟青少年培养基地；中国—东盟人才资源开发与合作广西基地 |
| 中国—东盟社会发展与减贫论坛 | 国务院扶贫力、广西壮族自治区政府 | 《南宁倡议》（2007）；《南宁倡议》（2008） | 中国—东盟社会发展与减贫论坛机制 |
| 中国—东盟新闻部长会议 | 国务院新闻办公室和印度尼西亚通信和信息部 | 中国与东盟新闻媒体合作谅解备忘录（2008） | |
| 中国—东盟出版博览会 | 中国新闻出版广电总局和广西壮族自治区政府 | 中国—东盟出版界南宁共识（2011） | |
| 中国—东盟职业教育联展暨论坛 | 教育部和广西壮族自治区政府 | 2012 | 成立中国—东盟教育培训中心；成立东盟职业教育研究院 |
| 中国—东盟汽车拉力赛暨中国—东盟媒体汽车拉力赛 | 国家体育总局、广西壮族自治区人民政府 | 2006 | 中国—东盟体育交流合作中心、中国—东盟体育信息中心 |

① 观察者网：中国北斗卫星导航系统首次海外应用获好评，泰国欲建 200 基站，http：//www.guancha.cn/Science/2013_12_18_193377.shtml。

② 凤凰网：北斗卫星导航系统加速走向东盟，http：//news.ifeng.com/mainland/detail_2013_09/05/29349790_0.shtml。

③ 表 4-4 系作者根据中国政府网、新华网、人民网、中国新闻网、中国—亚欧博览会官网、中国—东北亚博览会官网等报道或者历届展会总结信息整理而成。

续表

| 论坛机制 | 主办 | 共识 | 一体化机制或机构 |
|---|---|---|---|
| 中国—东盟青年企业家论坛 | 中华全国青年联合会 | 南宁宣言（2008） | 建立中国—东盟青年企业家协会 |
| 中国—东盟环境合作论坛 | 国家环保部、广西壮族自治区政府 | 2011 | 建设中国—东盟环保技术和产业合作基地 |
| 中国—东盟文化论坛 | 国家文化部、广西壮族自治区 | 东亚图书馆合作倡议（2012） | |
| 中国—东盟智库论坛 | 中国社会科学院和广西壮族自治区政府 | 关于携手共建中国—新加坡经济走廊的南宁共识（2014） | 推动成立亚洲基础设施投资银行 |
| 中国—南亚国家科技部长会议 | 国家科技部、云南省政府 | 2014 | 中国—南亚技术转移中心 |
| 中国—南亚智库论坛 | 中国社会科学院、云南省人民政府 | 昆明共识（2013） | 机制化 |
| 南亚援外高官论坛 | 商务部援外司 | 2014 | 机制化 |
| 中国—亚欧博览会媒体论坛 | 国务院新闻办 | 2011 | 机制化 |
| 上合组织青年交流活动 | 全国青联、新疆维吾尔自治区政府 | 2011 | 机制化 |
| 中外文化展示周 | 文化部、新疆维吾尔自治区人民政府 | 2011 | 机制化 |
| 联合国开发计划署中国绿色发展国际论坛 | 联合国开发计划署、中国国际经济技术交流中心等 | 2014 | 机制化 |
| 大图们倡议东北亚旅游论坛 | 大图们倡议秘书处、吉林省旅游局等 | 2012 | 机制化 |
| 东北亚智库论坛 | 中国社会科学院、吉林省人民政府 | 2009 | 机制化 |
| 东北亚地方合作委员会会议 | 吉林省政府等 | 2013 | 机制化 |

信息来源：①http：//www.xinhuanet.com/。②http：//www.people.com.cn/。③http：//www.chinanews.com/。④http：//www.caexpo.org/。⑤http：//www.neasiaexpo.org.cn/。

其次，中国边疆地区博览会在社会发展和减贫扶贫领域发挥了重要的影响力，使中国和周边地区在发展经验和发展模式上获得了高度的共识。2007 年首届中国—东盟社会发展与减贫论坛在广西南宁召开以来，先后在中国、越南、印度尼西亚等国举行，推进了中国和东盟各国减贫和社会发展的进程。第一届中国—东盟社会发展与减贫论坛通过《南宁倡议》指出，“推进中国和东盟的减贫和社会发展进程，实现各国内部和区域各国的均衡发展，不仅是中国和东盟国家政策制定者、理论研究者和发展实践者的事业，更需要区域外发达国家和国际多边、双边援助机构的共同参与”。[①] 第二届中国—东盟社会发展与减贫论坛通过了旨在应对粮价攀升和自然灾害的《南宁倡议》，呼吁共同面对中国和东盟减贫的艰巨挑战，建立防范经济风险和自然灾害的国内政策体系和区域合作机制，并完善中国—东盟社会发展与减贫论坛的机制。[②] 第三届、第四届中国—东盟社会发展与减贫论坛分别针对全球经济衰退、自由贸易区建设对减贫工作的影响进行了探讨，认为各国政府应该加大对社会保障的投入，以保障贫困群体的基本生活并进一步促进经济可持续增长，并进行针对性的专项减贫工作，比如产业化扶贫、贫困劳动力的各种教育等，将自由贸易和经济一体化充分演化为减贫的机会和动力。[③] 第五届、第六届、第七届和第八届中国—东盟社会发展与减贫论坛相继在“经济增长与减贫”、“包容性增长与减贫”、“城镇化进程与减贫”和“区域合作与减贫”等主题下交流各国的检验，探讨中国和东盟各国政府社会发展和减贫的新思路。

再次，中国边疆地区博览会特别重视教育合作，尤其是高等教育的合作对区域一体化中产生了巨大的影响。中国—东盟博览会框架下的中国—东盟职业教育展暨论坛以构建中国和东盟职业教育合作高地为目标，展示中国和东盟职业教育的成果和对接需求，为中国和东盟一体化提供人才支撑。目前，已经建立了中国—东盟教育培训中心[④] 和中国—东盟职业教育研究院，为中国和东盟职业教育的发展提供了机构保障。

最后，中国边疆地区博览会在现代服务业领域，特别是旅游、环境、文化、体育等领域的持续关注，形成了区域一体化新的领域和进程。中国—东盟博览会框架下的中国—东盟环境合作论坛、中国—东盟妇女论坛、中国—东盟人力资源论坛、中国—东盟新闻部长论坛、中国—东盟国际汽车拉力赛、中国—东盟文化论坛和中国—东盟青年企业家论坛等机制，不仅定期召开，探讨有关领域的议题，而且注重相关领域合作的制度化和机制化的建设，并且推动建立了许多行之

---

① 中国政府网：中国与东盟发表《南宁倡议》推进社会发展与减贫，http：//www.gov.cn/jrzg/2007-10/31/content_791943.htm。

② 中国政府网：第二届中国—东盟社会发展与减贫论坛通过《南宁倡议》，http：//www.gov.cn/jrzg/2008-11/05/content_1140952.htm。

③ 中国网：第三届中国—东盟社会发展与减贫论坛在河内召开，http：//www.china.com.cn/international/txt/2009-09/29/content_18623599.htm，广西新闻网：第四届中国—东盟社会发展与减贫论坛在桂林举行，http：//news.gxnews.com.cn/staticpages/20100714/newgx4c3d7387-3103749.shtml。

④ 中国—东盟教育培训中心是国家级对东盟教育培训基地，旨在为东盟培养经济社会发展方面所需人才，促进中国和东盟的人文领域交流合作，不断充实中国和东盟的战略伙伴内涵。目前，已经审批通过两批高校，共计 30 所高校人选该计划。详细内容参见新华网报道：中国—东盟教育培训中心再增 20 个承办高校，http：//www.gx.xinhuanet.com/newscenter/dm/2015-01/13/c_1113981644.htm。

有效的专业机构，真正推动了中国和东盟国家在环境保护、新闻出版、妇女权益、青少年教育、体育赛事、青年领袖等领域的交流和合作。中国—亚欧博览会、中国—南亚博览会和中国东北亚博览会虽然在机制化和制度化的建设方面有所不足，但是也努力在旅游、文化、新闻和青年等方面开展区域合作收获不小的成果。

## 第二节 对中国周边地缘战略环境的影响

中国边疆地区博览会着眼于中国周边战略而兴起，不仅推动了中国和周边地区的一体化进程，而且较好地落实了中国“睦邻、安邻、富邻”的周边政策，比较明显地改善了中国的周边地缘战略环境，创造了中国和谐、稳定的周边环境。

### 一、周边地缘政治环境的改善

#### （一）加强了领导人外交

中国边疆地区博览会比较重视国家领导人参与对于提升博览会层次、规格和影响力的作用，因此经常推动国家元首、政府首脑等领导人出席。与此同时，一些国家元首、政府首脑等领导人也经常借助出席中国边疆地区博览会开展政治或者安全对话，这就帮助中国边疆地区博览会逐渐成为开展中国与周边地区开展首脑外交的重要平台。①

**表 4–5 历届中国—东盟博览会各国领导人出席情况统计②**

| 届别 | 各国或地区领导人 | 国际组织领导人 |
| --- | --- | --- |
| 第 1 届 | 国务院副总理吴仪、全国政协副主席李兆焯、黄孟复、柬埔寨首相洪森、老挝总理本扬、缅甸总理梭温、越南副总理范家谦、泰国副总理披尼、柬埔寨国务大臣占蒲拉西（共 9 位，其中中国 3 位，东盟 6 位） | 东盟秘书长王景荣 |
| 第 2 届 | 国家副主席曾庆红、柬埔寨首相洪森、缅甸总理梭温、老挝国家副主席朱马里、泰国第一副总理颂奇、越南常务副总李阮晋勇、柬埔寨国务大臣占蒲拉西（共 7 位，中国 1 位，东盟 6 位） | 东盟秘书长王景荣 |

① 关于博览会是中国和周边国家开展首脑外交的重要平台的说法最早出自中国—亚欧博览会，并被其他博览会所认可。

② 表 4–5 系作者根据新华网、中国政府网、人民网、中国新闻网公开报道资料以及中国—东盟博览会官网总结报告等整理分类制作而成。

续表

| 届别 | 各国或地区领导人 | 国际组织领导人 |
|---|---|---|
| 第 3 届 | 国务院总理温家宝、全国人大副委员长、全国妇联主席顾秀莲、全国政协副主席李兆焯、柬埔寨首相洪森、老挝总理布阿索内、越南总理阮晋勇、缅甸总理梭温、新加坡总量李显龙、马来西亚总理巴达维、泰国总理素拉育、印度尼西亚总统苏西洛、东盟轮值主席国菲律宾总统阿罗约、文莱苏丹哈桑纳尔、柬埔寨副首相贺南洪、老挝副总理通伦·西苏里、柬埔寨国务大臣占蒲拉西（共 16 位，中国 3 位，东盟 13 位） | 东盟秘书长王景荣 |
| 第 4 届 | 国务院副总理曾培炎、柬埔寨首相洪森、老挝总理布阿索内、越南总理阮晋勇、柬埔寨国务大臣占蒲拉西、文莱王储穆赫塔迪·比拉（共 7 位，中国 1 位，东盟 6 位） | 东盟秘书长王景荣、世界银行副行长乔伊·普曼菲 |
| 第 5 届 | 国务院副总理王岐山、全国政协副主席李兆焯、全国人大副委员长、全国妇联主席顾秀莲、柬埔寨首相洪森、缅甸总理吴登盛、老挝国家副主席本扬、越南副总理黄忠海、菲律宾众议长普洛斯培·诺格拉雷斯、文莱公主玛斯娜、柬埔寨副首相贺南洪、柬埔寨国务大臣占蒲拉西（共 11 位，中国 3 位，东盟 8 位） | 东盟秘书长素林、联合国贸发会议秘书长素帕猜 |
| 第 6 届 | 国务院副总理李克强、老挝总理波松、越南常务副总理阮生雄、缅甸国家和平与发展委员会第一秘书长丁昂敏乌、柬埔寨国务大臣占蒲拉西、菲律宾众议长诺格拉雷斯（共 6 位，中方 1 位，东盟 5 位） | 东盟秘书长素林、联合国贸发会议副秘书长佩特科·德拉加诺夫 |
| 第 7 届 | 全国政协主席贾庆林、印度尼西亚副总统布迪约诺、老挝副总理阿桑·劳里、越南副总理张永仲、柬埔寨国务大臣占蒲拉西（共 5 位，中方 1 位，东盟 4 位） | 联合国工发组织执行总干事隋晕 |
| 第 8 届 | 国务院总理温家宝、柬埔寨首相洪森、马来西亚总理纳吉布、缅甸副总统吴丁昂敏乌、老挝副总理宋沙瓦、泰国副总理吉迪拉、越南副总理阮春福、柬埔寨国务大臣兼商业部长占蒲拉西（共 8 位，中方 1 位，东盟 7 位） | 东盟秘书长素林 |
| 第 9 届 | 国家副主席习近平、全国政协副主席万钢、缅甸总统吴登盛、老挝总理通辛、越南总理阮晋勇、泰国副总理吉迪拉、马来西亚副总理穆希丁、柬埔寨国务大臣兼商业部长占蒲拉西（共 8 位，中方 2 位，东盟 6 位） | 联合国贸发会议秘书长素帕猜、东盟副秘书长林康宪 |
| 第 10 届 | 国务院总理李克强、国务委员杨晶、全国政协副主席万钢、缅甸总统吴登盛、柬埔寨首相洪森、老挝总理通辛、泰国总理英拉、越南总理阮晋勇、新加坡副总理张志贤、泰国副总理素拉篷、泰国副总理尼瓦塔隆、柬埔寨国务大臣占蒲拉西（共 12 位，中方 3 位，东盟 9 位） | 东盟秘书长黎良明 |
| 第 11 届 | 国务院副总理张高丽、柬埔寨首相洪森、新加坡总理李显龙、老挝国家副主席本扬、缅甸副总统年吞、泰国副总理兼外长他那萨、越南副总理兼外长范平明（共 7 位，中方 1 位，东盟 6 位） | 东盟副秘书长林康宪、世贸组织副总干事易小准 |
| 合计 | 96 位，中方 20 位，东盟 76 位 | 16 位 |

信息来源：①http：//www.xinhuanet.com/。②http：//www.people.com.cn/。③http：//www.chinanews.com/。④http：//www.gov.cn/。⑤http：//www.caexpo.org/。

中国边疆地区博览会推动中国和周边地区开展领导人外交的效果明显。如表 4-5 所示，在东南亚方向，中国—东盟博览会举办 11 年来，共有 96 位中国和东盟各国领导人出席，其中中国领导人 20 位，东盟各国领导人 76 位，创造了各国领导人连续出席博览会的世界纪录。出席中国—东盟博览会次数最多的东盟国家是柬埔寨、老挝和越南都达到 11 届全部出席，但是柬埔寨出席 20 次，其中仅柬埔寨首相洪森出席就达 8 次之多。缅甸出席 9 次，其中 2 次是总统出席，4次是总理出席，2 次是副总统出席，1 次副总理出席，显示了和中国高度的政治互信水平。泰国出席 7 次，虽然名次靠后，但是最近 4 次都有领导人出席，而且规格很高，显示了最近四年来中国和泰国政治关系的改善和提高。新加坡、马来西亚、菲律宾和文莱都是出席 3 次，马来西亚和新加坡总理出席 2 次，副总理出席 1 次，菲律宾总统出席 1 次，众议长出席 2 次。印度尼西亚出席 2 次，总统、副总统各出席 1 次。

在南亚方向，中国—南亚博览会也同样促进了双边领导人之间的互访。如表4–6 所示，中国南亚博览会举办的 2 次，共有 14 位中国和南亚国家领导人出席，其中中方领导人 3 位，南亚国家领导人 6 位。出席中国—南亚博览会届数最多的南亚国家是尼泊尔和斯里兰卡，两届都有出席，尼泊尔是副总统和总理出席，显示了中国对尼泊尔的政治影响力。斯里兰卡分别是总理和副议长带团出席，显示了中国和斯里兰卡在政府和议会层面的政治友好关系。但是相比中国—东盟博览会的全员参与，显然中国—南亚博览会还有很长的路要走。

在中亚、西亚方向，中国—亚欧博览会得到的来自中央政府的支持显然更多，在上海合作组织之外，成功地搭建了中国和中亚国家间极为重要的政治对话平台。中国—亚欧博览会尽管一开始定位存在一定程度的模糊，但是依然推动了地缘政治环境的改善，如表 4–6 所示，举办四届以来共吸引 24 位中外领导人出席，其中中国有 5 位领导人出席，中亚国家有 9 位领导人出席，西亚国家和南亚国家领导人分别有 3 位出席，其他地区领导人有 4 位，值得指出的是吉尔吉斯斯坦领导人连续 4 次都有出席，而且都是总统或者总理亲自带团出席显示出中国在中亚地缘政治的影响力增长。哈萨克斯坦领导人仅第 3 次缺席，最近两届都是知华派总理卡里姆·卡西莫夫[①] 亲自带团出席，也凸显了中国和哈萨克斯坦日益亲近的地缘政治关系。塔吉克斯坦领导人出席了 2 次博览会，显示中国和塔吉克斯

① 卡里姆·马西莫夫是哈萨克斯坦著名的知华派领导人，精通汉语、俄语阿拉伯语等语言。马西莫夫年轻时曾经在中国求学、工作，马西莫夫先后在北京语言文化大学和武汉大学求学，获武汉大学法学学士学位，历任苏联驻华使馆商务处法律顾问（1991）、哈萨克斯坦外经贸部驻中国新疆乌鲁木齐办事处专家（1992~1993）、哈萨克斯坦贸易之家驻香港执行经理等职，2007 年开始担任哈萨克斯坦总理。综合新华网和中国机构编制网资料，详细参见新华网：哈萨克斯坦总理马西莫夫，http：//news.xinhuanet.com/ziliao/2012–03/29/c_122905892.htm，中国机构编制网：哈萨克斯坦国家概况，http：//news.xinhuanet.com/ziliao/2012–03/29/c_122905892.htm。

坦战略关系的发展。乌兹别克斯坦和土库曼斯坦至今还没有出席过中国—亚欧博览会，也显示出中国周边地缘政治环境改善的空间。

**表 4-6　历届亚欧博览会、南亚博览会和东北亚博览会领导人出席情况统计**①

| 历届中国—亚欧博览会领导人出席情况 | | |
|---|---|---|
| 届别 | 各国或地区领导人 | 国际组织领导人 |
| 第 1 届 | 国务院副总理李克强、巴基斯坦总统扎尔达里、吉尔吉斯共和国总统萝扎·奥通巴耶娃、阿塞拜疆共和国副总理阿比德·沙里福夫、哈萨克斯坦共和国副总理阿谢特·伊谢克舍夫、全国人大副委员长司马义·铁力瓦尔地、中国香港特别行政区行政长官曾荫权、中国澳门特别行政区行政长官崔世安 | 联合国贸易和发展会议秘书长素帕猜·帕尼奇帕克迪、联合国工业发展组织执行干事迪米特里·彼斯科诺夫、上海合作组织秘书长穆拉特别克·伊马纳利耶夫 |
| 第 2 届 | 国务院总理温家宝、吉尔吉斯共和国总统阿尔马兹别克·阿塔姆巴耶夫、马尔代夫共和国总统穆罕默德·瓦希德、柬埔寨王国首相洪森、哈萨克斯坦共和国总理卡里姆·马西莫夫、塔吉克斯坦共和国总理阿基尔·盖布拉耶维奇·阿基洛夫、阿富汗第二副总统穆罕默德·卡里姆·哈利利、土耳其共和国副总理阿里·巴巴詹 | 上海合作组织秘书长伊马纳利耶夫 |
| 第 3 届 | 国家副主席李源潮、吉尔吉斯共和国总理萨特巴尔季耶夫、塔吉克斯坦共和国第一副总理达夫托拉夫、蒙古国国家大呼拉尔副主席贡其格道尔吉 | 联合国开发计划署署长克拉克、上合组织副秘书长诺斯罗夫、杜舍巴耶夫 |
| 第 4 届 | 国务院副总理汪洋、哈萨克斯坦总理卡里姆·马西莫夫、吉尔吉斯斯坦总理卓奥马尔特·奥托尔巴耶夫、格鲁吉亚副议长兹维亚德·基吉古里 | 联合国工业发展组织总干事李勇先生、上合组织秘书长梅津采夫先 |
| 合计 | 24 位，中方 5 位，中亚 9 位，西亚 3 位，南亚 3 位，东北亚 1 位，东南亚 1 位，中国港澳 2 位 | 9 位 |
| 历届中国南亚博览会领导人出席情况 | | |
| 第 1 届 | 国务院副总理马凯、马拉维总统班达、尼泊尔副总统贾阿、斯里兰卡总理贾亚拉特纳、越南副总理武文宁、老挝副总理宋沙瓦 | 南盟秘书长萨利姆 |
| 第 2 届 | 国务院副总理汪洋、全国政协副主席万钢、尼泊尔总理苏希尔·柯伊拉腊、孟加拉国总理谢赫·哈西娜、马尔代夫副总统穆哈默德·贾米尔·艾哈迈德、老挝副总理宋沙瓦·凌沙瓦、斯里兰卡副议长昌迪玛·维拉科迪 | 南盟秘书长阿琼·塔帕 |
| 合计 | 14 位，中方 3 位，南亚 6 位，东南亚 3 位，非洲 1 位 | 2 位 |
| 中国—东北亚博览会领导出席情况 | | |
| 第 9 届 | 全国政协副主席、中央对外联络部部长王家瑞、蒙古国大呼拉尔副主席米·恩赫包勒德、泰国副总理兼商务部部长尼瓦塔隆·汶颂派汕、匈牙利国会副议长乌伊海伊·伊斯特万、波黑议会代表院第一副主席 | — |
| 合计 | 5 位领导人出席，其中中方 1 位，东北亚国家 1 位，东南亚国家 1 位，欧洲国家 2 位 | — |

信息来源：①http：//www.csaexpo.cn/。②http：//www.neasiaexpo.org.cn/。③http：//www.caeexpo.org/。④www.iyaxin.com/。⑤http：//www.yndaily.com/。⑥http：//www.xinhuanet.com/。

① 表 4-6 系作者根据新华网、亚心网、云南日报的相关报道以及中国—亚欧博览会官网和中国—东北亚博览会官网历届资料整理制作而成。

特别需要指出，中国周边国家并没有完全按照中国边疆地区博览会的划分来参加，而是有选择性的参与，这是中国边疆地区博览会中一个比较值得重视的现象。比如，与中国接壤的南亚国家巴基斯坦和阿富汗因为在新疆与中国接壤选择出席中国—亚欧博览会，而并没有出席在云南的中国—南亚博览会，显然是处于地缘政治和地缘文化的考虑。但是还存在一种情况，像蒙古国既参与在吉林长春的中国—东北亚博览会，也出席在新疆乌鲁木齐的中国—亚欧博览会，这是蒙古国独特的地理位置所决定的，当然也和与中国的战略伙伴关系不断提升有关。

**（二）吸引区域内国际组织的积极参与**

中国边疆地区博览会的发展和影响力的提升，日益引起国际组织的关注，越来越多的国际组织参与到中国边疆地区博览会的组织中，这是中国边疆地区博览会不同于其他类型博览会的一个重要特征。

参与中国边疆地区博览会的国际组织类型多种多样，既有全球性的国际组织，也有地区性的国际组织，既有政治安全类的国际组织，也有经济类的国际组织，并且以政府间国际组织为主，这凸显了中国边疆地区博览会的政府主导型特征，反映了中国及周边地区在经济发展方式上依赖政府主导的共同的发展路径，也在一定程度上揭示了中国边疆地区博览会所具有的政治、经济和文化等复合型功能日益得到重视和认可。

参与中国边疆地区博览会的主要是综合性的地区国际组织，参与方式以共同主办，或者协办为主。东南亚国家联盟从第一届中国—东盟博览会起，就作为主办方之一参与到中国—东盟博览会的筹备、策划和组织中。如表 4-5 所示，在已经举行的全部十一届中国—东盟博览会中，东盟秘书长亲自带团出席的达到 9 届之多，东盟副秘书长带团出席有一届，只有 2010 年第七届中国—东盟博览会缺席。东盟秘书处对中国—东盟博览会的重视体现了中国—东盟博览会日益增强的地缘战略意义。2011 年 10 月 20 日时任东盟秘书长素林在会见广西壮族自治区主席郭声琨时表示，中国—东盟博览会是中国和东盟友谊的最好象征，是东盟在所有对话伙伴中唯一一个与中国共同主办的每年一届的博览会。[①] 2013 年 9 月 3 日泰国总理英拉在中国—东盟博览会致辞中评价中国—东盟博览会不断加强东盟与中国的战略伙伴关系，中国与东盟的关系是东亚合作中最重要的一环，而且有

---

① 中国新闻网：东盟秘书长：中国—东盟博览会是友谊的象征，http：//www.chinanews.com/gn/2011/10-20/3403030.shtml。

利于促进地区稳定和繁荣。[①]

上海合作组织是亚欧大陆重要的政治安全组织，也是中国—亚欧博览会的积极参与者，它的参与帮助中国—亚欧博览会提升了在中亚、西亚和南亚的地缘政治地位和影响。如表 4-6 所示，上海合作组织领导人连续四届出席中国—亚欧博览会，其中秘书长亲自带团三届，副秘书长带团出席一届，体现了上海合作组织对中国—亚欧博览会在地缘战略中地位的高度重视。上海合作组织参与中国—亚欧博览会的方式是在中国—亚欧博览会的框架下举办上海合作组织商务日，通过这种方式落实上海合作组织成员国首脑在经济方面提出的任务。2013 年 9 月 1 日上海合作组织秘书长伊马纳利耶夫评价说，通过举办中国—亚欧博览会，新疆已经成为中亚、西亚和南亚经济文化发展中心，上海合作组织商务日有助于消除区域合作障碍。[②]

国际组织，特别是区域国际组织对中国—南亚博览会和中国—东北亚博览会区的参与程度还不够深入，但是在一定程度上促进了地缘政治环境的改善。南盟秘书处高度重视中国—南亚博览会的作用，不仅秘书长带团出席了前两届的博览会开幕式及其相关活动，而且协办了中国—南亚商务日活动。

**（三）边疆地区博览会的地区倾向性更为明显**

中国边疆地区博览会一经产生就带有明显的地区性倾向，不仅成功地推动了中国周边区域一体化的进程，而且成功地带动博览会转型，日益成为一种地区治理的孵化器和区域一体化温和的载体。

尽管西方历史上在边疆地区或者殖民地举办过博览会，比如，1915 年美国在西海岸旧金山举办过巴拿马太平洋博览会，1902 年法国在越南河内举办过法兰西河内世界博览会，但是这些博览会和中国边疆地区博览会不仅有着本质的不同，也在政治价值取向上有着明显的区别，[③] 简单来说，近代西方历史上的边疆地区或者殖民地的博览会都不以区域主义为主要特征。

中国边疆地区博览会着眼于中国周边地区的整合，逐步形成了以中国为中心，以东南亚为先导，以中亚为坚固后盾，南亚和东北亚快速跟进的中国周边区域一体化格局，是中国第一次成功主导建立的环周边地缘战略体系。中国边疆地

① 中国网：第十届中国—东盟博览会现场直播文字实录，http：//webcast.china.com.cn/webcast/created/15505/152_1_0101_desc.htm。

② 亚心网：专访上海合作组织秘书长：亚欧博览会与上合的原则不谋而合，http：//news.iyaxin.com/content/2012-09/04/content_3598039.htm。

③ 西方历史上的博览会大都以纪念历史上的特殊事件或者节日为直接目的，更深层次的考虑则是通过庆典式的博览会延续历史记忆和维系当前的统治合法性，强化人们的认同。

区博览会的兴起不仅带动了中国边疆省份的社会经济发展，而且带动了周边国家的社会经济发展，使周边国家能够比较方便地通过博览会的平台进入中国的市场，得到中国的技术和资金，并且使地区主义在周边国家中获得广泛认可。如表4-5 和表 4-6 所示，中国边疆地区博览会基本上都得到了地区性国际组织的高度支持和认可，中国—东盟博览会得到东盟秘书处的高度参与，中国—南亚博览会也被南盟秘书处视为推动南盟机制化的有利因素，能够帮助南亚实现全面复兴，上海合作组织同样视中国—亚欧博览会为促进成员国经贸合作的“新的更有效的”平台①，是对自己地区合作功能的有益补充。

## 二、周边地缘经济环境的改善

### （一）中国边疆地区博览会的经济外交功能增强

中国边疆地区博览会在中国周边经济外交中的地位越来越高。中国边疆地区博览会是中国和周边地区区域经济合作的新类型，既服务了中国和周边各个地区的贸易合作，又推动了中国和周边地区的经济一体化进程，成为中国重要的经济外交手段，也成为开展地缘经济外交的舞台。2003 年，温家宝在第七次中国与东盟领导人会议上提出，“为了推动双方商界的合作，中方建议从 2004 年起每年在广西南宁举办中国—东盟博览会”。2007 年，越南总理阮晋勇认为，中国—东盟博览会将大力促进中国—东盟自贸区的形成，这对中国和东盟是共赢的。2009 年，东盟秘书长素林认为，在美国金融危机的背景下，中国市场继续保持开放，就是对东南亚国家的帮助。中国—东盟博览会是区域合作一个很好的例子，应该进一步扩大博览会的影响，进一步扩大博览会的作用，通过博览会我们可以扩大贸易，增加投资，进一步推动我们在服务领域的合作。2012 年，习近平针对中国—东盟博览会在中国与东盟交往中的地位和作用做了概括，认为中国—东盟博览会不但是中国与东盟 10 国共同搭建的经贸等领域的大平台，也是中国—东盟自贸区建设的推进器。

在东南亚方向，中国—东盟博览会举办 10 年以来，不仅成功地推动中国与东盟自贸区的发展，而且形成的十几个领域的合作机制，将中国和东盟的合作拓展到农业、科技、文化、旅游、交通、金融、投资等领域，形成了颇具特色的东南亚区域贸易治理网络。截至 2013 年，中国东盟博览会共吸引 39.8 万客商参

---

① 新华网：上海合作组织秘书长：亚欧博览会将为该组织经贸合作提供更有效平台，http：//news.xinhuanet.com/fortune/2011-08/30/c_121933841.htm。

会，贸易成交额达到 154.78 亿美元，国际项目签约额达到 664.36 亿美元，不仅推动了中国和东盟贸易的发展，提升了中国和东盟的相互依存度，而且加深了中国和东盟一体化的程度。[①]

中亚方向，中国—亚欧博览会举办四年以来，已经成为中国和中亚国家在上海合作组织以外又一个重要的经济合作平台。2013 年第三届中国—亚欧博览会共吸引 1560 多家国内外企业参展，纯展出面积接近 4300 个标准展位，境外参展企业 133 家，超过 30000 名客商与会，形成 45.84 亿美元的贸易成交额，形成了新疆外贸大进大出的格局。另外，新疆招商引资效果也非常明显，国际合作项目成交额达到 10.54 亿美元，国内合作项目成交额更是突破 7200 亿元，不仅强有力地推动了新疆的对外开放型经济发展，而且有力地推动了西部大开发战略向纵深发展。

在东北亚方向，中国—东北亚博览会成为地缘经济合作的重要平台。根据博览会官方统计，2013 年第九届中国—东北亚博览会期间，共举办 30 场大型对接洽谈活动，273 场小型多样化的对接洽谈活动，参与对接国内外客商 9200 多人次，洽谈项目 2300 个，有力地支援了吉林省开放型经济的塑造。[②] 不仅如此，博览会非常关注东北亚的区域合作和次区域开发。2013 年第九届中国—东北亚博览会期间，举行了东北亚地方政府合作委员会第一次会议、第二届东北亚商协会国际合作会议和第二届“大图们江倡议”东北亚旅游论坛等，推动了基于地缘经济的地方政府外交、民间外交和东北亚旅游一体化进程。

中国—南亚博览会逐步成为中国和南亚国家间开展地缘经济合作的重要舞台。2013 年第一届中国—南亚博览会共吸引 1200 多家国内外企业参展，纯展出面积达到 2420 个标准展位，其中国外企业占 32.3%，吸引了 51000 多名客商参会，实现贸易成交额 174.6 亿美元[③]，显示了中国和南亚地缘经济的巨大活力。与此同时，中国—南亚博览会关注并设计了一系列针对南亚地缘经济合作的会议活动。博览会期间举办了南亚国家投资促进会、南亚商品采购大会、中国—南亚商务会议和中国—南亚经贸高官论坛等活动，涵盖了地缘经济合作中的商品贸易、服务贸易和投资合作，并且形成机制化的区域商贸高官定期会晤机制。

---

① 中国—东盟博览会官网：第十届专题回顾，http：//www.caexpo.org/gb/zhuanti/hg10th/。

② 中国—东北亚博览会官网：第九届中国—东北亚博览会，http：//www.neasiaexpo.org.cn/contents/5/425.html。

③ 数字来源于中国—南亚博览会执委会：南博执发［2014］号文件。

## （二）强化了中国对区域一体化的主导权

中国边疆地区博览会代表了一种新的博览会地区指向办展思路，反映在经济方面，则是中国通过举办边疆地区博览会实现了对区域一体化的主导。

在东亚区域一体化过程中，中国—东盟博览会成功地帮助中国实现了对东亚一体化进程的主导，并且帮助中国锻炼了对新的国际规则、国际制度和国际合作议程的制定能力。2009 年，面对世界经济危机的严峻形势和中国—东盟自贸区建设进程的客观要求，为了共同抵御金融危机的冲击，建立有利于中国—东盟的经贸合作的金融体系，中国—东盟博览会适时提出举办中国—东盟金融合作与发展领袖论坛的倡议并成功举办，成为中国和东盟金融合作的重要机制①，在推动人民币国际化、货币互换和资本合作方面发挥了不可替代的作用。2012 年，根据中国经济转型升级的需要，特别是制造业转型升级的需要，中国—东盟博览会倡导举办了中国—东盟先进制造业发展论坛，获得东盟各国的高度赞赏和参与，并最终形成《共同推进促进中国与东盟先进制造业合作发展倡议书》，为中国和东盟以先进制造业合作为重点，加快产业转型升级，实现区域经济共同体创造了条件。② 另外，中国—东盟互联互通③、中国—东盟自贸区升级版④、南宁—新加坡经济走廊等议题的提出也显示了中国在地区一体化进程中娴熟的议题创设能力。特别需要指出的是中国—东盟博览会在地缘经济方面的巨大影响力开始影响到区域外国家，从第十一届开始设立的特约贵宾国制度得到了其他国家的热情响应。⑤

中国—东盟博览会的成功同样影响到其他中国边疆地区博览会的运作。以中国—南亚博览会为例，中国—南亚博览会借鉴中国—东盟博览会全面关注商品贸易、服务贸易和投资贸易的经验以外，还重点设计了博览会同期的相关

---

① 东方财富网：中国—东盟金融合作与发展领袖论坛背景介绍，http：//finance.eastmoney.com/news/1586，20110923165310254.html。

② 新华网广西频道：中国和东盟共同倡议促进先进制造业合作发展，http：//www.gx.xinhuanet.com/newscenter/2012-09/22/c_113172487.htm。

③ 早在 2009 年温家宝总理在第十二次中国与东盟领导人会议上就提议，加强基础设施建设，构建互联互通的区域基础设施网络，并引起东盟的广泛共鸣。6 年来，中国—东盟博览会框架下的已经相继发展出机制化的涵盖交通、通信、海关、检验检疫等领域的完整的部长级论坛机制网络。中国—东盟互联互通议题的持续发展催生了亚洲基础设施投资银行和海上丝绸之路基金的构想，成为中国周边战略重大的突破。

④ 2013 年 9 月 2 日，李克强总理在广西南宁会见出席中国—东盟博览会各国领导人时提出打造中国—东盟自贸区升级版的战略设想，在随后的主旨演讲中更加细化了战略构想。这一战略构想迅速获得东盟各国领导人的热情拥护和支持。2014 年 8 月 26 日第 13 次中国与东盟经贸部长会议正式同意启动中国—东盟自贸区升级版谈判。

⑤ 中国—东盟博览会官网：第十一届东盟博览会澳大利亚代表团团长西蒙·非常期盼“海丝”主题早日实现，http：//www.caexpo.org/index.php？ m=content&c=index&a=show&catid=21606&id=205292。

活动[①]，力图通过创设新的合作议程和合作机制占据区域一体化的中心位置。

## 三、周边地缘文化环境的改善

### （一）提升了中国和区域内国家的文化交流水平

中国边疆地区博览会比较重视中国和周边地区的文化交流，在推动双边经贸关系发展的同时也在努力推动人文领域的交流合作，逐渐成为中国和周边国家文化交流的重要平台。

**表 4-7　历届中国—东盟博览会文化展示活动统计[②]**

| 届别 | 主题国 | 魅力城市 | 特约贵宾国 |
|---|---|---|---|
| 第二届 | | 中国北京、文莱斯里巴加湾、柬埔寨暹粒、印度尼西亚雅加达、老挝琅勃拉邦、马来西亚布城、缅甸曼德勒、菲律宾宿务、新加坡、泰国清迈、越南河内 | |
| 第三届 | | 中国上海、文莱斯里巴加湾、柬埔寨金边、印度尼西亚三宝垄市、老挝万象、马来西亚槟城、缅甸蒲甘、菲律宾马尼拉、新加坡、泰国孔敬市、越南胡志明市 | |
| 第四届 | 文莱 | 中国天津、文莱斯里巴加湾、柬埔寨西哈努克市、印度尼西亚巨港、老挝沙湾拿吉、马来西亚巴生、缅甸仰光、菲律宾苏比克湾、新加坡、泰国春武里府和越南下龙 | |
| 第五届 | 柬埔寨 | 中国苏州、文莱斯里巴加湾、柬埔寨金边、印度尼西亚万隆、老挝万象、马来西亚赛城、缅甸耶德纳崂、新加坡、泰国普吉、越南顺化 | |
| 第六届 | 老挝 | 中国的深圳、文莱的斯里巴加湾、柬埔寨的西哈努克、印度尼西亚的西加里曼丹、老挝的沙湾拿吉、马来西亚的古晋、菲律宾的怡朗市和卡加延德奥罗、缅甸的木姐、新加坡、泰国的沙没巴干、越南的芹苴 | |
| 第七届 | 印度尼西亚 | 中国广西钦州、文莱斯里巴加湾、柬埔寨磅湛省、印度尼西亚梭罗、老挝甘蒙、马来西亚马六甲、缅甸曼德勒、菲律宾三宝颜、新加坡、泰国清莱、越南大叻 | |
| 第八届 | 马来西亚 | 中国海南省、文莱斯里巴加湾、柬埔寨拉达那基里省、印度尼西亚西巴布亚省、老挝占巴塞省、马来西亚柔佛州、缅甸内比都、菲律宾普林塞萨港、新加坡、泰国孔敬、越南会安市 | |
| 第九届 | 缅甸 | 中国广州市、文莱斯里巴加湾、柬埔寨马德望省、印度尼西亚明古鲁、老挝甘蒙省、马来西亚关丹、缅甸雅丹纳博、新加坡、泰国清迈、越南芽庄、菲律宾圣费尔南多市和克拉克自由港区 | |
| 第十届 | 菲律宾 | 中国南宁市、文莱斯里巴加湾、柬埔寨磅同省、印度尼西亚日惹特别区、老挝万象、马来西亚怡保、新加坡、菲律宾伊莎贝拉省、泰国哒叻府、越南平定省 | |
| 第十一届 | 新加坡 | 中国宁夏回族自治区、文莱斯里巴加湾、柬埔寨西哈努克省、印度尼西亚南苏门答腊省、老挝波乔省、马来西亚兰卡威、缅甸仰光、菲律宾达沃、新加坡、泰国洛坤府、越南平顺省 | 澳大利亚 |

信息来源：http：//www.caeexpo.org/。

① 这些活动有中国—南亚商务论坛、中国—南亚智库论坛、中国—南亚科技部长会议等，并创造性地结合双边经贸联委会和博览会，如中国—孟加拉国经贸联委会和中国斯里兰卡经贸联委会。

② 表 4-7 系作者根据中国—东盟博览会官网的历届资料整理制作而成。

中国边疆地区博览会国家、地区、城市和企业广泛的参与度，不仅促进了中国和周边各国文化的互相了解交流、传播，而且显著地提升了中国文化在周边各国的接受度和影响力。如表 4-7 所示，中国—东盟博览会不仅重视中国和东盟企业间的展览、展示和交流，而且也非常注重国家和城市的交流，自第二届以来，“魅力城市”① 展示环节使中国和东盟的 102 座城市获得集中展示，极大地促进了中国和东盟城市的交往和深入了解。不仅如此，从第四届开始，中国—东盟博览会还设置了主题国活动，每届一个主题国的活动，已经使东盟 10 国中的 8 个得到了文化宣传和展示。特别指出的是，第十一届开始设置的特约贵宾国机制，吸引了来自中国和东盟以外的国家的参与，澳大利亚作为第一个特邀贵宾国② 亮相中国—东盟博览会取得了很大的成功。其他中国边疆地区博览会也有举办类似活动，如中国—南亚博览会的主题国活动、中国—亚欧博览会的主宾国活动、国家馆日活动等，都不同程度地促进了中国和周边地区的文化交流。

中国边疆地区博览会的文化演出、文化展等活动促进了文化交流的双向互动，使双边的文化，特别是中国的文化改变了在周边地区不利的传播地位，不仅在大众中，而且在政界高层都获得了较高的接受度和喜爱。缅甸总统吴登盛在接受中国国际广播电台采访时透露他本人就是中国电视剧的忠实观众，“我很小时候就已经看中国电影，所以这方面合作不会存在障碍，你们的电视剧我很想看。”③ 借助中国—东盟博览会，南宁民歌节不仅把东南亚演艺团体的节目引进来，而且成功地将中国的实景文化演出输出到越南、柬埔寨等东南亚国家④。

**表 4-8 历届南亚博览会、亚欧博览会文化展示活动统计⑤**

| 中国—南亚博览会文化展示活动 | | | |
|---|---|---|---|
| 届别 | 主题国 | | 展台文化展示 |
| 第一届 | 孟加拉国 | | |
| 第二届 | 尼泊尔 | | |
| 中国—亚欧博览会文化展示活动 | | | |

① 魅力城市这一展示活动是中国—东盟博览会为了提升博览会的人文交流效果而创办的一项集体交流展示活动，是发挥博览会公共外交平台的有力举措。

② 特邀贵宾国机制是中国—东盟博览会将服务对象从“10+1”扩大为“10+6”的尝试，目的是将中国与东盟当作一个整体推进和地区外其他国家的经贸合作，进而推动区域一体化的深入发展。

③ 国际在线：缅甸总统吴登盛：我是中国电视剧的忠实观众，http：//gb.cri.cn/27824/2012/09/22/2625s3862009.htm。

④ 中国政府网：中国—东盟文化交流与合作多姿多彩，http：//www.gov.cn/jrzg/2009-10/17/content_1442248.htm。

⑤ 表 4-8 系作者根据中国—南亚博览会官网和中国—亚欧博览会官网博览会历届资料整理制作而成。

续表

| 中国—南亚博览会文化展示活动 | | | |
|---|---|---|---|
| 届别 | 主宾国 | 国家馆日 | 展台文化展示 |
| 第一届 | | | |
| 第二届 | 吉尔吉斯斯坦 | | |
| 第三届 | 白俄罗斯 | 印度、白俄罗斯、马来西亚 | |
| 第四届 | 土耳其 | 白俄罗斯 | |

数据来源：①http：//www.csaexpo.cn/。②http：//www.caeexpo.org/。

中国边疆地区博览会对于中国和周边教育合作的推动也非常明显。中国边疆地区博览会普遍重视教育在文化交流中的重要作用，会在博览会期间举办各种类型的教育展览、论坛和青少年交流等活动。现在“留学中国热”在周边国家不仅成为一种现象，而且成为一种时尚。南宁现在成为接待东盟国家留学生人数最多的城市，昆明正在日益成为南亚国家学生留学的首选，乌鲁木齐也已经成为中亚、西亚和部分南亚国家学生留学的理想目的地。值得一提的是率团参加中国边疆地区博览会的周边国家领导人就有很多是曾经留学中国的留学生，这对于中国边疆地区博览会发挥教育促进功能有非常大的帮助。①

**（二）促成了一批区域交流机制和机构的产生**

中国边疆地区博览会本身作为一种文化交流载体在推动中国地缘文化环境改善的同时，也积极促成了一批新的文化交流机制和机构的产生，从制度上保证了中国和周边地区文化交流展开的规范化和有序化。

一大批中国边疆地区博览会框架下的交流机制应运而生，丰富了中国和周边地区的文化交流渠道。

首先，边疆地区博览会框架下的各种专业展承担了文化展示和交流主要功能。其中，中国—东盟框架下的文化展、出版博览会、职业教育展暨论坛，中国—亚欧博览会框架下的出版博览会、新疆动漫展，都是边疆地区博览会以专业展形成推动中国和周边文化交流的重要渠道。

其次，博览会框架下的各种论坛和对话机制成为中国和周边国家思想文化交流的最主要渠道。中国—东盟文化论坛、亚欧新闻媒体论坛等已经成为中国和东盟以及亚欧国家开展文化对话的重要平台，每年都会吸引数百名相关国家和地区

① 比如，率团5次出席中国—东盟博览会的越南总理阮晋勇曾经留学广西师范大学，率团出席中国—亚欧博览会的哈萨克总理卡里姆·马西莫夫曾经留学北京语言文化大学和武汉大学，http：//news.xinhuanet.com/herald/2006-06/30/content_4771847.htm。

政府高层和文化界的人士与会，影响力也越来越大。[①]

最后，博览会框架下的各种机制化的演出活动、体育赛事和专题的文化交流活动也发挥着越来越大的影响力，使双边的文化交流真正深入到社会大众阶层，促进了地缘文化基础上的文化理解和认同。中国—东盟博览会框架下的南宁国际民歌节、中国—东盟汽车拉力赛暨中国—东盟媒体汽车拉力赛、中国—东盟礼仪大赛、高尔夫名人邀请赛、东南亚旅游美食节等一方面扩大了中国—东盟博览会的参与者和受众，另一方面使中国和东盟文化交流逐步积累起强大的民意基础。特别需要指出的是，在博览会文化交流的带动下，还产生了一大批基于地缘文化的民间体育文化活动，这些对于改善地缘文化环境正在发挥着更加巨大的作用。[②]

## 第三节　提升中国在周边地区的软实力

中国边疆地区博览会不仅改善了中国周边地区的政治、经济和文化环境，而且显著地提升了中国在周边地区的软实力，本节尝试按照软实力五要素视角来分析中国边疆地区博览会对中国软实力的具体影响，因为上一节论述过地缘文化环境的改善，为免赘述，故只讨论中国边疆地区博览会在周边地区的国际制度建设、观念吸引力、发展模式和国际形象等方面的影响。

### 一、一系列中国主导的地区国际制度建立

中国边疆地区博览会不同于西方近现代史上的世博会，也不同于现代社会的专业博览会，而是具有复合型功能和明确地区导向的新型博览会，具有明确的地区主义政治取向。它与一些地区国际机制具有相似的功能、目的和影响，能够对中国周边地区国际社会秩序化、组织化施加强有力的影响，在区域一体化进程中的结构意义也日益凸显，其道义价值、工具性价值也受到周边地区和国际社会日益广泛的认可，因此可以将其看作一种新的国际制度类型。

---

① 新华网广西频道：中国—东盟文化论坛：让文化艺术兼收并蓄，http：//www.gx.xinhuanet.com/topic/2014dm/2014-09/17/c_1112516555.htm。新华网：亚欧新闻媒体论坛举行，http：//news.xinhuanet.com/zgjx/2014-09/01/c_133610837.htm。

② 中国国务院新闻办官网：广西加强与东盟体育方面合作交流，http：//www.scio.gov.cn/dfbd/dfbd/Document/1275348/1275348.htm。广西壮族自治区外事办网站：广西与东盟文化交流合作述评：以文化与东盟牵手，http：//www.gxfao.gov.cn/gxfaohtml/jwdt/164453853.html。

中国—东盟博览会是代表性的中国边疆地区博览会，已经成为中国和东盟之间“10 + 1”会议之外的一种重要制度安排，受到东盟和东盟各国越来越普遍的重视。据统计，截至第十一届中国—东盟博览会，中国和东盟国家元首和政府首脑共出席 35 人次，其中第三届中国—东盟博览会开幕式和中国—东盟建立对话关系 15 周年纪念峰会合并举行，中国和东盟 11 国领导人全部出席，凸显了对于中国—东盟博览会在建立中国和东盟战略伙伴关系中的地位和作用的重视和认可。[①]中国和东盟国家副主席、国家副总统或政府副总理出席达到 47 人次，国家议会领导人出席达到 12 人次，这充分说明中国—东盟博览会不仅对于各国政府而且对于各国议会也产生了十分重要的影响。印度尼西亚副总统布迪约诺在第九届中国—东盟博览会开幕式演讲中指出，中国—东盟博览会是进一步密切中国和东盟商界、投资界和利益相关方的对话举措，有助于加强中国—东盟共同体的建设。[②]

针对区域一体化进程中制度和管理缺失问题，尤其是公共产品不足问题，中国—东盟博览会为代表的中国边疆地区博览会主动推动建设各种新的机制和制度安排，并主导设立地区合作机构，受到周边地区各国的普遍赞同和支持。针对 2008 年席卷全球的世界金融危机，中国—东盟博览会倡导成立了中国—东盟金融合作与发展领袖论坛，成为中国和东盟之间围绕地区金融治理重要的机制和平台，为建立中国和东盟共同的金融风险应对机制起了积极作用，并在地区货币互换、人民币国际化和地区融资等议题上起了主导作用。围绕中国和东盟的互联互通议题，中国—东盟博览会发起了中国—东盟电信部长论坛机制、中国—东盟港口合作与发展论坛机制和中国—东盟互联互通交通部长特别会议，不仅催生了一批共识，而且相继成立了中国—东盟合作基金、中国—东盟海上合作基金、中国—东盟港口城市网络机制，值得一提的是 2013 年中国—东盟互联互通交通部长特别会议通过的联合声明具有划时代的历史意义，联合声明指出支持设立一个由中方为主的亚洲地区互联互通投融资平台，这个建议直接促成了亚洲基础设施投资银行的产生，并首先得到东盟国家的支持。[③]

---

① 数据请参考表 4-5 历届中国—东盟博览会各国领导人出席情况统计。

② 中国—东盟博览会官网：印度尼西亚副总统布迪约诺在第七届中国—东盟博览会开幕式上的致辞，http：//www.caexpo.org/index.php？ m=content&c=index&a=show&catid=3432&id=90749。

③ 新华网：中国—东盟发表建立伙伴关系 10 周年联合声明（全文），http：//news.xinhuanet.com/2013-10/10/c_125503891.htm。

## 二、中国的观念在周边国家和地区的广泛传播

观念变革是引领中国社会巨变的核心因素，也是中国软实力提升的历史主脉络。经济主义、制度主义、地区主义、和谐主义和命运共同体的理念是当前中国观念变革的主要体现，它们与改革主义、开放主义构成了中国观念变革的核心内容。[①]

中国边疆地区博览会不仅是展示我国改革开放 30 多年成就的窗口，也是向周边国家和地区传递中国观念变革的主要平台。中国边疆地区博览会以推动中国和周边地区的经济贸易为第一要务，目的是通过发展地区贸易推动中国边疆地区的社会经济发展和周边国家的发展，共同享受中国经济发展带来的历史机遇，受到了周边国家和地区的广泛认可。在美国金融危机爆发的背景下，2008 年 10 月王岐山副总理在出席第五中国—东盟博览会演讲时指出，中国的发展是周边国家的机遇，“中国将继续推进改革开放，实施互利共赢的开放战略，推动贸易投资便利化，反对任何形式的贸易保护主义，努力以自己的发展促进本地区的共同发展”。[②] 2011 年 10 月温家宝在第八届中国东盟博览会的演讲中指出，推动东亚区域和次区域合作是中国和东盟共同的历史使命。[③] 面对南海领土争端对中国和东盟合作形成一定干扰的局面，2012 年 10 月习近平在中国—东盟博览会开幕式演讲中阐明了中国发展和稳定的关系，认为中国越是发展，同地区和世界的联系越是密切，就越需要一个稳定的地区环境与和平的国际环境，再度重申了中国政府和平解决领土争端的立场，宣示中国永远不争霸，永远不称霸，坚定地推动同周边地区的一体化。[④] 2012 年 9 月温家宝在第二届中国—亚欧博览会开幕式发表了《再创丝绸之路辉煌》的主旨演讲，呼吁亚欧各国联合起来，反对外来干涉，推动地区事务自主进程，通过开放市场、区域合作、互联互通和人文交流实现亚欧经济的振兴。

中国的观念通过中国边疆地区博览会获得了在东盟国家最大限度的传播效果。2008 年 10 月柬埔寨首相洪森指出，在发达国家金融危机爆发的背景下，东

---

① 门洪华：《中国软实力评估报告》（上），《国际观察》2007 年第 2 期，第 15~26 页。

② 中国政府网：王岐山出席第五届中国—东盟商务与投资峰会并演讲，http：//www.gov.cn/ldhd/2008-10/22/content_1127126.htm。

③ 中央电视台网：温家宝在第八届中国—东盟商务与投资峰会的讲话（全文），http：//news.cntv.cn/china/20111022/102659.shtml。

④ 中国政府网：习近平在第九届中国—东盟商务与投资峰会上的演讲（全文），http：//www.gov.cn/ldhd/2012-09/21/content_2230623.htm。

盟国家有必要实现出口市场多元化，与中国合作共同应对挑战，推动中国—东盟自贸区建设进程，努力实现地区一体化，在国际市场上发挥更大作用。[①]东盟秘书长素林同时也指出，只有推动东盟同中国的地区经济一体化，才能有效应对金融危机带来的挑战。[②]针对欧美传统出口市场萎缩给东盟和中国造成的外部挑战，2011 年 10 月在第八届中国—东盟博览会开幕式上，马来西亚总理纳吉布表示了乐观的态度，认为东盟和中国的合作潜力巨大，可以通过内部贸易来抵消欧美市场带来的不利影响。[③] 2013 年 9 月越南总理阮晋勇在第十届中国—东盟开幕式致辞中表示，越南一向支持并重视东盟同中国的合作，认为有助于推动越南和中国的关系，因此支持中国提出的打造中国—东盟自贸区“升级版”，并且理性地表达了分歧管控并和平解决争端的立场。[④]

中国周边国家也纷纷表达了对建设丝绸之路经济带和海上丝绸之路的高度支持。2014 年 9 月泰国副总理兼外长他萨那在第十一届中国—东盟博览会致辞时说，泰国赞成并支持中国倡议的亚洲基础设施投资银行和共建 21 世纪海上丝绸之路计划，并愿意成为亚洲基础设施投资银行的创始会员国，认为这将有助于东盟和中国的互联互通。[⑤]同时，新加坡总理李显龙也在演讲中说，在全球经济增长乏力的背景下，亚洲仍然保持着增长活力，这归功于中国的经济增长以及中国和东盟的一体化，热烈欢迎并期待与中国密切合作，打造中国—东盟自贸区“升级版”、建设亚洲基础设施投资银行和共建 21 世纪海上丝绸之路。[⑥] 2014 年 9 月哈萨克总理马西莫夫在出席第四届中国—亚欧博览会开幕式时表示，哈萨克斯坦关注世界地缘政治体系改变的宏观环境，重视研究各国的发展，特别是中国在全世界经济发展中的动力作用和影响力，强调哈萨克斯坦要复兴丝绸之路，并和丝绸之路沿线国家发展跨区域合作。[⑦]

---

① 新华网广西频道：洪森：用博览会平台在国际市场中发挥更大作用，http：//www.gx.xinhuanet.com/dm/2008-10/22/content_14713518.htm。

② 中国—东盟博览会官网：素林在第五届中国—东盟博览会开幕式上的讲话（全文），http：//www.caexpo.org/gb/zhuanti/caexpo_08/yjj/t20081023_82141.html。

③ 世界华人网：马来西亚总理纳吉布在第八届中国—东盟博览会开幕式上的致辞（全文），http：//www.wuca.net/doc-15152.html。

④ 新浪网：阮晋勇在第十届中国—东盟博览会开幕式上的致辞（全文），http：//finance.sina.com.cn/hy/20130903/135116649590.shtml。

⑤ 新华网广西频道：第十一届中国—东盟博览会开幕式视频和文字实录，http：//www.gx.xinhuanet.com/topic/2014dm/zbfh.htm。

⑥ 同上。

⑦ 兵团在线：第四届中国—亚欧博览会图文直播，http：//www.btzx.com.cn/2014/09/01/ARTI1409565672351430_2.shtml。

## 三、中国的发展模式吸引力增强

中国边疆地区博览会不仅展示了中国观念变革的最新成果，而且集中展示了中国改革开放 30 多年来的发展成果，是中国发展模式和周边地区各国发展模式交流、学习和借鉴的最佳舞台。

中国模式[①] 的提出已经 10 多年了，不管学术界存在何种争论，中国的发展模式已经成为国际关系中一种客观存在，并且逐步成为世界各国尤其是发展中国家学习的对象，也逐步成为中国软实力的重要来源。中国的发展模式既不同于拉美依附论的革命性的发展战略，也不同于苏东国家休克疗法的全盘西化发展战略，与华盛顿共识也有着明显的区别。中国的发展模式以渐进式改革为主要特征，是一种涵盖了政治、经济、社会、文化和生态的协调发展的社会发展模式，其实质是中国作为一个发展中国家在全球化背景下实现国家现代化的战略选择，是中国在改革开放过程中逐渐形成和发展起来的一整套应对全球化挑战的发展战略和治理模式。

中国边疆地区博览会正逐步成为中国发展模式成果的展示窗口和周边各国学习中国模式的最佳平台。中国—亚欧博览会不仅吸引了中亚、西亚和南亚国家的广泛参与，而且也吸引了联合国相关机构的参与。2013 年 9 月联合国开发计划署署长海伦·克拉克在出席第三届中国—亚欧博览会时指出，针对中亚各国希望学习中国发展经验的想法，联合国开发计划署愿意帮助分享中国和各国的经济发展经验，推进南南合作。[②] 此外，联合国开发计划署还和主办方合作举办了中国绿色发展国际论坛。中国—东盟博览会在分享中国发展经验和模式方面做的工作更多。早在 2007 年 10 月第四届中国—东盟博览会就策划举办了中国—东盟社会发展与减贫论坛，并成为中国和东盟各国分享社会发展和减贫经验的一种国际机制。另外，中国—东盟博览会还推广中国在妇女、儿童工作中的经验，举办了中国—东盟妇女高层论坛，并且设立了中国—东盟妇女培训中心和中国—东盟青少年培训中心等教育培训机构，以此来促进东盟各国社会的发展，获得了较为丰厚的成果。值得指出的是，中国重视经济发展中高科技的重要作用和环境保护的意义，推动建立的中国—东盟科技转移平台网络、中国—东盟科技示范基地、中国—东盟环保中心和中国—东盟绿色使者计划等机制和机构在推广中国发展经验

---

① Joshua Cooper Ramo，The Beijing Consensus，London：The Foreign Policy Centre，2004.

② 中国—亚欧博览会官网：联合国开发计划署署长在第三届中国—亚欧博览会开幕式上的讲话（全文），http：//www.caeexpo.org/new2013/56255.jhtml。

方面起到了十分重要的作用。

中国的发展模式还通过中国边疆地区博览会的智库论坛、商贸投资洽谈等活动传播到周边国家政界、学界和企业界。博览会举办期间，中国—边疆地区博览会往往成为周边各国领导人集中展示各自国家经济、贸易和投资环境的大赛场，争取成为中国转型升级过程中劳动密集型制造业外迁的下一个制造业基地。2012年10月，中国—东盟博览会期间，缅甸总统在接受中国国际广播电台记者采访时就表示，缅甸高度重视政治改革中的国家稳定，将其视之为经济发展的前提条件，呼吁中国企业到缅甸投资，因为缅甸拥有优越的区位条件和劳动力优势，可以帮助企业方便地进入周边的印度、孟加拉、中国和东盟的近20亿人口的大市场。[①] 格鲁吉亚副议长基吉古里在2014年9月第四届中国—亚欧博览会开幕式的演讲中高度评价中国的发展，认为中国对世界起着经济的引领作用，格鲁吉亚拥有良好的地缘政治优势和商业环境，鼓励中国企业和政府投资落户。[②]

## 四、中国在周边国家和地区的国家形象提升

中国边疆地区博览会帮助中国提升了在周边国家和地区的国家形象，主要体现在以下几个方面。

首先，中国周边国家领导人、政府官员和国际组织负责人对中国的正面国家形象认可近年来逐步走高。2007年6月东盟秘书长王景荣在印度尼西亚雅加达接受采访时认为，中国—东盟博览会拉近了东盟和中国双方之间的心理距离，使东盟和中国都从中受益。[③] 2011年10月王景荣的继任者素林在接受媒体采访时表示，“中国目前经济发展非常快，人们消费能力越来越强，这对于东盟国家来说是一个发展自身经济的机会”。[④] 2013年6月尼泊尔副总统帕拉马南达·贾阿在首届中国—南亚博览会表示，中国是一个取得巨大经济成功的国家和世界第二大经济体，“中国不仅改变了自己人民的生活，而且成长为全球经济的引擎。分享

---

① 新浪网：缅甸总统吴登盛：我是中国电视剧的忠实观众，http：//news.sina.com.cn/o/2012-09-22/183925231518.shtml。

② 兵团在线：第四届中国—亚欧博览会开门时图文直播，http：//www.btzx.com.cn/2014/09/01/ARTI1409565672351430_3.shtml。

③ 国际在线：东盟秘书长王景荣称中国—东盟博览会拉近双方距离，http：//gb.cri.cn/14558/2007/06/06/1062@1621209.htm。

④ 新华网：东盟秘书长素林：高速发展的中国为东盟带来机会，http：//news.xinhuanet.com/fortune/2011-10/22/c_111116109.htm。

中国的改革开放和减贫经验对于尼泊尔大有裨益”。① 斯里兰卡总理迪萨纳亚克·贾亚拉特纳认为，“亚洲正在以飞速的速度发展，世界财富正在发生重大变化。毫无疑问，我们正处于亚太地区经济权重增大的重大转变之中”。据此，她直接将中国称为“这个转变中的传奇”，并认为这个趋势还将继续，中国非凡的经济增长给人民带来巨大利益的同时也给发展中国家以巨大鼓舞。② 2014 年 9 月柬埔寨首相洪森在第十一届中国—东盟博览会致辞中说，柬埔寨受益于中国政府和企业在柬埔寨的基础设施、能源、信息技术、农业、旅游等领域投资，中国是柬埔寨及东盟发展和进步的支持者。③

其次，媒体和社会精英群体通过中国边疆地区博览会也对中国的国家形象认知更加全面客观。中国边疆地区博览会非常重视各国媒体和精英群体在塑造中国国家形象中的重要作用，大都有举办各种论坛机制或者联谊活动来促进各国媒体对中国的了解、报道。中国—东盟博览会框架下不仅举办机制性的中国—东盟媒体合作论坛和举办机制化的中国—东盟媒体汽车拉力赛，而且还有中国—东盟青年企业家论坛、中国—东盟智库战略对话论坛等活动，通过这些活动使东盟国家的媒体和社会精英群体加深对中国的认识，也使中国的国际形象更加客观、正面和积极。2012 年 9 月土耳其国家广播电视机构国际台台长苏莱曼·科克索伊在出席第二届中国—亚欧博览会时候表示，“以前我都是从远处看中国，而今天终于可以近距离地感受真实的中国了。这次的经历给我留下了非常美好的印象，中国人民热情好客，我对中国的一些偏见都去除了”。④ 巴基斯坦独立新闻社国际新闻记者贾维德·阿赫塔也表示，“这次来中国我们看到的是一个和谐的新疆，一个发展的新疆，一个友善的新疆，这才是新疆的现状。中巴媒体在这个时候应该一起袖手改变西方一些媒体不真实报道带给中国的负面影响”。⑤

最后，周边各国和地区参展客商和普通公众也通过中国边疆地区博览会加深了对中国的认识。2013 年北斗系统第一次参展中国—东盟博览会，成功地向东

① 云南网：各国政要和南盟秘书长在开幕式上的精彩致辞摘要，http：//yn.yunnan.cn/html/2013-06/07/content_2759980_2.htm。

② 云南网：各国政要和南盟秘书长在开幕式上的精彩致辞摘要，http：//yn.yunnan.cn/html/2013-06/07/content_2759980_7.htm。

③ 中国—东盟博览会官网：洪森在第十一届中国—东盟博览会开幕式上的致辞（全文），http：//www.caexpo.org/index.php？ m=content&c=index&a=show&catid=21253&id=205119。

④ 新疆日报网：苏莱曼·科克索伊：我要多待一些日子，一定能学会说汉语，http：//www.xjdaily.com.cn/news/vedio/777412.shtml。

⑤ 新疆日报网：贾维德·阿赫塔：我要写出是个新闻故事讲述新疆的变化，http：//www.xjdaily.com.cn/news/vedio/777433.shtml。

盟各国参展客商展示了中国崭新的高科技形象，值得一提的是，泰国作为北斗系统在东盟的第一个合作国参与了北斗系统的推广。[①] 随后，北斗系统相继落户马来西亚、文莱、印度尼西亚、柬埔寨和老挝等国[②]，在交通运输、旅游、防灾救灾、农业生产等领域应用，使得中国为地区提供良好的公共服务的形象日益凸显。2012 年 9 月第二届中国—亚欧博览会格鲁吉亚葡萄酒参展商伊琳娜表示，她非常热爱中国，因为中国有悠久的文化。[③] 2013 年 6 月首届中国—南亚博览会的巴基斯坦参展商苏莱曼·雅库布表示，“中国的商业环境好，只要我们按照市场的需求经营就一定会有销路”。[④] 2014 年 9 月第四届中国—亚欧博览会参展商巴基斯坦商人阿提库勒哈曼表示，“这几年中国新疆变化是最快的！”中国参展商苏源标则表示，第一次来参加博览会就爱上了新疆。新疆的现代工业成就也颠覆了他对新疆只有大漠戈壁的单调印象。[⑤]

---

① 国际在线：北斗导航系统在东盟市场前景广阔，http：//gb.cri.cn/42071/2014/09/17/5931s4695094.htm。

② 中国—东盟博览会官网：北斗系统加速布局东盟，http：//www.caexpo.org/html/2015/bolanhuidong-tai_0119/207290.html。

③ 天山网：格鲁吉亚姑娘的中国情结，http：//news.ts.cn/content/2012-09/08/content_7220181.htm。

④ 国际在线：巴基斯坦各界高度评价南博会的平台作用，http：//gb.cri.cn/42071/2013/06/07/6071s4141245.htm。

⑤ 华夏经纬网：亚欧博览会让参展商认识新疆，http：//www.huaxia.com/xj-tw/dzqk/2014/09/4063865.html。

# 第五章　案例分析：中国—东盟博览会

中国—东盟博览会是中国第一个，也是影响力最大、运作机制最完善的边疆地区博览会，致力于促进中国与东盟自贸区建设，打造中国和东盟命运共同体。本章主要对中国—东盟博览会的自身状况进行研究，主要是在周边战略视角下探讨中国—东盟博览会的动力机制、功能发挥和对周边战略环境的影响。

## 第一节　周边战略视野下的中国—东盟博览会的发展

### 一、中国—东盟博览会的发展概括

中国—东盟博览会成立于2004年，发起人为中国国务院前总理温家宝[①]，采取由中国、东盟10国经贸部门及东盟秘书处共同主办的模式，是国家层面的一个国际型展会，已经成为中国和东盟经贸合作的重要平台。[②] 中国—东盟博览会的永久会址是广西壮族自治区首府南宁，是广西壮族自治区承办的国家级、面向东南亚的边疆地区博览会。中国—东盟博览会每年下半年在广西南宁举办，自成立以来，至今已经连续举办十一届，成为中国和东盟之间重要的政治、经济和文化交流平台。中国—东盟博览会以进口和出口结合、投资和引资结合、货物贸易和服务贸易结合、经贸展览和政治外交对话结合、展览和会议活动结合等为主要

---

① 2003年7月温家宝在出席东盟商业与投资峰会时发表演讲，提出了“睦邻、安邻、富邻”的周边外交政策主张，随后在第七次中国—东盟领导人会议上发表的《全面深入合作,促进共同发展》的演讲中提出在中国广西南宁举办中国—东盟博览会的倡议。http：//news.xinhuanet.com/world/2003-10/07/content_1111951.htm，http：//www.gx.xinhuanet.com/ca/2006-10/29/content_8376869.htm。

② 新华网：胡锦涛：全面落实科学发展观，实现广西又好又快发展，http：//www.gx.xinhuanet.com/ca/2007-03/10/content_9473969.htm。

特色，通过展览会（主体）、领导人会见、商务和投资峰会、系列论坛（中国—东盟新闻部长会议、中国—东盟电信周、中国—东盟社会发展与减贫论坛等）和系列文化交流活动（包括南宁国际民歌节、东南亚国际旅游美食节、中国—东盟礼仪小姐大赛、中国—东盟国际汽车拉力赛等）方式组织博览会，并根据中国周边战略和中国—东盟自贸区的不同发展阶段的需求来调整行动策略和博览会的内容。

中国—东盟博览会的组织管理模式体现了鲜明的政府主导型博览会的特征。中国—东盟博览会的运作分为决策机制、执行机制和咨询机制三个层次。决策机制包括中国—东盟领导人会议、中国—东盟博览会组委会和中国—东盟博览会高官会议，其中中国—东盟领导人会议是中国—东盟博览会的最高决策机构，由中国和东盟各国政府总理或者总统组成，决定着中国—东盟博览会的发展定位、使命；中国—东盟博览会组委会主要由商务部、广西壮族自治区、外交部、国家发改委、科技部、财政部等 12 个有关部委和广西自治区政府组成，组委会的职责是协调博览会相关政策的拟定和实施工作，推动东盟领导人、经贸部长等出席博览会，并就博览会筹备和举办过程中的重大事项作出决定；中国—东盟博览会高官会议一般由中国和东盟政府的经贸部门负责人组成，在中国—东盟领导人会议关于中国—东盟博览会相关决议基础上就中国—东盟博览会召开中的重要事项行使决策权，并构建和完善中国—东盟博览会具体的共办机制。执行机制包括商务部牵头成立的博览会国内筹备会机制、领导人邀请机制、高官会机制、国际展区筹备会机制、主题国机制，以及 11 国共办机制下的商协会合作机制、招展招商机制等，和广西壮族自治区成立的中国—东盟博览会广西领导小组机制、中国—东盟博览会指挥中心机制和博览会秘书处。中国—东盟博览会秘书处也称广西国际博览事务局，成立于 2003 年 12 月，是中国—东盟博览会的常设工作机构，这是中国首个省一级博览事务局，开启了政府主导边疆地区博览会的办展模式，也成为其他边疆地区博览会相继效仿的对象。[①] 中国—东盟博览会的咨询机制主要是中国—东盟智库论坛、国内东南亚研究机构的各种研讨会、广西国际博览事务局的研究发展部和广西大学的中国—东盟研究院。

中国—东盟博览会是最具影响力和号召力的边疆地区博览会，其影响力和号召力主要来源于博览会在推动中国和东盟一体化进程中所起的重要作用。

---

① 马强、王格林、张婷婷：《东盟博览会的成功经验及对中阿博览会的启示》，《第二届中国·阿拉伯国家经贸论坛理论研讨会论文集》（2011 第二辑），2011 年。石磊：《向西开放战略中的新疆会展经济研究》，云南财经大学硕士学位论文，2013 年。

## 二、中国—东盟博览会的宗旨、组织和行动

中国—东盟博览会的宗旨是“促进中国—东盟自贸区建设，共享合作与发展机遇”，任务是通过商品贸易、投资洽谈、服务贸易、高层论坛和文化交流等形式实现西部大开发战略和周边战略的结合，“推动区域经济一体化”①，推动广西经济社会和对外开放事业的全面进步。中国—东盟博览会的定位是“紧紧围绕《中国—东盟全面经济合作框架协议》以及中国—东盟自由贸易区建设的实际进程，以双向互利为基本原则，以自由贸易区内的经贸合作为重点”，融经贸促进、政治外交和人文交流于一体的复合型战略功能平台。②

在 11 国共同主办的机制下，在互利共赢的原则下，中国—东盟博览会由广西国际博览事务局负责博览会具体承办工作。广西国际博览事务局主要负责：中国—东盟博览会的总体规划和重大活动的组织实施；统筹中国—东盟博览会境内外的招展招商，展会的现场服务和管理；中国—东盟博览会专有品牌资源的经营和管理；中国东盟博览会的整体形象设计和宣传推介等。③ 目前，广西国际博览事务局共有 10 个部门，分别是综合协调部、研究发展部、招展招商部、展览管理部、对外联络部、宣传推介部、会议接待部、经营开发部、人力资源部和财务会计部。

广西国际博览事务局是直属于广西壮族自治区的正厅级事业单位，是广西壮族自治区为了举办中国—东盟博览会而专门成立的机构，也就是说，广西国际博览事务局是因中国—东盟博览会而产生的项目制政府管理部门。从职能上看，广西国际博览事务局的职能局限在举办中国—东盟博览会上，将规划者、咨询者和执行者等多种角色集于一身，既负责博览会的研究、规划、协调、咨询，也负责博览会的市场开拓和运营管理。

广西国际博览事务局的主要行动包括：组织每年中国—东盟博览会的经贸展览、策划并组织博览会期间的各种政治外交活动和协助组织博览会期间的各种人文活动。组织经贸展览主要是通过和国内外的政府展会主管部门、使领馆、商协会和各种专业代理机构建立战略联盟的方式实现④，策划并组织博览会期间的各

---

① 中国—东盟中心官网：中国—东盟十年路，http：//www.asean-china-center.org/2013-09/02/c_132683366.htm。

② 宋晓天、杜新、郑军健：《中国—东盟博览会发展报告（2004~2008）》（精简本），南宁：广西师范大学出版社 2009 年版，第 10 页。

③ 中国—东盟博览会官网：职能机构，http：//www.caexpo.org/html/2014/news_zjblh_1230/200043.html。

④ 宋晓天、杜新、郑军健：《中国—东盟博览会发展报告（2004~2008）》（精简本），南宁：广西师范大学出版社 2009 年版，第 24~27 页。

种政治外交活动主要通过中方的组委会和中国—东盟博览会高官会议机制实现，而博览会期间的各种人文交流活动主要是通过与各国文化、体育和教育等政府主管部门建立制度化的合作机制来实现。

广西国际博览事务局还主持了中国—东盟博览会的年鉴编写工作，主要有《中国—东盟博览会发展报告》系列、《中国—东盟博览会·民族丛书》系列、《中国—东盟博览会可持续发展报告》、《飞跃彼岸中国—东盟博览会战略发展的理论》、《中国—东盟博览会翻译实用手册》、《书画缘中国—东盟博览会五周年书画艺术展作品集》、《中国—东盟志愿者手册》、《中国东盟知识中英文简读本》、《中国东盟自贸区知识读本》等十几种之多。

## 三、中国—东盟博览会的行动策略

中国—东盟博览会是中国和东盟之间政治互信、经济相互依赖进一步深化的需要。中国—东盟博览会的行动策略体现在政治、经济和人文等方面。

政治方面，中国—东盟博览会的行动策略体现在以下三个方面：

第一，注重领导人营销。2003 年，温家宝在第七次中国—东盟领导人会议倡议共同举办中国—东盟博览会，获得与会东盟各国领导人普遍欢迎，并被写入会议主席声明。从第一届中国—东盟博览会开始，每年都会举办中国和东盟领导人会晤、部长级对话，这不仅提升了中国和东盟之间的互信水平，而且举办中国—东盟博览会成为各国领导人的共识。2012 年，习近平曾指出中国—东盟博览会“不但是中国和东盟 10 国共同搭建的经贸等多领域的有效合作的大平台，也是中国—东盟自贸区建设的助推器，给双方企业和人民带来了实惠，在中国和东盟合作中发挥着越来越重要的作用”[①]，领导人营销有助于中国—东盟博览会赢得最高层的支持。

第二，注意和国家周边战略的结合。从中国—东盟博览会的定位和宗旨可以看出，中国—东盟博览会最初是服务于中国主导建立的世界第三大自由贸易区——中国—东盟自贸区建设，随着国家周边战略的逐步完善，中国—东盟自贸区开始不仅服务于中国—东盟自贸区，而且服务于区域全面经济合作伙伴（RCEP）计划，甚至主动融入海上丝绸之路建设。2008 年，王岐山认为中国—东盟博览会“是展示我国改革开放 30 年辉煌成就的重要窗口，已经成为中国和东盟发展

① 凤凰网：习近平在第九届中国—东盟博览会开幕式主旨演讲全文，http：//finance.ifeng.com/news/hqcj/20120922/7070900.shtml。

战略合作伙伴关系、促进互利共赢的重要平台，服务了国家的周边外交战略”。①

第三，着眼于深化政治互信和建立共识。

经济方面，中国—东盟博览会的行动策略体现在以下五个方面。

第一，关注中国—东盟自贸区的需求策略。中国—东盟博览会深入研究中国—东盟自贸区各个阶段的合作需求，据此采取相对应的行动。2013 年以来，随着打造中国—东盟自贸区升级版② 成为中国和东盟深化合作的共同需求，中国—东盟博览会及时做出调整，进一步挖掘中国和东盟国家在经济上的互补性和合作潜力，着力解决双方在关税、投资便利化等领域的问题。

第二，关注东盟各国经济社会发展中的共同需求策略。改善基础设施、发展经济是东盟国家的普遍需求，通过设置专门的展区、主题国机制和特约贵宾国等行动使东盟各国的需求获得满足。③

第三，关注区域经济发展中公共产品的策略。设立了中国—东盟合作基金、中国—东盟公共卫生合作基金和中国东盟投资合作基金，成立中国北部湾银行，未来还将研究成立中国—东盟银行的可能性。④

第四，关注博览会市场化运作

第五，关注次区域合作开发。

人文方面，中国—东盟博览会的行动策略主要是：比较多地运用公共外交的手段⑤；比较倾向于建立机制化的合作项目平台⑥；注重和既有节庆活动地结合。⑦

---

① 王岐山：《办好中国—东盟博览会，发展睦邻友好关系》，载宋晓天、杜新、郑军健：《中国—东盟博览会发展报告精简本（2004~2008）》，南宁：广西师范大学出版社 2009 年版，特稿二，第 12~13 页。中国政府网：王岐山在第五届中国—东盟博览会开幕式上的演讲，http：//www.gov.cn/ldhd/2008-10/22/content_1127544.htm。

② 中国政府网：打造中国—东盟自贸区升级版，http：//www.gov.cn/xinwen/2014-08/29/content_2742231.htm。

③ 陈丽冰：《首任主题国 狮城续写新篇章》，《中国—东盟博览》2014 年第 7 期，第 38~40 页。中国自由贸易区服务网：韩国将出任第十二届中国—东盟博览会特约贵宾国，http：//fta.mofcom.gov.cn/article/fzdongtai/201501/19815_1.html。

④ 2013 年中国—东盟智库战略对话论坛首次就建立中国—东盟银行进行商谈，http：//finance.sina.com.cn/360desktop/money/bank/bank_hydt/20130831/191816626855.shtml？from=ln_xgbd。

⑤ 中国—东盟博览会官网：各方对第十一届中国—东盟博览会的评价，http：//www.caexpo.org/html/2014/bolanhuidongtai_0929/205832.html。中国—东盟中心官网：http：//www.asean-china-center.org/download/newsletter201411.pdf。广西民族大学官网：中国—东盟文化交流与发展协同创新中心简介，http：//dongmengxueyuan.gxun.edu.cn/info/1158/1601.htm。

⑥ 许利平：《战略伙伴关系框架下中国—东盟的社会人文合作》，《东南亚纵横》2012 年第 8 期，第 11~15 页。张周来、梁思奇：《中国—东盟合作的“南宁走廊”》，《瞭望》2007 年第 47 期，第 52~53 页。

⑦ 黄国华：《中国民歌国际化的成功之路——兼谈南宁国际民歌艺术节与中国—东盟博览会的交融》，《广西师范大学学报：哲学社会科学版》2005 年第 2 期，第 80~85 页。熊琨：《南宁国际民歌节在中国—东盟博览会中发挥的作用》，《现代经济信息》2014 年第 21 期。

### 四、评价

迄今为止，中国—东盟博览会已经举办了十一届。经过 11 年的发展，中国—东盟博览会已经成为中国最具影响力的、规模最大的国家级边疆地区博览会，并成为中国和东盟间重要区域合作机制，也成为中国创新型的周边战略手段。

中国—东盟博览会近年来显示出强大的示范效应，一批新的边疆地区博览会相继产生。2013 年首届中国—南亚博览会召开，至此，针对中国周边地区的东南亚、中亚、东北亚和南亚都具有了自己的博览会，这标志着完整的中国边疆地区博览会正式形成。

## 第二节　中国—东盟博览会的动力机制

中国—东盟博览会是中国周边战略中最为成功的战略设计之一，也是中国和东盟之间重要的区域合作机制之一，具有可持续发展的动力基础。全面认知中国—东盟博览会的动力机制，有助于我们更好地理解其产生和发展的过程，也有助于合理化其功能，预测其影响。作为区域合作机制的中国东盟博览会的动力主要来源于国际体系层次、国家层次和次国家行为体层次三个层次。

### 一、国际体系层次动力

中国—东盟博览会的产生和发展得益于冷战后开始的东亚国际体系转型，这是中国—东盟博览会的外部环境动力。东亚国际体系转型在权力结构、制度结构和观念结构三个方面展开，不仅为中国和东盟的区域合作提供了稳定的国际环境，而且为中国和东盟区域合作制度创新提供了广阔的空间，更为重要的是东亚国际体系转型伴随的观念转型为中国—东盟博览会的产生和发展做了一定思想的铺垫。

冷战后，东亚国际体系权力结构转型首先表现为东亚国际体系的国际力量对比发生了根本性的变化。苏联作为超级大国彻底从国际舞台上消失。虽然俄罗斯继承苏联的大部分领土、人口、军事力量等以后，在普京第一任时代经济有所恢复，但是依赖能源的发展模式有着致命的缺陷。美国唯一超级大国的地位并没有变化，但是因为反恐消耗了大量的国力，软、硬实力均不同程度受损。进入 21

世纪以来，日本则延续了 20 世纪 90 年代以来的严重衰退趋势。冷战后，特别是进入 21 世纪以来，中国不仅作为东亚地区大国而且作为世界大国，在政治、经济、科技、军事等领域全面崛起，成为全球经济增长的火车头，深刻影响并主导了东亚权力结构的转型过程。

东亚国际体系权力结构转型还表现为东亚地区多极化趋势的增强。在整个冷战时期，东亚国际体系权力结构表现为美苏对抗的两极格局，一个是以美国为首的西方资本主义阵营，另一个是以苏联为首的社会主义阵营。苏联解体后，两极格局结束，中国实力增强，日本开始追求政治大国的进程，东亚国际权力结构体系呈现出明显的多极化趋势。

冷战以后，东亚国际体系的转型是历史上第一次在没有发生战争的情况下发生和实现的，这具有重要的国际影响和意义。在多极化的趋势下，原本剑拔弩张的东亚地缘战略形势开始缓和，和平与发展成为地区各国的共同追求，国际关系中经济和科技的作用日益提高，在东亚地区议程中高级政治开始逐步让位于低级政治。如中越关系正常化以后，通过边界谈判降低了战争的风险。边境地区开展的排雷作业也为中越双边关系的进一步开展准备了前提条件。这种根本性的变化为以促进地区经贸发展为目的的中国—东盟博览会的举办提供了难得的外部和平稳定环境。

冷战后，东亚国际体系制度结构转型越来越体现中国和东盟的需求，中国和东盟各国开始成为东亚国际体系中制度变革主导动力。冷战期间的东亚国际体系制度带有强烈的美国主导色彩和高级政治倾向，美国及其盟国日本带有明显的支配地位，但是在诸如非传统安全、区域合作等领域，缺乏有效的国际制度供给。冷战结束以后，特别是进入 21 世纪以来，随着中国的崛起和东盟在地区事务中的地位提高，以及各种非传统安全问题、跨国问题和区域合作问题的出现，变革美国主导的东亚国际体系成为东亚发展中国家的共同需求。比如，在核安全问题上，东盟国家为了避免大国核武器的威胁，不仅提出了东南亚无核区的倡议，而且发起缔结了《东南亚无核区条约》，显示了东盟谋求成为地区安全事务主导力量的决心。

东亚国际体系观念转型是国际体系深层次的转型，决定着国际体系转型的方向、内容和速度，也是东亚国际体系制度转型的前提条件。观念转型主要表现为东亚的安全观、发展观和地区观的变革。东亚安全观的变革经历了由传统安全观到新安全观再到命运共同体的发展历程。传统的安全观强调权力政治，重视军事力量和结盟在维护国家安全中的地位和作用，而新安全观强调经济而不是军事对国家安全更为重要，新安全观认为军事权力不再具有支配地位，经济上的相互依赖使战争的成本大为提升而不现实，应该通过增加经济相互依赖和构建国际机制来实现国际合作。2013 年，中国提出命运共同体的安全观，这是站在人类历史的高度提出的安全观。[①] 东亚地区的发展观也经历了由传统发展观向可持续发展观的过渡。

传统的发展观片面重视经济发展，忽视经济、社会、环境的协调发展，强调发展中的相对收益，而可持续发展观不仅强调发展经济，而且重视经济、资源、社会、环境协调发展的观念，它不仅注重当前的发展，更注重长远发展，强调发展中的绝对收益，因此重视国际合作和共同发展。

东亚地区主义的兴起是冷战后东亚地区发展中的一个重要事件，也是东亚国际体系观念转型最具有影响力的事件。在东亚地区主义影响下，一大批东亚区域合作机构或者机制兴起，主要包括东盟和中、日、韩“10 + 3”领导人会议、东亚峰会、中国—东盟自贸区、中日韩自贸区谈判等。中国—东盟博览会是东亚地区主义在经济方面的体现。

## 二、国家层次动力

中国—东盟博览会在国家层次的动力主要来源于中国的周边战略、西部大开发战略和国际机制战略。

中国的周边战略是中国—东盟博览会产生和发展的重要政策依托。冷战以后，东盟在中国周边外交中地位不断攀升，中国开始在政治、经济和文化等领域制定全面的战略。2002 年，江泽民在博鳌亚洲论坛成立大会上表示完全支持经济全球化和区域经济合作背景下亚洲各国共同合作、共同发展的时代要求，将建立公正合理的国际政治经济新秩序同支持多层次、多渠道、多领域的对话和合作结合起来[②]。2004 年胡锦涛在出席博鳌亚洲论坛时集中阐述了中国的经济发展“机遇论”和五个层次的亚洲观[③]，并相继在 2006 年阿拉木图亚信成员国领导人第二次会议提出建设和谐亚洲的倡议，和 2011 年博鳌亚洲论坛开幕式

---

① 新华网：习近平：积极树立亚洲安全观，共创安全合作新局面，http：//news.xinhuanet.com/politics/2014-05/21/c_1110796357.htm。

② 中国政府网：江泽民在博鳌亚洲论坛成立大会上的致辞（全文），http：//www.gov.cn/gongbao/content/2001/content_60678.htm。

③ 新华网：胡锦涛在博鳌亚洲论坛 2004 年会上的演讲，题目：中国的发展、亚洲的机遇，http：//news.xinhuanet.com/zhengfu/2004-04/26/content_1439621.htm。

演讲时重点阐述了亚洲精神的内涵，提出了建设和谐亚洲的战略。[①] 2013 年习近平在中央周边外交工作座谈会上提出了“亲、诚、惠、荣”的周边战略理念，以及中国梦和周边各国梦相结合的“命运共同体”战略，[②] 并进而在 10 月印度尼西亚国会演讲中提出建设中国—东盟命运共同体的战略构想[③] 以及和东盟国家共同建设海上丝绸之路的设想。[④]

中国日益重视中国和东盟间合作领域的扩展和各种区域合作平台的建设。冷战以后，中国和东盟的合作逐步从安全和经贸领域向其他领域扩展，各种区域合作平台和倡议不断出现。1997 年中国和东盟“10 + 1”领导人会议制度正式形成，并签署宣言《中华人民共和国与东盟国家首脑会晤联合声明》，确立了中国和东盟面向 21 世纪的睦邻互信伙伴关系。[⑤] 2002 年，中国和东盟第六次领导人非正式会议上，双方签署了《中国和东盟全面经济合作框架协议》，确定了 2010 年建成中国—东盟自贸区的目标，为双边经贸关系的发展提供了具体的动力。[⑥] 2003 年 10 月，中国和东盟各国领导人共同签署了《面向和平与繁荣的战略伙伴关系宣言》，对双边关系做了总结和展望，将睦邻互信伙伴关系提升为战略伙伴关系，为中国和东盟政治、经济、社会、文化等领域的全面合作提供了新的动力[⑦]，同年中国加入东南亚友好合作条约，会中温家宝倡议了中国—东盟博览会，并得到与会东盟各国领导人普遍的欢迎。2013 年 10 月中国和东盟领导人签署了《纪念中国—东盟建立战略伙伴关系 10 周年联合声明》，联合声明回顾了战略伙伴关系 10 年的发展历程，对中国—东盟战略伙伴关系的进一步发展在政治和安全、经济、社会和文化、地区以及国际事务等方面的合作做了全面的规划，并肯定了

---

① 人民网：胡锦涛在博鳌亚洲论坛 2011 年会上的演讲，题目：推动共同发展，共建和谐亚洲，http://politics.people.com.cn/GB/1024/14400156.html。

② 新华网：习近平大外交，http://fms.news.cn/swf/xjpwj/；人民网：习近平在周边外交工作座谈会上发表重要讲话，http://politics.people.com.cn/n/2013/1025/c1024-23332318.html。

③ 新华网：习近平在印度尼西亚国会发表演讲，题目：携手建设中国—东盟命运共同体，http://news.xinhuanet.com/world/2013-10/03/c_117591652.htm。

④ 新华网：习近平：中国愿意同东盟国家建设 21 世纪海上丝绸之路，http://news.xinhuanet.com/world/2013-10/03/c_125482056.htm。

⑤ 新华网：《中国与东盟国家首脑会晤联合声明》(1997)，http://news.xinhuanet.com/world/2001-11/01/content_94113.htm，新华网：江泽民主席在首次中国与东盟会议上的讲话（1997），题目：建立面向 21 世纪的睦邻互信伙伴关系，http://news.xinhuanet.com/ziliao/2002-10/28/content_610547.htm。

⑥ 中国商务部国际经贸关系司官网：中国和东盟全面经济合作框架协议（中文译文），http://gjs.mofcom.gov.cn/aarticle/Nocategory/200212/20021200056452.html。

⑦ 新华网：中国与东盟国家领导人联合宣言（全文），http://news.xinhuanet.com/world/2003-10/09/content_1114267.htm。

中国—东盟博览会在双边经贸领域中的重要地位。[①] 2013 年 9 月李克强在第十届中国—东盟博览会开幕式演讲中倡议中国和东盟合作的五大领域，指出中国—东盟博览会“选址南宁寓意南方安宁”，表达了对中国—东盟博览会在推动中国和东盟战略合作伙伴关系中重要地位和作用的重视[②]，并在当年 10 月举行的中国—东盟“10 + 1”领导人会议上将中国和东盟合作五大领域的构想扩大为“2 + 7”合作设想。[③]

西部大开发战略也是中国—东盟博览会的重要内部动力。1999 年 9 月中共十五届四中全会通过的《中共中央关于国有企业改革和发展若干重大问题的决定》明确提出了西部大开发的战略[④]，并在一年多后成立了国务院西部地区开发领导小组，朱镕基担任第一任组长，为加快实施西部大开发创造了组织保障。[⑤] 2000 年10 月，中央十五届五中全会制定《中共中央关于制定国民经济和社会发展第十个五年计划的建议》，强调实施西部大开发战略、促进地区协调发展“关系经济发展、民族团结、社会稳定，关系地区协调和最终实现共同富裕，是实现第三部战略目标的重大举措”。[⑥] 2001 年 3 月《中华人民共和国国民经济和社会发展第十个五年计划纲要》第八章对西部大开发战略做了比较具体的部署，强调要对内对外开放，重点发展南宁、贵阳和昆明经济区等，这从国家政策层面做出了规划。[⑦] 2004 年国务院进一步对西部大开发提出指导意见，指出要加强东部、中部和西部的协调和联系，“加大东部地区和中央单位对口支援西部地区的力度”。并且采取有力措施推动西部地区发展对外贸易和经济技术合作，全方位、多形式的扩大与周边国家和地区的经济合作和技术交流，努力开拓国际贸易和边境贸易。2006 年 3 月《中华人民共和国国民经济和社会发展第十一个五年计划纲要》第十九章对西

---

① 中国政府网：李克强在第十届中国—东盟博览会开幕式上的演讲（全文），http：//www.gov.cn/ldhd/2013-09/03/content_2480644.htm。

② 中国政府网：李克强在第 16 次中国—东盟领导人会议上的讲话，http：//www.gov.cn/ldhd/2013-10/10/content_2503038.htm。

③ 中国共产党新闻网：中共中央关于国有企业改革和发展若干重大问题的决定（全文），http：//cpc.people.com.cn/GB/64162/71380/71382/71386/4837883.html。

④ 中国政府网：国务院关于成立西部地区开发领导小组的决定，http：//www.gov.cn/gongbao/content/2000/content_60611.htm。

⑤ 中国共产党新闻网：《中共中央关于制定国民经济和社会发展第十个五年计划的建议》，http：//cpc.people.com.cn/GB/64162/71380/71382/71386/4837946.html。

⑥ 中国交通运输部：中华人民共和国国民经济和社会发展第十个五年计划纲要，http：//www.moc.gov.cn/zhuzhan/jiaotongguihua/guojiaguihua/guojiaxiangguan_ZHGH/200709/t20070927_420874.html。

⑦ 中国政府网：国务院关于进一步推进西部大开发的若干意见，http：//www.gov.cn/zhengce/content/2008-03/28/content_2060.htm。

部大开发战略做了一定程度的调整，强调了东西部协调互动机制的作用[①]，认为“西部地区要加快改革开放步伐，通过国家支持、自身努力和区域合作，增强自我发展能力”。鼓励“与毗邻国家的经济技术合作，发展边境贸易”。2007年国务院批复了《西部大开发十一五规划》，将西部大开发不仅放在国内区域协调互动机制的角度，而且第一次明确放在与周边国家、地区合作的角度来规划，体现了互利共赢的开放战略，就中国—东盟自贸区、上海合作组织等提出了西部地区构筑国际区域合作的新平台的战略任务。[②] 2009年国务院通过的《国务院关于进一步促进广西经济社会发展的若干意见》对广西在西部大开发和对外开放中的地位做了比较全面的规划，意见确认了广西优越的地理位置，即“广西壮族自治区地处华南、西南结合部，是我国面向东盟的重要门户和前沿地带，是西南地区最便捷的出海大通道，在促进区域协调发展、深化与东盟开放合作、维护国家安全和西南边疆稳定中具有重要的战略地位”。同时对广西在中国周边外交中的重要地位和意义做了阐述，认为广西的深入发展，“有利于全面实施我国的周边外交战略，深化我国与东盟的战略伙伴关系”。意见指出广西应该在深化区域合作中发挥作用，“继续办好中国—东盟博览会及商务与投资峰会、泛北部湾经济合作论坛，设立中国—东盟合作办事机构，发展面向东盟的商务总部经济”[③]，积极参与各种次区域经济合作，完善与东盟合作的平台体系，在中国和东盟自贸区的合作中发挥更大的作用，形成开放性的经济体系。2012年2月国务院批复了《西部大开发十二五规划》，与之前的西部大开发规划不同的是，对广西在开放中的定位做了具体的规划，指出广西是中国与东盟合作的高地，鼓励广西建设并完善与东盟的合作平台，在中国—东盟自贸区中发挥更大的作用，增强参与国际合作和竞争的能力，并明确指出“继续支持办好中国—东盟博览会，发挥其对外开放平台和区域合作平台的载体和辐射功能”。[④]

中国针对东南亚地区国际机制的战略转变也构成了中国—东盟博览会重要的动力之一。随着20世纪90年代以来中国和东南亚国家间的关系不断升温，中国

① 中国政府网：中华人民共和国国民经济和社会发展第十一个五年规划纲要，http://www.gov.cn/gongbao/content/2006/content_268766.htm。

② 陕西省工业和信息化厅：西部大开发“十一五”规划，http://www.sxgxt.gov.cn/0/1/5/38/312/2164.htm。

③ 中国政府网：国务院关于进一步促进广西经济社会发展的若干意见，http://www.gov.cn/zhengce/content/2009-12/07/content_1632.htm。

④ 中国农业信息网：西部大开发“十二五”规划（全文），http://www.agri.gov.cn/cszy/BJ/whsh/ncwh/201202/t20120221_2486222.htm。

开始重视并有选择地支持或者加入东南亚地区的国际机制，后来更是积极地倡导和建设新的国际机制。东盟是东南亚地区最重要的区域国际组织，1997 年中国和东南亚建立了“10 + 1”对话机制，随后这一机制扩展为“10 + 3”机制和“10 + 6”机制，显示出强大的生命力。中国重视并支持东盟在地区一体化中的主导地位，2002 年 11 月率先同东盟签订自贸区协定，并签订《南海各方行为宣言》，2003 年 10 月中国加入《东南亚友好合作条约》，为中国和东盟建设和平与繁荣的战略伙伴关系注入了新的活力，也直接促成了 2004 年 9 月东盟各国集体承认中国的市场经济地位。

中国主导建立的一系列地区国际机制，开始掌握中国和东盟地区合作议程的主导权。中国—东盟中心①、中国—东盟商务理事会②、中国—东盟海上合作基金③、中国—东盟投资合作基金④、丝路基金、中国—东盟环境保护合作中心⑤、亚洲基础设施投资银行⑥、区域全面经济伙伴关系（RCEP）⑦、中国—东盟技术转移中心⑧、中国—东盟青少年培养基地、中国—东盟妇女培训中心以及各种次区域合作机制⑨等一系列面向中国和东盟合作的国际组织和机制为中国—东盟博览会向纵深发展提供了源源不断的动力。

## 三、次国家行为体层次的动力

广西壮族自治区是中国—东盟博览会产生和发展的最直接的驱动力。广西壮族自治区为中国—东盟博览会提供的动力主要来源于广西壮族自治区的自身战略地位的转变、开放战略的不断完善和丰富的区域合作实践。

---

① 中国—东盟中心官网：秘书长在中国—东盟中心网站的致辞，http：//www.asean-china-center.org/zxgk/。

② 中国—东盟商务理事会：关于我们，http：//www.china-aseanbusiness.org.cn/AboutUs.asp。

③ 中国国际问题研究院：中国东盟海上基金的发展及其前景，http：//www.ciis.org.cn/gyzz/2014-10/14/content_7294831.htm。

④ 中国—东盟中心官网：中国—东盟投资合作基金简介，http：//www.asean-china-center.org/2012-05/11/c_131582354.htm；中国—东盟投资合作基金官网：http：//www.china-asean-fund.com/sc/。

⑤ 中国—东盟环保合作中心官网：机构职能，http：//www.chinaaseanenv.org/zxgk/zzjg/271079.shtml。

⑥ 观察者：印度尼西亚签署筹建亚投行备忘录，成为第 22 个创始成员国，http：//www.guancha.cn/Neighbors/2014_12_01_302033.shtml。

⑦ 中国商务部中国自由贸易区服务网：区域全面经济合作伙伴关系协定（RECP），http：//fta.mofcom.gov.cn/article/ftanews/201211/11202_1.html。

⑧ 中国—东盟技术转移中心官网：中心介绍，http：//www.cattc.org.cn/about_us。

⑨ 比如，泛北部湾次区域合作、大湄公河次区域经济合作等机制。详见由国家发改委、外交部、财政部和科技部共同完成的《中国参与大湄公河次区域经济合作国家报告》，http：//www.gov.cn/jrzg/2011-12/17/content_2022602.htm。

广西在中国周边战略中的战略地位由冷战对峙前沿到开放合作前沿的变化为中国—东盟博览会提供了良好的外部环境。冷战期间，广西处于中越紧张对峙的前线地区，冲突时有发生，边境地区雷区遍布，经济发展长期处于全国最低水平。冷战结束以来，中越关系正常化，为广西社会经济发展提供了良好的国际环境。特别是中越边境地区扫雷的完成、基础设施的改善和中越陆地边界的最终确立，使广西彻底告别了战争的威胁，走上了和平发展的轨道。西部大开发战略提出以来，广西在全国对外开放中的地位日益提高，成为中国西南地区出海大通道和中国对东盟合作的战略高地。

广西开放战略的不断完善形成中国—东盟博览会发展的具体动力。早在 1995 年广西就制定的《国民经济和社会发展九五计划和 2010 年远景目标规划纲要》中，就非常具有预见性地制定了“通贸兴边”、大力发展边境贸易的战略，将开拓东盟、东欧、中美洲、中东、非洲、大洋洲等广西出口薄弱而具有市场潜力的新市场，将服务西南地区作为主要发展战略，将出海大通道建设作为 2010 年主要发展目标。[①] 2006 年 1 月广西人大通过了《广西壮族自治区国民经济社会发展第十一个五年规划纲要》，将会展经济作为新型服务业的重点发展对象，特别是指出了中国—东盟博览会等重点会展对于打造南宁、桂林等城市特色会展业的重要意义，认为南宁应该加快构建与东盟国家交流平台，努力建设成为区域国际化城市，增强城市综合竞争力和辐射带动力，调整对外贸易结构，将发展对东盟贸易作为国际贸易的重点，强调了中国—东盟博览会的平台和纽带作用，将广西定位于中国—东盟自贸区的区域性加工制造中心、物流中心、商贸中心和文化交流平台。[②] 2011 年 1 月广西人大通过的《广西壮族自治区国民经济和社会发展第十二个五年规划纲要》，进一步提出广西的发展要依靠服务国家周边外交战略的发展思路，将广西定位于中国和东盟开放合作的新高地，提出“办好中国—东盟博览会的机制化建设，争取更多中国—东盟合作机制和机构落户广西，加快建设面向东盟的南宁商务总部基地的具体发展策略”。[③] 需要特别指出的是，这一规划纲要还首次提出了依托国家周边战略的广西地方外事工作的思路。

南宁城市影响力和辐射力的不断发展为中国—东盟博览会的发展提供了具体

① 广西政府网：国民经济和社会发展九五计划和 2010 年远景目标规划纲要（全文），http：//www.gxzf.gov.cn/zwgk/fzgh/ztgh/201407/t20140710_432254.htm。

② 广西政府网：广西壮族自治区国民经济和社会发展第十一个五年规划纲要（全文），http：//www.gxzf.gov.cn/zwgk/fzgh/ztgh/201407/t20140710_432255.htm。

③ 广西政府网：广西壮族自治区国民经济和社会发展第十二个五年规划纲要（全文），http：//www.gxzf.gov.cn/zwgk/fzgh/ztgh/201105/t20110524_323633.htm。

的发展动力。中国—东盟博览会举办以来和南宁城市发展形成了良性互动的局面。

第一，中国—东盟博览会持续举办带动了更多的中国与东盟合作的机制落户南宁，初步形成了中国和东盟合作的“南宁渠道”。据统计，现在落户南宁的中国—东盟合作机制有十几个之多，比如2007年的中国—东盟青少年培训基地、中国—东盟妇女培训基地、2013年成立的中国—东盟技术转移中心等。另外，东盟五国已经在南宁开设领事馆，未来会有更多的东盟国家设立驻南宁领事馆。依托各种《南宁共识》、《南宁联合宣言》、《南宁倡议》诞生了一系列新的机制、论坛和专业展。

第二，南宁在中国—东盟区域合作中的地位不断提升为中国—东盟博览会发展提供了更大的支撑。近年来，南宁在中国和东盟合作过程中，逐步发展成为区域商贸中心、物流中心和文化交流中心，具有南宁特色的服务中国—东盟自贸区的商务总部经济正在形成。

第三，南宁会展发展的软硬环境持续改善，为中国—东盟博览会的发展提供了良好的环境支持。2004年以来，南宁的会展产业链不断完善，会展经济对相关产业的带动作用日益提高。交通、通信、旅游、酒店、物流等相关产业领域的条件不断改善，会展基础设施水平不断提高，南宁国际会展中心可展览面积达到6.2万平方米，极大地改善了中国—东盟博览会的办展条件。2004年首届中国—东盟博览会举办时，广西壮族自治区尚没有高校有开设会展教育，但是截至2015年1月，广西壮族自治区开设会展教育的高校已经达到7所，其中1所本科院校为广西财经学院，专科院校6所，分别是南宁职业技术学院、桂林旅游高等专科学校、广西演艺职业学院、广西外国语学院、北海职业学院和广西国际商务职业技术学院，为南宁会展经济的发展提供了良好的人力资源支持。① 另外，广西大学和广西国际博览事务局共同成立的中国—东盟研究院、广西民族大学成立的东盟学院等也成为中国—东盟博览会发展的高端智库机构和人才培养基地。

① 根据中国教育部高校招生阳光工程制定平台相关信息整理，参见 http：//gaokao.chsi.com.cn/zyk/zybk/specialityDetail.action。

# 第三节　中国—东盟博览会的功能分析

中国—东盟博览会是承担国家周边战略的博览会，同时也是中国和东盟间重要的经贸交流合作博览会，是中国和东盟相互学习和借鉴的重要区域合作制度，具有复合型的地缘战略功能、地区贸易促进和治理功能和社会建构功能。

## 一、地缘战略功能

中国—东盟博览会复合型的战略功能主要包括经济战略、政治战略和文化战略。中国—东盟博览会第一位的战略功能是具有经济战略功能。中国—东盟博览会着眼于中国和东盟的经济合作，通过双向的市场开放促进双边的经济社会发展，从而达到促使经济上的相互依赖进一步加深。中国—东盟博览会围绕中国和东盟自贸区的建设进程以及中国和东盟各国的经济社会发展水平、资源禀赋、产业结构和行业特点设置展览内容，包括商品贸易展区、投资合作专题、先进技术专题、服务贸易专题和魅力之城专题五大主题展区[①]，高度集中中国和东盟 10 国的企业、商品和项目资金等信息，将中国—东盟自贸区投资贸易便利化从政府层面推进到企业层面，成为中国—东盟自贸区建设的推进器。

中国—东盟博览会还是中国和东盟间开展经济外交的重要平台。经济外交是中国对东盟战略最重要的一环，中国—东盟博览会本身就是中国经济外交的体现，也是推动中国对东盟经济外交的重要平台。为了 2010 年如期建成中国—东盟自贸区，并进一步深化双方在金融、服务、农业和信息产业等领域的合作，温家宝总理在 2003 年 10 月印度尼西亚巴厘岛举行的第七次中国—东盟领导人会议上向东盟各国领导提出建议："从 2004 年起每年在广西南宁举办中国—东盟博览会"[②]，随后得到东盟各国领导人普遍响应，并确立了由中国商务部和东盟 10 国政府经贸部门共同主办的机制。2013 年，李克强总理在出席第十届中国—东盟博览会

① 新华网：RECP 合作为建设海上丝绸之路扩展空间，http：//news.xinhuanet.com/yzyd/local/20141112/c_1113222241.htm；新华网：张高丽在第十一届中国—东盟博览会开幕式上的演讲（全文），http：//news.xinhuanet.com/politics/2014-09/16/c_1112506640.htm。

② 新华网：温家宝出席第七次中国与东盟领导人会议，http：//news.xinhuanet.com/world/2003-10/08/content_1113779.htm。

开幕式演讲时指出，周边地区始终是中国外交的重点，处于中国外交的首要地位。中国政府将更加主动地实现中国发展战略和周边各国发展战略的对接，打造和平繁荣的命运共同体。为了推动双边战略伙伴关系，李克强提议中国和东盟共同打造中国—东盟自贸区升级版，并一道推动“区域全面经济伙伴关系”（RCEP）谈判，探讨与“跨太平洋伙伴关系协议”（TPP）等区域合作机制交流。[①] 随后，中国和东盟筹备自贸区升级谈判，并在一年后正式同意就自贸区升级展开谈判。[②]

另外，中国—东盟博览会在推进“区域全面经济伙伴关系”（RCEP）、大湄公河开发、泛北部湾开发等次区域合作，以及海上丝绸之路战略上发挥了重要的平台功能。[③]

中国—东盟博览会除了在周边战略中发挥经济战略功能以外，还承担了重要的政治战略功能。政治战略功能主要是指通过首脑外交、部长会议等各种形式提升中国和东盟的政治互信水平，打造中国和东盟的战略伙伴关系。前十届中国—东盟博览会共有 52 位中国和东盟领导人、2040 位部长级官员出席，会议期间举行中国和东盟领导人会晤和部长对话等政治外交活动，成为中国和东盟国家之间友好交往的又一个重要场所，密切了双方的战略伙伴关系。以 2013 年第十届中国—东盟博览会为例，中国国务院总理李克强在广西南宁会见了出席中国—东盟博览会开幕式的 6 位东盟国家领导人，包括缅甸总统吴登盛、柬埔寨首相洪森、老挝总理通辛、泰国总理英拉、越南总理阮晋勇和新加坡副总理张志贤等，会晤有利于改善双边关系，增加政治互信。2014 年 9 月，越南副总理兼外交部长范平明认为中国—东盟博览会“作为中国和东盟战略伙伴关系之一的成果，已经成为双方成功合作的典范”。[④]

随着影响力的扩大，中国—东盟博览会还成为衡量双边政治关系的“晴雨表”。2013 年菲律宾是第十届中国—东盟博览会主题国，虽然菲律宾总统阿基诺多次表示希望同东盟各国领导人一起出席中国—东盟博览会的开幕式，但是因为

---

① 新华网：李克强在第十届中国—东盟博览会开幕式上的演讲（全文），http：//news.xinhuanet.com/politics/2013-09/03/c_117214303.htm。

② 中国政府网：中国东盟同意开始自贸区升级谈判，http：//www.gov.cn/xinwen/2014-08/26/content_2739931.htm。

③ 广西新闻网：中国—东盟博览会：从“10+1”密切合作向“10+6”全面拓展，http：//news.gxnews.com.cn/staticpages/20140314/newgx53223333-9862103.shtml。

④ 新华网广西频道：越南副总理兼外长范平明在第十一届中国—东盟博览会开幕式上的致辞，http：//www.gx.xinhuanet.com/topic/2014dm/2014-09/19/c_1112555973.htm。

南海领土冲突，而没能接受到中国政府的邀请。[①] 这表明中国在区域合作互利共赢的同时，也严守底线意识，表明了中国的政治立场和态度。

中国—东盟博览会是在中国和东盟 10 国领导人共同推动下产生和发展起来的，其高规格的多边外交舞台性质受到中国和东盟各国重视。中国—东盟博览会开幕式成为展示政治互信、阐释地区合作理念和方案的最佳舞台。2006 年菲律宾总统阿罗约在第三届中国—东盟博览会开幕式发表演讲，主张东盟要大力发展和中国的自贸区，减少对欧美的过度依赖，认为要从战略上规划中国和东盟的长远关系，推进地区一体化[②]。2013 年李克强在第十届中国—东盟博览会开幕式上就中国政府的周边政策、南海政策和东盟政策进行了集中阐述，以三个“坚定不移”概括了中国的东盟战略[③]，即坚定不移地把东盟国家作为周边外交的优先方向，坚定不移地深化同东盟的战略伙伴关系，坚定不移地同东盟携手，共同维护本地区包括南海的安全和稳定。

## 二、区域治理功能

随着中国—东盟博览会的发展和作用日益扩展，作为地区合作的常设制度安排，其区域治理功能日益凸显出来。中国—东盟博览会的区域治理功能主要来源于中国—东盟博览会对中国—东盟区域合作制度（机制）的关注。区域治理所关注的区域制度在区域化中的意义在于，一方面，从互动利益考虑上约束区域内行为体的行为，迫使其在区域制度框架内行动；另一方面，制度还可以形成行为意识和认同的建构功能[④]，使在制度体系中的行为体通过制度的各种功能逐渐内化（制度体现的）理念，进而引导它们的行动。因此，中国—东盟博览会的区域治理功能体现在其制度体系中。

中国—东盟博览会的制度体系主要有三个方面：一是中国—东盟博览会的展览制度体系，这一制度体系主要包括组织机构制度、展区划分制度、企业或者展品遴选标准制度、魅力之城制度、主题国制度和特邀贵宾国制度等，这些制度也

---

① 广西民族大学—东盟信息平台：菲律宾总统阿基诺取消参加第十届中国—东盟博览会，http：//124.227.192.189/handle/52904102/217。新浪：习近平强调中国需要周边稳定，http：//news.sina.com.cn/c/2012-09-22/061925228974.shtml。网易：菲律宾首次出任中国—东盟博览会主题国，http：//news.163.com/13/0604/14/90HHE1L3000 14JB6.html。

② 中国网：第三届中国—东盟博览会开幕式视频、图文直播，http：//webcast.china.com.cn/webcast/created/961/34_1_0101_desc.htm。

③ 中国新闻网：李克强在第十届中国—东盟博览会开幕式上的致辞（全文），http：//www.chinanews.com/gn/2013/09-03/5241187.shtml。

④ 李东屹：《从区域治理视角看东盟在东亚区域化中的地位》，《国际关系学院学报》2010 年第 4 期。

是中国—东盟博览会最基本的制度体系，这一制度的核心是中国和东盟间的贸易促进。二是中国—东盟博览会的各种会议论坛构成的协商和交流体系，这一协商和交流体系包括开幕式制度、领导人会晤制度，以及围绕贸易、投资、旅游、科技、港口、质检、妇女、青年等领域的论坛制度和各种部长合作机制，这是中国—东盟博览会功能拓展的制度体系，这一制度着眼于中国和东盟自贸区推进过程中的贸易治理，并逐步延伸到区域金融、基础设施、海上安全、社会问题等领域。三是中国—东盟博览会举办期间由中国和东盟10国政府及政府主管部门签署的一系列宣言、协定、计划、倡议和共识等所构成的国际文本体系以及由此设立专门的机构体系，这是中国—东盟博览会区域治理功能的法治基础。

中国—东盟博览会区域治理体系从组织机构、协商和交流制度上看，都表现出极强的国家色彩，实际上起主要作用的还是各成员国政府，由于所签署的宣言、计划、倡议之类的国际协议一般都不具有特别强的约束力，因此，中国—东盟博览会的区域治理体系呈现弱制度性的国际合作特征。

中国—东盟博览会区域治理体系的强国家色彩和弱制度性的国际合作特征体现了对东盟区域治理模式的借鉴和对东盟在区域一体化进程中主导地位的尊重。东盟区域治理模式强调四个基本原则：一是非正式性，对正式机制化持谨慎态度，非正式化贯穿于东盟治理机制的每一个环节；二是包容性，即开放的地区主义；三是重视共识，强调一切决定的协商一致；四是互不干涉，对主权的尊重。① 从某种程度上讲，中国—东盟博览会是对“10+1”、“10+3”区域治理网络的补充。

中国—东盟博览会的区域治理对象除了贸易、投资，已经通过越来越密集的治理网络体系扩展到次区域合作、工业园区、经济特区、旅游、海上安全、港口、金融、农业、交通、信息工程、公共卫生、人力资源、教育文化等十几个常规领域和数个非传统安全领域。

## 第四节　中国—东盟博览会的影响分析

中国—东盟博览会举办以来，不仅成功地推动中国和东盟各国之间的经贸合作、政治往来和人文交流，而且在多个方面发挥了重要的作用，具有重要的影

① 李东屹：《从区域治理视角看东盟在东亚区域化中的地位》，《国际关系学院学报》2010年第4期。

响。这些影响主要体现在改善中国周边战略环境、促进中国和东盟地区一体化的深入发展、命运共同体建构和提升中国的地区软实力等方面。

## 一、改善中国地缘战略环境

中国—东盟博览会具有复合型的功能对中国地缘战略环境的改善也是多方面的，主要体现在：

第一，地缘政治环境的改善。中国—东盟博览会是中国着眼于周边战略的一项战略措施，通过中国—东盟博览会中国和东盟开放彼此市场，不仅成功地推动了双边的自贸区建设，而且加深了中国和东盟的相互依赖程度，提升了政治互信水平，可以“防止美国任何可能的遏制战略”。[①] 中国—东盟博览会不同于上海合作组织的安全主导模式，而是一种由贸易和经济相互依存的新模式为主导的，兼具经济、政治、安全和文化等功能的区域合作模式，具有更强大的生命力，也因此，中国—东盟博览会在地缘政治上也产生了良好的示范效果。在这之后，中国—亚欧博览会、中国—东北亚博览会、中国—南亚博览会和中国—阿拉伯国家博览会相继产生，中国地缘政治中出现了历史上从未有过的良性竞争局面，大幅度改善了中国周边各个方向的战略压力。

第二，地缘经济环境的改善。中国—东盟博览会以推动中国和东盟经济整合为目标，以建立和完善中国—东盟自贸区为宗旨，不仅推动了中国和东盟之间的货物贸易、服务贸易和跨境投资，而且在降低关税、提高透明度、投资便利化、金融合作、人民币国际化等方面都做出了一定的贡献。特别需要指出的是，在美国重返亚洲战略的背景下，中国—东盟博览会适时提出打造中国—东盟自贸区升级版的战略规划，有助于我国和东盟围绕人流、物流、信息流、资金流、能源流、基础设施和宏观政策形成较高水平的一体化新格局，逐步建成统一市场，有助于中国和东盟在国际政治经济事务中彼此协调，以共同的声音发挥作用，既可以应对美国在亚太地区主导的 TPP 谈判对中国形成的战略压力，也可以提高在 WB、IMF、WTO 等世界经济组织内的发言权和影响力，还可以共同推进 APEC、ADB 等区域性组织的改革。[②]

第三，地缘文化环境的改善。中国—东盟博览会对中国地缘文化环境的改善主要体现在：首先，推动中国和东盟在文化领域的合作。历届中国—东盟博览会

---

① 马凯硕：《新亚洲半球》，北京：当代中国出版社 2010 年版，第 245~246 页。

② 北京纲领：构建融合、创新、互联的亚太——亚太经合组织第 22 次领导人非正式会议宣言，http: // www.apec-china.org.cn/1/2014/11/12/21@2504.htm。

都会举办丰富多彩的文化交流活动，如南宁国际民歌节、风情东南亚·相约南宁、东南亚国际旅游美食节、中国—东盟文化产业论坛、中国—东盟媒体合作高层研讨会、中国—东盟博览会文化展等，另外还成立了一些常设性的机制或者机构负责文化教育交流，如中国—东盟教育培训中心、中国—东盟教育交流周、中国—东盟教育论坛等，这些活动、机构或者机制促进了中国和东盟各国文化的交流，也便利了中国文化产业进入东盟市场。近年来，东盟多国出现的汉语热、中华文化热，留学中国成为东南亚各国学生的时尚。① 中国电视剧、电影在东南亚国家受到普遍欢迎，很多中国流行歌曲在东南亚国家传唱甚至被改编。中国文化在东盟各国人民眼里正在日益具有吸引力，中国也日益成为具有魅力的大国。

其次，推动中国和东盟在体育领域的合作。在中国—东盟博览会带动下，广西相继成立了中国—东盟体育交流合作中心和中国—东盟体育信息中心等机构，负责中国和东盟各国之间的体育合作和交流。在专业机构的领导下，目前，中国和东盟之间的体育合作不仅局限于共同举办各类体育赛事，而且还深入到东盟国家体育人才的培训方面。在中国具有优势的体育项目上，如举重、跳水、乒乓球、羽毛球等，以及武术等中国传统项目，开展了深入合作，每年都会吸引大批东盟运动员、教练员前来受训。② 博览会期间举办的高尔夫名人邀请赛、中国—东盟国际汽车拉力赛、网球之友联谊等活动同样促进了中国和东盟的体育交流。

最后，推动中国和东盟在旅游、扶贫和妇女儿童权益保障等领域的合作。目前中国和东盟建立了旅游部长的合作机制，建立了中国—东盟青少年培训基地、中国—东盟妇女培训中心等机构，并在每年博览会举办同期召开中国—东盟社会发展与减贫论坛，这些机制和机构极大地推动了中国和东盟之间在相关领域的深入合作。

第四，地缘安全环境的改善。中国—东盟博览会对中国地缘安全环境的改善主要体现在非传统领域。近年来，中国—东盟博览会聚焦地区金融安全、海上安全、科技救灾等领域议题，通过建立中国—东盟海上合作基金、中国—东盟港口城市合作网络，设立中国—东盟人民币交易中心、中国—东盟海上执法机构交流机制、中国—东盟技术转移中心等，成功地推动了中国和东盟在上述领域的合

---

① 为了推动中国和东盟的教育交流和合作，2009 年第二届中国—东盟教育交流周提出 2020 年前努力实现双十万学生流动计划，即在 2020 年实现东盟来华留学生和中国到东盟的留学生都达到 10 万人左右。参见中国—东盟教育交流周官网：第二届中国—东盟教育交流周达成多项共识，http：//dm.gznu.edu.cn/third.jsp？urltype=news.NewsContentUrl&wbtreeid=1002&wbnewsid=1025。

② 新华网广西频道：中国与东盟体育交流日趋热络，扩过体育赛事增多，http：//www.gx.xinhuanet.com/newscenter/2013-09/02/c_117189087.htm。

作。另外，中国—东盟博览会成立以来不断推动中国和东盟在次区域治理方面合作，双方相继签署和实施了一批次区域开发合作计划，如泛北部湾合作、大湄公河次区域合作等，这些次区域合作计划有助于提升中国的地缘安全环境。

## 二、促进中国和东盟的一体化

中国—东盟博览会不仅成功地推动了中国和东盟之间自贸区的建设，而且在多领域促进了中国和东盟一体化进程。2008 年全球金融危机以来，世界复苏进程并不乐观，区域一体化加速发展，各种高标准的自贸区谈判兴起，同时我国以开放促改革的要求更加迫切，加快建设周边地区高标准的自贸区网络加紧实施，因此进一步提升中国和东盟自贸区的合作水平成为强烈诉求。在这一背景下，2013 年李克强总理在出席第十届中国—东盟博览会时适时提出打造中国—东盟自贸区升级版的倡议，不仅显示了中国对区域合作议程的主导能力，而且也表明中国—东盟博览会在自贸区建设中占据极为重要的地位。

中国—东盟博览会相关论坛对区域环境治理、基础设施建设、非传统安全等领域的关注，也催生出一批机制和制度。比如，2013 年第五届中国东盟金融合作论坛以货币自由流通为主题，针对中国和东盟之间越来越多的跨境人民币业务，进行了充分的探讨并达成多项共识，推动了人民币在地区贸易中的结算货币地位的确立。[①] 中国—东盟中心、中国—东盟环保中心、中国—东盟教育培训中心、中国—东盟海上合作基金、中国—东盟科技转移中心、中国—东盟港口城市合作网络等一大批合作机构的成立和运作，推动中国和东盟一体化从经贸向更为纵深的领域发展。

## 三、影响地区认同

中国—东盟博览会不仅改善了中国的国际形象，提升了中国的软实力，推动了中国和东盟全方位的一体化进程，而且逐步影响了地区的观念和认知，促使中国—东盟发展共同体、命运共同体等观念深入人心，建立了新的地区认同，也有力地改善了中国地缘战略环境。

中国—东盟博览会对地区观念、地区认同的影响和塑造主要表现在以下几个方面：

① 广西新闻网：第五届中国—东盟金融合作与发展领袖论坛举行，http：//news.gxnews.com.cn/staticpages/20130904/newgx5227475e–8460118.shtml。

第一，中国—东盟博览会本身所体现的地区观念被地区各国和人民所认同。中国—东盟博览会命名本身就是一种观念的创新，这种创新具体体现的是区域经济一体化的观念、合作共赢的理念，既顺应了中国和东盟区域一体化的内在要求，又呼应了全球其他地区一体化加速发展的外在竞争环境。另外，博览会本身独有的 11 国和东盟秘书处共同主办的框架机制蕴含了更多的创新。一般而言，传统的博览会主办方最高级别就是在国际展览局指导下由一国政府主办，其国内某个城市承办的世博会，在现代博览会的国际实践中，并没有出现过多国政府共同主办博览会的情况，而且区域内国家共同主办常设性质的博览会更是绝无仅有，因此，中国—东盟博览会的运行机制属于博览会历史上的创新，这种创新体现的是区域联合的思想，也体现了中国对东盟在区域合作中主导地位的认可。

第二，中国和东盟各国有关地区合作的观念通过博览会的运作内化为区域各国的共识。中国—东盟博览会不仅是展示中国改革、开放和发展成果的舞台，也是东盟各国展示国家形象、吸引各国投资的舞台，更重要的是中国和东盟各国围绕国家发展道路、区域合作等相互学习和借鉴的重要平台。中国—东盟博览会举办 11 年来，中国道路、中国模式逐步成为东盟国家学习和模仿的对象①，不仅如此，中国倡导的有关东亚合作的一些理念也逐步为东盟各国接受，成为区域内国家的共识，如“互信、互利、平等、协作”的新安全观、开放的地区主义和东盟在东亚地区合作中的主导地位等。与此同时，东盟各国有关东亚地区合作的观念也在影响中国的观念和行动。以马来西亚的中国观为例，马来西亚对中国的看法经历了“中国威胁论”到“中国机遇论”的转化过程，而且认为中国将是未来亚洲的主导国家。新加坡著名战略学家马凯硕认为亚洲正在崛起，即将成为世界历史的主体和未来全球的主角，但是在重构世界秩序和改善全球管理中，我们需要求助于“历经时间考验的原则来创建社会和政治秩序”。②

第三，中国—东盟博览会的功能溢出效果产生的新观念。中国—东盟博览会的运作过程中功能不断拓展，逐步由经贸领域扩展到政治外交、人文和非传统安全等领域，形成了立体化的合作机制网络，一系列新的观念比如中国—东盟统一市场、中国—东盟安全共同体、中国—东盟互联互通等相继产生，正在逐步影响中国和东盟由发展共同体观念向命运共同体观念的转变，在此基础上，中国和东盟各国对于共同的身份认同越发明确。

---

① 这方面主要表现在兴建经济特区、产业园等。

② 马凯硕：《新亚洲半球》，北京：当代中国出版社 2010 年版，第 215~216 页。

## 四、提升中国在东南亚地区的软实力

中国—东盟博览会显著提升了中国在东南亚地区的软实力。在软实力的提出者约瑟夫·奈看来，文化、意识形态和国际制度是软实力的核心要素，一个国家战略意图的实现，有利于一个国家通过观念的吸引力或者确定政治议程来塑造他者行为倾向的能力。约瑟夫·奈还认为，硬实力和软实力相互作用、相互影响，制定议程和吸引他国与通过威胁使用军事、经济手段迫使它们改变立场同样重要。① 门洪华借鉴约瑟夫·奈的软实力观，结合中国的实践，认为软实力的核心要素应该包含五个由内而外的要素，即文化、观念、发展模式、国际制度和国际形象。其中前三个要素构成软实力的内功，国际形象构成中国软实力的外功，国际制度连接内外，成为中国展示和构建软实力的主渠道。

中国—东盟博览会作为典型的大型会展活动，具有不可比拟的形象展示功能。通过中国—东盟博览会，中国得以展示改革开放 30 多年来的巨大发展成就，中国在东南亚地区的国际形象得到极大改善。中国威胁论基本上被中国机遇论取代，即便是和中国有领土争端的个别东南亚国家也开始承认中国的发展对它们来讲机遇大于威胁。中国在东南亚的国际形象由"封闭、落后、贫困"的发展中大国，逐步向开放、进步和富裕的世界大国转变。

中国—东盟博览会推动了中国和东盟之间的文化交流，促进了中国文化和观念在东南亚地区的传播。中国—东盟博览会主要通过举办各种人文交流、论坛和建立固定的交流机制来推动东南亚国家和人民对中国文化和观念的学习和了解。2005 年中国和东盟共同签署《中国—东盟文化合作谅解备忘录》，2006 年在中国—东盟博览会期间举办中国—东盟文化产业论坛，并相继通过了一系列以《南宁共识》、《南宁联合宣言》和《南宁倡议》命名的会议文件，为文化领域的交流提供了制度保障。中国—东盟青年少培养基地、中国—东盟妇女培训中心等中国与东盟的合作机制也纷纷落户南宁。中国—东盟大学合作框架的覆盖范围日益扩大，2004~2013 年孔子学院在东盟国家发展迅速，传播了中国的文化、价值观。最后中国—东盟博览会本身所蕴含的中国和东盟区域合作观念、区域开放观念、互利共赢的观念、命运共同体意识等在东盟官方和民间均逐渐深入人心。

中国—东盟博览会是创新的国际机制安排，是中国提供的区域公共产品。不同于传统的博览会，中国—东盟博览会是中国和东盟官方合作的常设性、复合型

① 门洪华：《中国软实力评估报告（上）》，《国际观察》2007 年第 2 期，第 15~26 页。

的博览会，具有协调和治理中国和东盟间经济贸易的多种功能。中国—东盟博览会产生以来，不仅成功地推动了区域内货物贸易和服务贸易的发展，而且推动了区域内的跨国投资，实质性地促使中国—东盟自贸区的深化和升级。通过历届博览会期间的领导人会见、各个领域的部长会议和地方领导人会谈，中国东盟博览会作为中国和东盟之间除了中国—东盟“10 + 1”领导人会议以外最为重要的一项制度安排，真正丰富和完善了中国和东盟间的制度安排，是中国主动倡导并建设的第一个博览会制度安排。

中国—东盟博览会真正起始于经贸合作，但是已经扩展至经济社会发展、国家治理和区域合作等层面，中国发展经验和中国模式[①] 在地区受到日益热烈的欢迎。20 世纪末东南亚金融危机后，标志着自由主义和市场经济结合的美国模式彻底被东南亚国家抛弃。进入 21 世纪以来，随着中国崛起速度的加快以及中国和东盟合作的深入发展，中国—东盟博览会越来越成为中国经验和中国模式的展示、学习平台，国家主义和市场经济结合成为东南亚国家经济发展的重要信条。

① 中国经济发展的经验、中国金融管理的经验等。有关中国发展模式的论述请参阅俞可平：《中国模式与“北京共识”：超越“华盛顿共识”》，北京：社会科学文献出版社 2006 年版。

# 第六章　中国边疆地区博览会的发展趋势和挑战

## 第一节　中国边疆地区博览会的发展趋势

### 一、中国边疆地区博览会将进入大发展的时期

随着实践和理论的发展，中国边疆地区博览会将成为具有中国特色的周边战略工具。中国边疆地区博览会大发展具有多重主客观原因。

首先，深化与中国的合作是中国周边国家经济社会发展和国家安全的双重需求，已经成为区域内的共识。目前，中国已经成为世界第二经济大国和最大的贸易国，并快速成长为全球最大的资本输出国，成为全球发展和稳定的关键力量，国际政治经济秩序，特别是地区政治经济秩序正在面临历史性的重塑。另外在世界贸易组织全球规则难产的情况下，各种区域合作安排成为全球各国最优的战略安排。因此借助和中国区域合作，"搭便车"战略成为中国周边国家的最优选择。

其次，周边战略在中国全球战略中的地位日益提高。中国周边地区在中国外交战略中的地位提升有一个历史过程。这一历史过程受制于国际体系、国际秩序和中国自身的力量。冷战以后，特别是 21 世纪以来中国逐步调整了过度重视大国关系的战略取向，开始对周边地区有了全面的认知，认为周边地区是中国实现大国崛起的重要战略依托，也是中国由地区大国走向世界大国的必要路径，直接

关系到中国“两个百年目标”[①] 的实现。中国周边战略倡导命运共同体观[②] 标志着中国将从安全、政治、经济、文化等方面全方位拓展与中国周边地区的合作。

博览会日益成为中央政府开展周边战略的重要战略手段和边疆地区经济社会发展的重要手段。博览会外交正日益成为中国周边外交的重要特色和创新。中国边疆地区博览会并不是单纯的经贸外交，在区域合作框架下，其在制度和内容设计上具有开放性和灵活性，可以将首脑外交、安全对话、公共外交等外交形式作为重要部分纳入到体系中，并适时调整展览会和各种论坛的主次顺序，也因此各种博览会常常被写入中国与周边各国的各种级别的联合公报中。[③] 同时，在中国会展经济发展的大背景下，博览会也正在成为中国边疆地区促进经济社会发展的重要手段，并且在边疆地区的发展战略中占据日益重要的地位。[④]

中国边疆地区博览会的大发展将集中表现在以下几个方面。中国边疆地区博览会数量将急剧增加，数量的增加来源于以下三方面。

第一，既有博览会的扩容。随着中国和周边地区一体化的快速发展，作为一体化主要平台的博览会也要相应地回应一体化各个领域需求举办各种专业展览会[⑤]。另外，区域内国家和城市对于承办博览会的需求也将促使中国边疆地区博览会探索跨境联合举办的新途径。

第二，新的中国边疆地区博览会的诞生。随着中国周边战略的调整、边疆各个地区开放的深入，中央政府和地方政府在对外事务协调中的行为日益增多，这将为中国边疆地区博览会的产生提供更多的机遇和更丰厚的土壤。[⑥]

第三，边疆地区自主举办的博览会将大量涌现。一个是会展市场主体举办的博览会的大量涌现。随着既有的中国边疆地区博览会的发展，中国边疆地区会展

---

① 新华网：习近平出席中央外事工作会议并发表重要讲话，http：//news.xinhuanet.com/politics/2014-11/29/c_1113457723.htm。中国政府网：习近平在周边外交工作座谈会上发表重要讲话，http：//www.gov.cn/jrzg/2013-10/25/content_2515555.htm。

② 新华网：习近平：让命运共同体意识在周边国家落地生根，http：//news.xinhuanet.com/politics/2013-10/25/c_117878944.htm。

③ 共同举办中国—东北亚博览会、中国国际投资贸易洽谈会等出现在《中华人民共和国和大韩民国联合声明》附件中，http：//www.gov.cn/xinwen/2014-07/04/content_2711900.htm。建立中国俄罗斯博览会出现在《中俄总理第十八次定期会晤联合公报（全文）》，http：//www.gov.cn/ldhd/2013-10/22/content_2512543.htm。

④ 比如，中国—东盟博览会之于广西，中国—亚欧博览会之于新疆。参见黄志勇：《广西前两次大开放浪潮经验启示及对掀起第三次大开放浪潮的对策建议》，《东南亚纵横》2013 年第 7 期，第 3~15 页。

⑤ 中国—东盟博览会就举办了各种专业博览会，参见 http：//www.caexpo.org/html/special/whz/index.html，http：//www.caexpo.org/ad/lmzad2014/index.html。

⑥ 比如建立中蒙博览会就出现在《中华人民共和国和蒙古国关于建立和发展全面战略伙伴关系的联合宣言（全文）》第二部分，http：//www.gov.cn/xinwen/2014-08/22/content_2738256.htm。

产业链将日益丰富和完善，中国边疆和周边各国的会展需求也将被逐步放大，这将为会展企业自主举办博览会提供良好的市场环境和政策环境。另外，开放和发展的需求将使边疆省区开发更多的基于本省区需求的博览会。[①]

## 二、中国边疆地区博览会区域合作机制的属性将更为突出

中国边疆地区博览会是在中国周边区域合作成为历史趋势的背景下产生和发展起来的，当然也要进一步回应区域合作深化的要求。另外，建设机制化和制度化的更富有周边区域合作特色的中国边疆博览会体系也是中国周边战略的客观要求，因此中国边疆地区博览会区域合作机制的属性将得到进一步的发展和体现。

区域合作共同举办将日益机制化和制度化。自第一个中国边疆地区博览会——中国—东盟博览会产生以来，如何在博览会举办过程中体现区域合作就成为一个持续的吸引关注的话题。区域合作共同主办将体现以下三点：

第一，区域内各国商务部、外交部等相关部门共同主办博览会，组成组委会负责博览会运作相关事宜的决策。目前，各个边疆地区博览会都在努力探索符合本地区实际情况的区域各国共同主办的具体制度和形式，比较成熟的是中国—东盟博览会的共同主办模式。通过中国商务部和东盟 10 国商务部或者相关部委的共同主办，中国—东盟博览会得到快速发展，能够比较好地回应中国和东盟自由贸易区建设中出现的各种问题，比如东盟各国农产品进入中国市场的问题、自贸区建设的国际化人才培养问题、大湄公河国际开发问题、中国和东盟各国互联互通建设问题等。

第二，博览会同期举办的制度化的首脑会晤、高官论坛、峰会等活动将催生更多的区域合作机制。过去一段时间，首脑会晤、各种领域的高官论坛等都被当作是提升博览会规格层次的手段来运用[②]，而未来缺乏对区域合作长远的、全局的研究和规划而举办的仪式化的首脑会晤、高官论坛等都将得不到中央和各国政府的支持。随着区域内国家和区域合作中不断涌现的新情况，制度化的首脑会晤、高官论坛等将共同制定新的对策和方案，促进区域合作的有序推进。各种区域合作机制（包括区域环境治理机制、区域水资源共享和治理机制、区域工业化协调机制、区域基础设施建设协调机制、区域人文交流机制等）的产生将进一步

---

① 比如，吉林省贸促会主办的中朝经贸文化旅游博览会、哈尔滨政府主办的中韩（哈尔滨）文化产业博览会，http：//www.ckect.com/index.html，http：//www.zhwhcyw.com/index.asp。

② 马强、王格林、张婷婷：《东盟博览会的成功经验及对中阿博览会的启示》，《第二届中国·阿拉伯国家经贸论坛理论研讨会论文集》（第二辑），2011 年。

推高中国边疆地区博览会在区域一体化进程中的地位和作用。

第三，中国边疆地区博览会朝着区域合作组织的方向发展。中国边疆地区博览会是中国政府发起的带有区域合作属性的战略博览会，随着区域内各国政府的加盟运作，中国属性逐步让位于区域属性，很自然地成为新型的区域合作组织。中国边疆地区博览会将根据区域合作环境、合作需求层次和发展目标等逐步建设成具有中国特色的区域合作组织。中国边疆地区博览会的运作将制度化和规范化，除了在发起城市建立总部，中国边疆地区博览会还会在区域内其他国家城市建立分部，并制定组织宪章。

另外，中国边疆地区博览会的区域合作共同举办的制度化和机制化还将体现在诸如具体承办单位遴选、区域内媒体合作、各国分摊经费等方面。

围绕区域合作中的重点领域提供国际公共产品将会是中国边疆地区博览会未来发展的一个重要职能和趋势。中国边疆地区博览会定期举办，举办期间将会对区域内各国关心的议题和区域的共同需求做出不同层次的研究和探讨，特别是针对区域内公共需求制度缺失的情况，共同做出决策，提供针对性的区域公共产品。比如，针对区域内基础设施建设需求，设立诸如中国—东盟基础设施建设基金、中国—中亚基础设施建设基金、中国—南亚基础设施建设基金等，针对海上航行安全，成立中国—东盟反海盗护航机制、中国—南亚印度洋反海盗合作机制等。

## 三、中国边疆地区博览会市场化方向将更加明确

市场化改革是中国边疆地区博览会未来发展的必由之路，市场化改革的成败将决定中国边疆地区博览会未来能否实现可持续发展，能否继续在区域合作中扮演重要的角色。实际上，自中国边疆地区博览会诞生以来，政府主导和市场基础之间的争论就一直存在，但是中国边疆地区博览会的多重性质决定了其未来只能是在政府主导和市场基础中间取得平衡，因此，中国边疆地区博览会的未来市场化改革绝对不等同于完全去政府化，而是让市场回归其应该发挥作用的空间。

市场化发展方向之一是组织机构中市场化主体的加入，这是市场化改革的第一步。中国边疆地区博览会兼有市场性和公共性，市场性要求中国边疆地区博览会要对市场变化做出快速和精准的反应和调整，并以效率和盈利为目的；而公共性则需要中国边疆地区博览会要保持一定的稳定性，不以市场的短期变化改变自己的行为，需要以公共性和非营利为宗旨，这表明中国边疆地区博览会内在具有矛盾性，其国家战略属性和市场属性是这种冲突不可调和的内在根源。因此，各

个边疆地区博览会都在努力做出改革，尝试让市场化主体进入组织机构的运作。目前，市场化主体进入组织机构的思路是采取建立国有控股的会展公司来负责具体博览会的经贸活动组织和管理，并通过政府购买服务的方式允许专业的大型会展公司、公关公司等进入到博览会同期各种论坛活动的现场服务上。[①] 这将成为中国边疆地区博览会未来市场化的主要路径之一，即政府组建国有控股会展公司担任博览会的具体执行单位，并在现场服务环节采取政府购买服务的方式允许各类会展服务公司进入。但是这种改革并不彻底，在政府主导型博览会迎来充分竞争的市场环境下，并不具有竞争力。

市场化发展方向之二是逐步剥离原本就属于市场的权力，在一定程度上实现国家和市场的相对分离，这是更高程度的市场化改革。目前，中国—东盟博览会、中国亚欧博览会和中国东北亚博览会旗下的专业展蕴藏着国家和市场分离的种子，[②] 这也是未来中国边疆地区博览会市场化改革的最为有效的路径。这种路径有助于在中国边疆地区博览会的内容框架内实现国家和市场的相对分离，既有助于保持博览会的公共性，有助于提高博览会的运行效率，使各种资源得到最有效的配置，提高盈利空间和可持续发展能力。这种路径的特征是政府负责属于博览会的公共性服务部分，执行机构是博览局，而由逐步发展培育的市场主体负责提高博览会的服务、效率和盈利能力部分，执行机构可以是包括国有控股会展公司、区域内各国会展公司在内的各类专业的会展公司。

市场化发展方向之三是实现展会分离，也就是将中国边疆地区博览会的展览部分和论坛、峰会等活动部分分离，相对独立的运作。这将是中国边疆地区博览会发展的最高阶段。在这一阶段，区域内国家利用博览会期间建立的各种制度和机制共同提供公共服务，而区域内各国会展公司可以根据本国的市场需求，申办中国边疆地区博览会旗下的各种专业展览会活动。

市场化发展方向还包括尊重各类市场主体的作用，包括各类专业的会展公司、广告公司、市场化媒体、各类行业协会等，只有充分发挥市场主体的作用，

---

① 中国—亚欧博览会采用公开招投标的方式选择博览会的管理公司、咨询公司等，力促博览会运营的市场化改革。参见天山网：《激活每一个市场因子，亚欧博览会 39 项服务外包》，http：//news.ts.cn/content/2013-09/04/content_8657460.htm。中国阿拉伯国家博览会由宁夏国际会展有限公司具体承办，海外招展采取招募专业会展服务公司的方式，参见中阿博览会官网：《宁夏国际会展公司与宁夏邮政签署 2013 年中阿博览会战略合作协议》，http：//www.casetf.org/sxwzx/117821.jhtml，凤凰网：《2013 年中国—阿拉伯国家博览会市场开放工作成果喜人》，http：//city.ifeng.com/special/zablh01/20130914/394247.shtml。

② 中国—东盟博览会旗下有各类专业展，包括文化展、林木展等，中国—东北亚博览会旗下有中国—东北亚商品展，中国—亚欧博览会旗下有亚欧商品贸易博览会等。

才能使国家的宏观调控发挥最佳的微观效果，如退出博览会展览部分的组织机构，让各个国家的全国性行业协会担任主角，这容易使市场在资源配置中的作用最大化。

## 第二节　中国边疆地区博览会发展中的挑战

### 一、周边战略和国内区域战略执行中的冲突问题

周边战略和国内各种区域发展战略在中国边疆地区博览会发展中都具有重要的指导地位，但是在实际操作中存在以下三个误区。

第一个误区是过度强调中国边疆地区博览会对国内的发展作用，忽视其在区域一体化中对区域发展中应该承担的责任。中国边疆地区博览会所在的地区处于富民兴边战略、西部大开发战略实施和各种边疆省区发展战略的第一线，强调通过举办中国边疆地区博览会发挥会展经济对所在省区经济社会发展的拉动意义是很自然的，但是忽视中国边疆地区博览会作为区域合作的重要机制和公共产品在“睦邻、安邻、富邻”的周边战略中发挥作用的情况普遍存在。

这种忽视表现在中国边疆地区博览会地区安全结构、地区生产结构、地区金融结构和地区知识结构重构中的缺位或者是不作为，没能很好地回应区域一体化各个层面的要求。中国目前已经基本实现工业化，并快速在世界产业链上迅速向中高端迈进，而中国周边的东南亚部分地区、南亚和中亚等地区则面临实现工业化和改善基础设施的巨大需求①，但是相关的边疆地区博览会并没有十分精确地回应所在地区的需求。另外，在中国已经成为周边各国最大贸易国和投资来源国的背景下，人民币在周边的国际化成为区域合作的最新需求，这是地区金融结构

① 这部分的论述相当多，具体参见赵江林：《中印经济发展阶段比较研究》，《南亚研究》2011 年第 2 期，第 49~67 页。梁双陆、陈瑛：《次区域国际经济一体化中的产业地域性聚集机理研究》，《南方经济》2012 年第 9 期，第 143~155 页。张贵洪：《中国与南亚地区主义：以南亚区域合作联盟为例》，《南亚研究》2008 年第 2 期，第 3~7 页。赵侠：《印度尼西亚基础设施现状及发展规划》，《国际工程与劳务》2005 年第 10 期，第 23~26 页。黄志勇、谭春枝、雷小华：《筹建亚洲基础设施投资银行的基本思路及对策建议》，《东南亚纵横》2013 年第 10 期，第 3~9 页。刘育红：《“新丝绸之路”经济带交通基础设施、空间溢出与经济增长》，陕西师范大学博士学位论文，2012 年。杨恕：《对中亚地区合作中基础设施建设的建议》，《俄罗斯中亚东欧研究》2011 年第 1 期，第 6~7 页。中国外交部网站：《中华人民共和国和孟加拉人民共和国关于深化更加紧密的全面合作伙伴关系的声明》，http：//www.chinacourt.org/law/detail/2014/06/id/147865.shtml。

重构的最佳历史机遇。中国边疆地区博览会缺少围绕地区工业化、地区基础设施建设、地区金融合作和人民币国际化和中国发展经验共享等议题的相关活动举办，并且在此基础上的区域合作机制和公共产品的建设。

中国周边战略的内涵非常丰富，安全、外交和地区治理等都是中国边疆地区博览会举办过程中应该兼顾的，但是在实践操作中这种兼顾往往很难实现。比如，中国—亚欧博览会定位是中国与周边国家开展首脑外交的重要平台和中国与亚洲国家开展经贸合作的重要渠道，但是在实际办展过程中，经贸展览和洽谈成为主体，首脑外交和公共外交往往因为缺乏足够设计而沦为陪衬。这种情况在同类博览会运作中属于普遍现象。[①]

第二个误区是过度强调某一个省区在区域一体化中的地位和作用，忽视相邻省区合作对区域一体化的意义。目前，中国边疆地区博览会大都以中国为一方，中国周边某个地区为另一方的命名架构，这体现了中国将边疆地区发展即国内区域一体化和周边各国的发展即区域一体化融为一体的战略意图和设计，但是在执行中，中国边疆地区博览会往往成为个别边疆省区排他性的博览会，这不利于统筹国内和国际两个市场，也不利于边疆省区之间的公平合作。

这种忽视首先表现在组织机构构成上。中国边疆地区博览会的组织机构主要由决策系统和执行系统组成，从决策系统中的组委会（含主办单位）到执行系统中的承办单位和具体执行单位，基本都是由一个省区主导。以中国—东盟博览会为例，除了广西，广东和云南无论从地理上还是从现实经济往来中，都和东南亚具有更为密切的关系，但是在中国—东盟博览会组织机构构成中，这两个省的相关部门基本都不存在。[②] 这容易导致其他边疆省区为了也在经济发展和对外合作中不被边缘化而寻求建立新的边疆地区博览会，对内不利于主体功能区战略的推进和区域协调发展，对外也容易形成不必要的恶性竞争。[③] 另外，这种忽视还表现在诸如博览会相关活动策划过度关注承办省区的需求，忽视地区其他省区需求，参展商和专业观众的地区构成中。

---

① 中国边疆地区博览会中的首脑外交基本上都是名不副实，如中国—南亚博览会和中国—东北亚博览会基本上已经放弃了这一做法，公共外交的形式大都是针对各国媒体组织活动，开展的效果也不尽如人意。

② 中国—东盟博览会主办机构是中国商务部、东盟 10 国商务部门和东盟秘书处，承办单位是广西壮族自治区，协办单位是中国科技部、中国工信部、中国交通部、中国海关总署、中国国家旅游局、中国贸促会和香港贸发局，http：//www.caexpo.org/html/2013/news_zjblh_0626/200042.html。

③ 现实中，中国—东盟博览会和中国—南亚博览会针对和东南亚国家的整合而形成了一定程度的竞争关系，这种竞争关系贯彻在博览会举办的每一个环节。

第三个误区是过度强调中国边疆地区博览会在地区首脑外交、公共外交和人文交流中实践的宣传意义，忽视其在统筹国内和周边，建构区域合作机制和提供区域公共产品中的重要作用。不少边疆地区博览会的承办方对首脑外交、公共外交和人文外交在中国周边战略中重要地位和意义认识不清，单纯将这些活动当作边疆地区博览会上规格、扩影响的一种手段，完全意识不到边疆地区博览会同期举行的首脑外交、公共外交和人文外交在建构区域合作机制和提供公共产品方面的可能性[①]，不但造成巨大的浪费，而且从长远看不利于边疆地区博览会全部功能的发挥，影响其可持续发展的能力。

比如，在东北亚地区，在朝核六方会谈启动无望的情况下，可以尝试召开东北亚领导人非正式峰会，就地区安全、经济发展、图们江国际合作开发区域环境治理等展开对话，这不仅有利于逐步建立互信，而且有利于缓和东北亚的局势，推动其他领域的合作。同理，在中国—南亚博览会框架下，也可以尝试召开中国—南亚领导人峰会，就区域合作中的传统安全、非传统安全、能源等重要问题进行对话，并探索建立制度性的框架机制，这对中国—南亚博览会的发展意义重大。因此，各个边疆地区博览会应该就地区一体化过程中的共同需求开展专题研究，并设计相对应的活动去满足，在此基础上推动合作机制和区域公共产品的产生。

## 二、国家权力和市场作用边际划分问题

中国边疆地区博览会是典型的政府主导型博览会，国家权力和市场作用是中国边疆地区博览会成功必不可少的两个核心条件，但是由于对国家权力和市场作用发挥的边界认知缺乏足够的实践和研究，因此出现了一些矛盾和冲突。

国家权力在中国边疆地区博览会的举办过程中经常不顾市场规律办事，出现越位或者缺位的状况。中国边疆地区博览会一般由展览会、经贸洽谈、领导人会议、高官会、文化演出、“二轨”论坛、民间文化交流活动等形式和部分组成，国家权力主导几乎所有博览会的活动，甚至在亟须市场作用发挥的展览会、经贸洽谈、市场演出和评奖等方面也全部大包大揽，甚至通过驻外使领馆进行招展、招商和观众组织等环节，把本应该交给市场主体去做的工作全都揽到自己手里，最为典型的做法就是成立博览事务局负责具体运营和管理博览会的所有事宜，这

---

① 在提供区域公共产品方面，中国—东盟博览会做了一定的尝试，“南宁渠道”的形成就是这一思路的具体表现和结果。参见张家寿：《南宁渠道在新的战略支点构建中的地位和作用》，《中共南宁市委党校学报》2013 年第 5 期，第 23~26 页。

是比较典型的积极的越位[①]。但是在另外一些亟须政府提供服务的领域，如区域合作各个领域制度和机制的建立、区域公共产品的供给等方面，政府缺乏热情，不积极、不作为，造成国家服务的缺位，这也是造成中国边疆地区博览会效率、市场满意度不高的根本原因。

国家权力越位挤占了本来市场应该发挥作用的空间，造成了市场主体的被动反应问题和缺位问题。市场是资源配置最有效的手段，在完全的市场经济，各种市场主体有充分的空间和自由依据市场规律对市场信号主动和及时的反应。中国边疆地区博览会运作过程中，政府主导的模式严重挤压了原本属于市场主体空间，造成市场主体的反应被动和迟钝，各种资源得不到最优的配置。具体来说，市场主体被排除在中国边疆地区博览会运营的核心机构之外，而无法发挥作用，是造成市场主体被动反应和缺位的最为根本原因。

## 三、中央政府和地方政府的角色扮演问题

中央政府是中国边疆地区博览会发展的关键行为体，担负着规划者、决策者和主导者的角色。中国边疆地区博览会是中国周边战略的有效载体，因此是属于中央政府的权力。[②] 关于举办中国—东盟博览会这一构想是由云南省在 2001 年最初提出，其背景是 1999 年昆明世界园艺博览会成功举办，积累了丰富的承办大型国际会展活动的经验，并且中国—东盟自贸区建设正式提出以后，亟须搭建自贸区的平台，形成自贸区合作的机制。此外，云南省是中国参与大湄公河开发的主体，其省会城市昆明是中国与东盟国家间重要谈判和会议的举办地。但是广西后来居上，取得了中国—东盟博览会的承办权。这是中央政府在权衡地区战略和两省区各自优势的基础上作出的战略决策，这也是云南承担国家的西南桥头堡战略，申办中国—南亚博览会的一大背景[③]。

---

① 比如为了举办中国—东盟博览会广西壮族自治区成立了直属的正厅级单位广西国际博览会事务局，为了举办中国—亚欧博览会新疆维吾尔自治区成立了直属的正厅级单位新疆国际博览事务局，为了举办中国—南亚博览会云南省也成立了云南国际博览事务局，其他如吉林、宁夏、黑龙江等也成立了独立的或者和贸促会、商务厅合一办公的国际博览事务局或者会展局。参见中国贸易报：2012 年各地组建博览局也“疯狂”，http：//www.chinatradenews.com.cn/html/huizhanzixun/2013/0104/1221.html。

中国贸易报：博览局阵营再落子，未来布局仍存猜想，http：//www.chinatradenews.com.cn/html/huizhanzixun/2013/1119/2706.html? WebShieldDRSessionVerify=AH9SZvCOF1WjPGFFrel6。

② 中国政府网：中华人民共和国宪法（全文），http：//www.gov.cn/gongbao/content/2004/content_62714.htm。

③ 宋晓天、杜新、郑军健：《中国—东盟博览会发展报告（2004~2008）》（精简本），南宁：广西师范大学出版社 2009 年版，第 6~11 页。

中央政府在中国边疆地区博览会发展中的关键行为体角色并没有得到充分发挥。主要表现在：

第一，从目前的中国边疆地区博览会诞生的情况来看，地方政府主导了中国边疆地区博览会发起的过程。无论是中国—东盟博览会、中国—东北亚博览会，还是中国—亚欧博览会、中国—南亚博览会都是在地方政府积极建议和推动下产生的，这表明中央政府对于中国边疆地区博览会的发展较为被动。①

第二，从目前的中国边疆地区博览会的组织机构和主要组成活动看，地方政府占据组织机构的核心位置，中央政府只是扮演了协助和支持的角色。这表明中央政府并没有完全担负起应该担负的角色。

第三，从中国边疆地区博览会的规范程度、协调程度和功能发挥看，除中国—东盟博览会发展较理想，其他几个边疆地区博览会都存在或多或少的问题。比如，根据 2014 年中央外事工作领导小组会议精神，中国—东北亚博览会、中国—亚欧博览会、中国—南亚博览会和中国阿拉伯国家博览会都由每年一届改为每两年一届，通知下发之后发现个别边疆地区博览会官网有关边疆地区博览会的官方介绍资料全部删除一空，整个网站显得空空荡荡，甚至连完整的组织机构也无法清楚得知②，通过以上表现可以分析中央政府决策给各家边疆地区博览会带来的负面冲击。

地方政府是中国边疆地区博览会的核心行为体，担负着建议者、执行者和反馈者的角色。在对外开放中，对外事务也逐步成为地方政府履行的重要职能，经济外交、人文外交等职能从而也成为地方政府职能的一部分，但是地方政府的对外事务职能一般并不牵涉主权问题。③反映在中国边疆地区博览会上，地方政府需要贯彻和实施中央政府制定的周边战略，如大湄公河国际开发战略、大图们江国际合作开发战略、孟中缅印经济走廊战略、中巴经济走廊战略、中国—东盟自贸区建设、和谐周边战略和亚洲命运共同体战略等战略，推动地方深度融入国家

① 参见中国—东盟博览会、中国—亚欧博览会产生过程。宋晓天、杜新、郑军健：《中国—东盟博览会发展报告（2004~2008）》（精简本），南宁：广西师范大学出版社 2009 年版，第 6~7 页。新疆国际博览事务局、新疆财经大学:《中国—亚欧博览会年度报告（2011 年）》，乌鲁木齐：新疆人民出版社 2012 年版，第 10~11 页。

② 中国—阿拉伯国家博览会官网，http：//www.casetf.org/。中国—南亚博览会官网，http：//www.csaexpo.cn/。

③ 这部分的论述也较多，具体参见李敏：《基于开放型经济的地方外事管理模式研究》，武汉理工大学博士学位论文，2011 年。王立军：《全球化背景下的中国地方政府国际合作》，山东大学博士学位论文，2012 年。

周边战略中[①]，执行国家的涉外经济法规和地方涉外经济法规，改善地方的经济、社会、人文等环境，为地方经济社会发展提供稳定的政治经济环境。[②]

但是在中国边疆地区博览会的实际运行过程中，由于中央政府和地方政府对彼此的角色定位并不是很清晰，造成地方政府所担负的角色却没能实现功能最大化，主要表现在以下三个方面：

第一，地方政府在某些方面“越位”的情况，部分扮演了属于中央政府的主导者角色。比如在规划和调研中国边疆地区博览会可行性的过程中，大部分工作其实是由地方政府代办的，这导致部分规划和可行性研究缺乏周边战略的全局性和丰富的层次性；在中国边疆地区博览会筹备过程中，地方政府承担了本应该中央政府承担的主办的大部分工作，这种工作机制很难引起中央国家部委对中国边疆地区博览会全面认知和高度重视。

第二，地方政府“发展惯性和路径依赖”使得中国边疆地区博览会宣传和运作严重脱节，没能够很好地担负执行者的角色。受制于发展惯性和路径依赖，地方政府真正重视的是中国边疆地区博览会对地方经济发展的带动功能，其他战略任务在运行中逐步边缘化和仪式化。[③]

第三，由于缺少中央政府部门的参与，地方政府在对中国边疆地区博览会的总结评估中，无法从国内发展全局高度和周边战略高度进行全面的衡量和评估，没能够恰当地履行反馈者和建议者的角色。比如，针对边疆地区博览会的人文交流功能和公共外交功能，地方政府缺少相应的渠道、手段、力量和机制对相关的影响予以量化和分析[④]，当然也就不可能给中央政府最为全面和精准的反馈和建议，这会影响中央政府对中国边疆地区博览会的战略认知，最终会影响周边战略的实施。

## 四、边疆地区博览会相互之间的竞争与协作问题

中国边疆地区博览会在发展过程中开始出现竞争和协作的问题。中国是亚太地区的大国，位于亚洲东部，太平洋西岸，拥有 960 多万平方公里陆地领土，周

① 苏长和：《中国地方政府与次区域合作：动力、行为及机制》，《世界经济与政治》2010 年第 5 期，第 4~24 页。

② 李东律：《中国经济分权化趋势对对外关系的影响》，《战略与管理》1996 年第 6 期。崔绍忠、刘曙光：《中央政府和地方政府的经济外交职能及其关系——中国的视角和经验》，《外交评论：外交学院学报》2012 年第 3 期。

③ 刘飞跃：《会展经济发展中的地方政府消极行为及消弭》，《长沙大学学报》2013 年第 4 期，第 17~19 页。刘筱柳：《我国经济发展战略体系分析》，《软科学》2008 年第 9 期。

④ 刘炳香：《当代中国公共外交中的地方政府》，《理论导刊》2013 年第 5 期，第 108~112 页。周薇：《地方政府公共外交的维度与效果》，复旦大学硕士学位论文，2010 年。

边毗邻东北亚、北亚、中亚、南亚和东南亚，陆地边界线 2.28 万公里，海洋边界线 1.8 万公里，拥有 12 个陆地邻国、6 个海洋邻国和 2 个陆海邻国①，是世界上邻国最多的国家，为中国边疆地区博览会的产生和发展提供了独一无二的地理条件。

边疆地区博览会的竞争主要表现在以下几个方面：

第一，定位方面的竞争。地方政府为了在发展中获得先发优势，在边疆地区博览会定位时一味求大，而没有必要地与相邻的边疆地区博览会形成竞争和冲突。比如，新疆的中国—亚欧博览会定位于中国和中亚、西亚、南亚乃至欧洲各国之间的经贸合作、首脑外交和人文交流的重要平台，这样的定位不仅过大，而且和云南的中国—南亚博览会产生了直接的矛盾和冲突。

第二，运行方面的竞争。地方政府基于发展惯性、路径依赖和地缘等方面的考虑，往往在中国边疆地区博览会实际操作过程中，不注重彼此在周边战略中的分工和定位，在片面追求博览会的规模、参展商的数量作用下，将博览会的运作纳入其他区域国家或者地区合作因素，这种情况直接冲击相邻边疆地区博览会的运作。比如中国—南亚博览会诞生两年以来，虽然根据国家战略，云南和广西有所分工，云南定位于面向西南开放的桥头堡，中国—南亚博览会的命名非常清晰地体现了这一点。但是在中国—南亚博览会实际操作中，无论是参展商和观众招募，还是相关论坛机制设计方面东南亚因素都居于首位，这不仅容易给人名不副实之嫌，而且和中国—东盟博览会的运作产生了直接的冲突，也影响彼此功能的发挥。②

第三，新的中国边疆地区博览会对既有的中国边疆地区博览会的冲击和影响。随着各个边疆地区博览会的发展，博览会在拉动地方经济社会各方面的作用得到日益明显的体现，引发边疆地区举办各种名目和级别的博览会的冲动，这在一定程度上正在改变和塑造新的中国边疆地区博览会战略格局。比如，2013 年、2014 年连续两年批准举办中国—俄罗斯博览会③、中蒙俄经贸洽谈会和中国—蒙

---

① 中国政府网：中华人民共和国版图，http：//www.gov.cn/guoqing/2005-06/15/content_2615215.htm；维基百科：中国边界线，http：//zh.wikipedia.org/zh-cn/%E4%B8%AD%E5%9B%BD%E8%BE%B9%E7%95%8C%E7%BA%BF。

② 广西商务厅：中国—南亚博览会对广西对外开放平台和机制建设的影响，http：//www.gxswt.gov.cn/zt/hzyj/detail/ba271105-4fa8-45aa-bc7a-f5d971c87fab。

③ 2013 年中俄总理第十八次会晤期间商定共同举办中俄博览会，详见中俄总理第十八次定期会晤联合公报（全文），http：//www.gov.cn/ldhd/2013-10/22/content_2512543.htm。

古博览会[①]，这将对吉林省已经连续举办了八届的中国—东北亚博览会形成巨大的冲击，对此中央政府必须要从战略高度予以重视。

## 第三节 中国边疆地区博览会发展中的建议

### 一、强化中国边疆地区博览会的统筹管理和研究

随着对中国边疆地区认知和研究的深入，将会有更多的中国边疆地区博览会产生，这将给规划和管理带来一定难度，为此要加强对中国边疆地区博览会的统筹管理和研究。

**（一）建立国务院跨部级的中国边疆地区博览会联席制度**

目前，中国边疆地区博览会已经形成从东北亚、中西亚、南亚到东南亚，覆盖中国广大陆地边疆地区的全方位发展格局，并且有可能向海域边疆和新兴边疆拓展。中国边疆地区博览会承担着极为重要的国家周边战略功能，具有政治、经济、外交、人文等多方面的作用，在推进国家周边外交中具有重要的地位。因此组织机构中仅仅有商务部和中国贸促会是不够的，其他相关部门的加入，如外交部、工业和信息化部、文化部、环保部、交通部等部门，不仅能够使中国边疆地区博览会的功能得到最大限度的发挥，而且能够使中国边疆地区博览会获得可持续发展的动力，还能够使中国边疆地区博览会相关活动议题不断更新，并拓展新的议题和问题领域。

为了应对中国边疆地区博览会未来的大发展和提高运作效率，商务部和外交部应该牵头，借鉴国家旅游局推动国务院建立国务院旅游工作部级联席会议制度的经验，推动中央政府尽快建立中国边疆地区博览会跨部级联席会议制度。[②]

国务院中国边疆地区博览会部级联席会议制度应该成为在国务院的领导下，

---

① 2014 年中国国家主席和蒙古国总统商定共同举办中俄蒙经贸洽谈会和中蒙博览会，详见中华人民共和国和蒙古国关于建立和发展全面战略伙伴关系的宣言（全文），http：//www.gov.cn/xinwen/2014-08/22/content_2738256.htm。

② 跨部级联席会议制度是国务院为了协商办理涉及国务院多个部门职责的事项，由国务院批准，各成员单位按照共同商定的工作制度。参见《国务院行政机构设置和编制管理条例》，http：//www.people.com.cn/item/faguiku/xzhf/F1020.html，部级联席会议制度是如何运行的，http：//news.163.com/14/0515/04/9S8PKRS200014Q4P.html。

统筹中国边疆地区博览会工作的最高常设议事机构。中国边疆地区博览会应该由召集人结合各个边疆地区博览会举办的情况，定期和非定期地召开会议。中国边疆地区博览会部级联席会议将负责对中国边疆地区博览会进行宏观指导，提出促进中国边疆地区博览会改革发展的方针政策，解决中国边疆地区博览会改革发展中的重大问题，并要研究中国边疆地区博览会发展中的其他问题。

国务院旅游工作部际联席会议制度[①]

为贯彻落实《中华人民共和国旅游法》，加强部门间协调配合，促进我国旅游业持续健康发展，经国务院同意，建立国务院旅游工作部际联席会议（以下简称联席会议）制度。

1. 主要职能

在国务院领导下，统筹协调全国旅游工作。对全国旅游工作进行宏观指导；提出促进旅游业改革发展的方针政策；协调解决旅游业改革发展中的重大问题；研究旅游业改革发展中的其他重要工作；完成国务院交办的其他事项。

2. 成员单位

联席会议由旅游局、中央宣传部、外交部、发展改革委、教育部、公安部、财政部、国土资源部、环境保护部、住房城乡建设部、交通运输部、农业部、商务部、文化部、卫生计生委、工商总局、质检总局、新闻出版广电总局、安全监管总局、食品药品监管总局、统计局、林业局、气象局、铁路局、民航局、文物局、中医药局、扶贫办共28个部门组成，旅游局为牵头单位。

国务院分管旅游工作的领导同志担任联席会议召集人，协助分管旅游工作的国务院副秘书长、旅游局主要负责同志和中央宣传部、发展改革委、财政部有关负责同志担任副召集人，其他成员单位有关负责同志为联席会议成员。联席会议可根据工作需要，邀请其他相关部门参加。联席会议成员因工作变动需要调整的，由所在单位提出，联席会议确定。

联席会议办公室设在旅游局，承担联席会议日常工作，旅游局主要负责同志兼任办公室主任。联席会议设联络员，由各成员单位有关司局负责同志担任。

3. 工作规则

联席会议根据工作需要定期或不定期召开会议，由召集人或召集人委托的副

① 详见国务院关于同意成立国务院旅游工作部级联席会议制度的批复，http：//www.gov.cn/zhengce/content/2014-09/15/content_9077.htm。

召集人主持。成员单位根据工作需要可以提出召开会议的建议。在全体会议之前，召开联络员会议，研究讨论联席会议议题和需提交联席会议议定的事项及其他有关事项。联席会议以会议纪要形式明确会议议定事项，印发有关方面并抄报国务院，重大事项按程序报批。

4. 工作要求

各成员单位要按照职责分工，主动研究旅游工作中的重大问题，认真落实联席会议议定事项。要互通信息，相互支持，密切配合，充分发挥联席会议作用，形成高效运行的长效工作机制。联席会议办公室要及时向各成员单位通报有关情况。

## （二）推动对中国边疆地区博览会的研究

现有针对中国边疆地区博览会开展的研究存在以下问题：

第一，研究机构数量少、单一、缺乏权威性。针对中国边疆地区博览会开展研究的机构除了各个博览会秘书处和相关的合作大学①，其他研究机构，特别是国内外著名学术研究机构或者咨询机构基本没有针对中国边疆地区博览会开展的专门研究，个别大学教师研究除外。

第二，研究视角单一、缺乏丰富性。大多数中国边疆地区博览会的研究视角主要集中在管理学和经济学层面，研究视野过于狭窄，导致对中国边疆地区博览会的认知出现严重的局部化、片面化特征。

第三，研究层次单一，成果不足。在国家战略层面和边疆省区战略层面的研究均十分有限，成果严重不足。导致中国边疆地区博览会发展中的非理性和方向迷失。

为了更好地推动中国边疆地区博览会的研究，也为中国边疆地区博览会的健康发展和中国周边战略的更好展开，有必要通过以下三个方面来研究。

第一，国务院有关部门和有关边疆省区可以吸引国内外著名研究机构加入对中国边疆地区博览会的研究工作。推动诸如中国社会科学院、中央党校、现代国际问题研究院、北京大学、华东师范大学、云南大学、东北大学等国内外著名研究机构和大学，壮大中国边疆地区博览会的研究阵容，提高中国边疆地区博览会

① 比如，中国—博览会秘书处、中国—亚欧博览会秘书处和中国—阿拉伯国家博览会秘书处等博览会主办方年鉴式的研究，另外新疆国际博览事务局和新疆财经大学采取了合作统计每年中国—亚欧博览会的办展情况。中国—东北亚博览会、中国—南亚博览会和中国—俄罗斯博览会没有官方公开的出版物和研究成果。检索知网的结果发现，就单个边疆地区博览会研究而言，中国—东盟博览会的研究者数量最多的有20位左右，其他的边疆地区博览会的研究者基本上都在个位数，甚至是零。

研究的权威性。

第二，中国边疆地区博览会的主办机构可以采取措施鼓励针对中国边疆地区博览会整体或者单个博览会的多视角、跨学科的研究。比如，可以鼓励从地缘战略、国际政治经济学、边疆学、不平衡发展理论、国际公共产品、区域一体化、和平发展、公共外交、人文外交等进行研究，也可以鼓励根据边疆地区博览会的战略布局、发展阶段展开的研究，为国家和有关省区规划和运作边疆地区博览会提供科学的决策依据。

第三，可以整合现有的研究资助体系，并在国家和地区层面设立中国边疆地区博览会专项研究基金，就中国边疆地区博览会发展中的特定议题资助开展资助。在国家自然科学基金、国家哲社基金、教育部和各省区原有基金的基础上，就中国边疆地区博览会发展中的基础研究、应用研究和政策研究开展资助，有助于最大限度繁荣中国边疆地区博览会的研究，为中国周边命运共同体战略提供理论支撑。

## 二、强化中国边疆地区博览会的战略功能

鉴于中国边疆地区博览会通过“拼图”[①]式的布局战略重构了中国的周边战略，成为中国开展“睦邻、安邻、富邻”的重要的战略工具，同时中国边疆地区博览会“拼图零片—拼图整体”的布局模式也有助于更好地理解和实践中国和亚洲命运共同体战略，因此，其战略功能未来只能得到强化。

多种措施强化中国边疆地区博览会的经济外交功能。从外部战略环境看，美国在战略上重返亚洲，重视对中国崛起的遏制，通过在经济上实施跨太平洋伙伴关系协议，军事上将60%的军力调整到亚太地区应对中国崛起，使中国在地区贸易格局中总处于十分不利的地位[②]，针对这种情况，应推动边疆地区博览会在研究区域贸易规则的重要地位，以建构开放、自由、公正为特征的地区贸易新秩序回应美国战略调整带来的挑战。另外，发达国家总体陷入发展衰退状态下地区贸易保护主义盛行，也进一步恶化了中国的外部出口环境，而中国周边国家基本上

① 拼图（英语：Jigsaw Puzzles）是一种益智类游戏的通称，拼图是一种解决平米空间填充和排列难题的游戏，要求玩家将多块印有局部图案的扁平零片进行拼组，把全部零片拼接起来构成一幅几何平面图，平面上将展现完整的图案。公认的第一个商业的拼图游戏是木制的地图拼图，产生于1760年左右，由伦敦的一名叫约翰·斯皮尔斯布瑞的雕刻师和地图师制作而成。最初拼图在英国被用来教小学生地理学知识，后来扩展到其他社会领域。参见 History of Jigsaw Puzzles，http：//www.jigsaw-puzzle.org/jigsaw-puzzle-history.html。

② 刘鸣：《奥巴马政府东亚战略调整及其对中国的影响》，《现代国际关系》2011年第2期，第18~26页。

是新兴市场经济国家和正在工业化的国家，市场潜力巨大，针对这种情况应该利用边疆地区博览会推动中国和周边各国市场的相互开放。从内部战略环境看，中国粗放式的经济增长代价高昂，不均衡的地区发展战略亟须调整，中国边疆地区所在的西部地区是承接东部先进制造业转移与周边各国开展贸易投资合作的桥头堡。因此，中国边疆地区博览会在必须强化经济外交功能，帮助中国向周边国家和地区转移过剩的制造业产能和基建产能，并为中国巨额外汇储备寻找投资机会①。

强化中国边疆地区博览会的公共外交和人文交流功能，有助于改善中国地区国际形象，塑造命运共同体意义和地区认同。针对中国崛起，中国周边各国一直存在"中国威胁论"和"中国机遇论"的争论，化解"中国威胁论"，让"中国机遇论"深入人心，并且形成命运共同体的意识，是中国边疆地区博览会重要的使命。强化中国边疆地区博览会的公共外交职能需要扩大博览会的参与基础，广泛邀请区域内国家的精英团体、政党、主流媒体参与博览会活动，也可以推动博览会走到区域内国家进行公关宣传，推动中国跨国企业在区域内担负社会责任，这有助于区域内国家和民众正面积极的中国观的形成②，改善中国地区国际形象，在互动的基础上通过媒体、学界和精英阶层的塑造、带动形成共同的地区认同和命运共同体意义，从而最终提升中国的软实力和地区一体化水平。

强化中国边疆地区博览会中首脑外交功能，有利于增加高层政治互信，促进地区合作向深度、广度发展。中国边疆地区博览会举办过程中都会举办不同层次的会晤，在共同关注的议题下展开探讨和合作，这种会晤制度建立不仅使多边信任关系得以建立，而且相应地带动众多专业领域的合作机制和框架的产生，能够发挥强有力的带动作用。以中国—东盟博览会为例，自 2004 年诞生以来，每年一届的博览会举办期间中国国家领导人和东盟各国领导人都会出席开幕式并会晤，形成了中国—东盟领导人会议"10 + 1"框架外的又一个重要的框架机制，极大地提升了双边和多边的互信水平，从而推动中国—东盟在经济、社会、人文、环境和区域开发等众多领域的合作，从温家宝倡议举办中国—东盟博览会推动中国东盟自贸区建设，到李克强提出打造中国—东盟自贸区升级版都显示了中边疆地区博览会的首脑外交在地区合作中的重要意义。③

① 霍建国：《"一带一路"战略构想意义深远》，《人民论坛》2014 年第 10 期，第 33~35 页。

② 许利平：《当代周边国家的中国观》，北京：社会科学文献出版社 2013 年版，第 8~10 页。

③人民网：温家宝出席第七次中国与东盟（"10+1"）领导人会议，http：//www.people.com.cn/GB/shizheng/1024/2123496.html。中国商务部官网：李克强：打造中国—东盟自贸区升级版，http：//www.mofcom.gov.cn/article/difang/guangxi/201309/20130900294100.shtml。

强化中国边疆地区博览会的区域公共产品特性，有助于增强中国的软实力，形成排他性的区域合作框架，抵御域外大国势力和文化的渗透。区域公共产品是对公共产品和国际公共产品概念的拓展，是指某一地理或者功能区内可以同时被所有成员消费的产品，而任何一个成员对该产品的消费都不会减少其他地区成员对这一产品的消费。区域公共产品具有地区公共性，分别表现在消费的公共性或者说排他性、收益分配的公共性或者说非竞争性和决策制定的公共性或者说参与性。[②] 中国边疆地区博览会应该研究区域内各国的共同需求，在此基础上规划和调整博览会的相关活动，如针对东南亚地区，安全上的需求是对大国霸权的约束和非传统安全的共同治理框架，政治上的共同需求是区域稳定和相互信任，经济上的需求是区域内跨国的资金、技术、投资的规范和发展经验分享，文化上的需求是共生和尊重，这些区域内共同的需求就是中国—东盟博览会需要研究、加以强化和提供的区域公共产品内容。

## 三、优化中国边疆地区博览会的运作模式

应该看到中国边疆地区博览会具有双重本质：一个是市场的本质，这个本质由中国边疆地区博览会的贸易博览会属性所决定的；另一个是权力的本质，这个本质是由中国边疆地区博览会的国家战略博览会属性所决定的。因此，应该全面分析中国边疆地区博览会的本质和属性，在此基础上才可以有真正的运作模式优化。死抱政府主导型博览会不变革的做法是有害的，当然放弃政府主导，完全倾向市场化运作的改革方向也是极不负责任的。中国边疆地区博览会运作模式优化的目标应该是在政府主导和市场驱动两者之间找到最佳的平衡点。

第一，政府的主导地位和作用应该加强，逐步实现由一国主办向区域内国家共同主办的机制过渡。从周边战略和区域公共产品视角出发，中国边疆地区博览会的运作，特别是组织机构的构成，应该吸引区域内国家政府的加入，最佳的方式是在此基础上形成新的区域合作机构，由产生的机构来领导中国边疆地区博览会的举办，这种制度安排将有助于中国边疆地区博览会作为区域公共产品的决策和收益的公共性。可以预见的是在这种制度安排下，区域内各国协调彼此的经济贸易政策，有助于区域统一市场的形成，也有助于形成中国边疆地区博览会可持续发展的动力机制。

---

① 樊勇明、薄思盛：《区域公共产品理论与实践》，上海：上海人民出版社 2011 年版，第 6~8 页、第 109~110 页。

第二，市场主体的基础作用也应该加强，逐步实现中国边疆地区博览会具体执行机构的市场主体化格局。市场主体包括区域内各国公司、跨国公司、媒体、智库和民间团体，引入市场主体进入中国边疆地区博览会的运作体系不仅可以提高中编辑的运作效率，扩大中国边疆地区博览会的社会和市场基础，而且有助于保证中国边疆地区博览会作为区域公共产品消费的公共性。比如，中国—亚欧博览会采取的会务采购模式，就值得在所有中国边疆地区博览会推广，而且政府采购可以扩展到本来举办的所有执行环节，如招展、招商、观众组织、市场宣传、现场管理、服务接待、品牌建设、咨询研究等都可以通过政府采购服务的方式来实现。

亚洲论坛的运营模式①

亚洲论坛是一个由菲律宾前总统拉莫斯、澳大利亚前总理霍克和日本前首相细川护熙倡议，中国人主导建立的总部位于中国海南博鳌的非政府、非营利地面向亚洲区域合作和发展的国际组织。亚洲论坛采取会员制的运作方式，并通过年会、专题论坛、研讨会、研究报告等形式发挥作用。

亚洲论坛的年会会期、会址都固定，每年4月在海南博鳌召开亚洲论坛年会。但是也会根据亚洲国家、亚洲整体和世界的经济形势举办各种专题论坛。专题论坛会期和会议都不固定，一般采取公开招募和自助申请结合的方式进行。定期和非定期结合、常设会址和非常设会址结合，一方面可以帮助亚洲论坛树立稳定的品牌形象，另一方面也有助于在亚洲区域内扩展品牌的影响力。比如，中国桂林、香港和杭州先后承办博鳌亚洲旅游论坛②，英国伦敦（2008、2009）、法国巴黎（2011）和印度孟买（2012）、阿联酋迪拜（2014）、澳大利亚新南威尔士州（2015）先后承办博鳌亚洲论坛国际资本峰会③，中国香港（2010、2011、2013）举办了博鳌青年论坛，深圳先后承办了2004世界物流大会、2005企业家峰会、2006循环经济国际峰会、2007高端服务业峰会，北京先后承办了2003非典与亚洲信息化建设论坛、2003非典与亚洲经济：评估与建议国际研讨会和2004亚洲

① 上述材料系作者根据博鳌亚洲论坛官网资料和国家发改委中心论文《达沃斯和博鳌亚洲论坛比较研究》整理而成。具体参考博鳌论坛官网，http：//www.boaoforum.org/；国家发展和改革位会员国际合作中心：《达沃斯和博鳌亚洲论坛比较研究》，http：//www.icc-ndrc.org.cn/Detail.aspx？newsId=3969&TId=99。

② 2003年改称为2003新形势下国际旅游合作大会，2004年称为2004世界旅游大会，http：//www.people.com.cn/GB/shenghuo/80/103/20021119/870031.html。

③ 博鳌亚洲论坛国际资本峰会后来改称博鳌亚洲论坛金融合作论坛，是博鳌亚洲论坛在中国以外举行的重要专题论坛之一，http：//www.boaoforum.org/newscenterothers/1930.jhtml，http：//www.boaoforum.org/newscenterothers/13951.jhtml。

教育论坛，澳大利亚珀斯承办了2011能源、资源与可持续发展会议，印度尼西亚巴厘岛（2013）、中国北京（2014）先后承办了亚洲基础设施互联互通专题研讨会。

第三，探索我国边疆城市和区域内其他国家城市共同举办博览会的可能性和技术路径。面向特定地理区域举办的中国边疆地区博览会不仅是我国边疆地区发展的综合性功能平台，也可以成为区域内国家共同发展的平台，可以借鉴中国既有的区域合作机制的运作模式，探索多个城市共办的可能性和技术路径。

上合组织的组织模式①

上海合作组织是中国、俄罗斯和4个中亚国家共同组成的一个区域性国际组织，在区域安全、区域经济、区域教育等方面开展了十分有效的合作。上合组织的最高决策机构是成员国元首理事会。目前，上合组织形成了国家元首、政府总理、总检察长、安全会议秘书、外交部长、经贸部长、文化部长、交通部长、紧急救灾部门负责人、国家协调员等会议机制和成员国联合军事演习制度。每个会议机制的运行都有相应的文件予以规范，轮流举办或者申办已经成为惯例。

上合组织设有两个常设机构，分别是上合组织秘书处和上合组织地区反恐机构。上合组织秘书处设在北京，负责处理上合组织日常运行中的事务和代表组织同其他国家和国际组织开展交往。秘书长负责秘书处的日常工作，任期3年，按照成员国国名的俄文字母先后顺序轮流担任。上合组织地区反恐机构设在乌兹别克首都塔什干，负责收集、分析和打击地区三股势力，并就地区其他安全问题及全球性挑战和威胁的进行应对。上合组织地区反恐机构负责人成为执委会主任，支委会主任由元首理事会任命，任期3年。

除了官方的机制以外，上合组织框架内还设立有许多“二轨机制”。比如，上海合作组织论坛、实业家委员会和银行联合体等其中最为典型的代表。上海合

① 上述材料根据上海合作组织官网、维基百科、莫斯科国际关系学院东亚与上海合作研究中心、上海合作组织实业家委员会官网、上海大学上海合作组织公共外交研究院官网、中国社会科学院上海合作组织研究网以及上海合作组织地区反恐机构官网资料整理而成。具体请参考上海合作组织官网：上海合作组织简介，http：//www.sectsco.org/CN11/index.asp；维基百科：上海合作组织，http：//zh.wikipedia.org/zh-tw/%E4%B8%8A%E6%B5%B7%E5%90%88%E4%BD%9C%E7%BB%84%E7%BB%87；俄罗斯莫斯科国际关系学院官网：东亚与上海合作研究中心，http：//www.mgimo.ru/about/structure/3496/3727/3770/docs/113377/；上合组织实业家委员会官网：组织简介，http：//bc-sco.org/? level=2&lng=ch；上海大学上海合作组织公共外交研究院：研究院简介，http：//www.pdisco.shu.edu.cn/Default.aspx；中国社科院上海合作组织研究网：http：//studysco.cass.cn/；上海合作组织地区反恐机构官网：http：//ecrats.org/cn/。

作组织论坛是由成员国指定的本国的一个学术权威机构作为本国的上海合作组织研究中心组成，是上海合作组织的多边性专家咨询机构。

## 四、加强中国边疆地区博览会与其他区域合作机制的合作

在中国周边的东北亚、中西亚、东南亚和南亚等地区存在从高级政治到低级政治的多层次、多领域的区域合作机制，甚至有些是亚洲地区的合作机制，如何处理与既有的区域合作机制的关系将考验中国边疆地区博览会在区域合作中作用的发挥。我们可以根据区域合作机制发展的程度确定中国边疆地区博览会的合作策略。

在区域合作机制成熟完善的区域，中国边疆地区博览会可以采取融入既有区域合作机制框架的策略。比如，在中亚地区合作中，存在中亚国家联盟、欧亚经济共同体、中西亚合作组织、上合组织、独联体等①，这些区域合作机制既有联合国、亚洲开发银行和欧盟等国际组织主导的，也有美国、俄罗斯、中国和日本等大国主导的，还有中亚国家自己发起成立的区域合作机制。这些合作机制从传统安全到非传统安全，从政治到经济，从全球性问题到地区性合作，几乎涵盖了几乎所有的国际关系维度，但是中亚区域合作，特别是经济方面的合作缺乏真正的领导者。在众多的区域合作机制竞争中，上海合作组织从高级政治入手，逐步扩展到经济、社会和文化等低级政治领域，显示了强大的生命力和影响力，但是经济贸易合作将成为上海合作组织未来发展的基本动力。② 因此，可以探索中国—亚欧博览会融入上海合作组织的可能性和途径，中国—亚欧博览会在经济贸易方面的影响力将使上海合作组织获得前进的强大的基本动力。

在其他区域合作相对成熟的地区，中国边疆地区博览会可以和既有的区域合作机制合作，形成相互独立又相互支持的互补区域合作制度框架。比如，在东南亚地区，东南亚国家联盟的运作相对成熟，东盟已经成为东南亚区域公共产品的重要提供者，包括在区域合作机制的创建和经营中。目前，中国和东盟的区域合作机制有中国与东盟“10 + 1”领导人会议、东南亚无核区条约、大湄公河次区域合作机制、东盟地区论坛、中国和东盟自贸区等，与上海合作组织不同，东南亚地区的区域合作机制具有明显的层次性，也就是说安全领域、政治领域、经济领域、社会文化领域，不同领域对于相对的区域合作机制，这些区域合作机制一

① 吴宏伟：《中亚地区发展与国际合作机制》，北京：社会科学文献出版社 2011 年版。

② 樊勇明、薄思盛：《区域公共产品理论与实践》，上海：上海人民出版社 2011 年版，第 130~148 页。

共形成了东南亚地区网格状的区域合作机制，中国边疆地区博览会具有经贸、政治、人文等区域合作功能，不同于既有的地区合作机制，可以和其中相关的机制合作，形成区域合作的合力，推动中国和东南亚一体化的深入发展。

在区域合作机制发展比较缓慢的地区，中国边疆地区博览会应该采取积极进取、有所作为的策略。中亚和东南亚之所以区域合作机制发展相对成熟，一个重要原因是上海合作组织和东盟在区域内国家争端解决过程中所起的重要作用，区域内国家领土争端的逐步解决，为区域内国家增强了互信。南亚和东北亚地区是国际政治的热点地区，区域内国家对立冲突不断，严重制约了区域合作的开展，相应地也严重缺乏从安全到经济、社会和文化等领域的国际公共产品。比如，中国—南亚博览会是南亚地区为数不多的区域合作机制，具备经贸、政治、人文等功能，因此，可以尝试采取上海合作组织模式，由经贸领域提供区域亟须的公共产品，逐步扩展到提供安全、社会和文化等领域的公共产品。

# 结　论

通过对中国边疆地区博览会发展经验和事实的分析，本书得到如下几点结论：

第一，中国边疆地区博览会的动力机制由三个层次构成，国际体系转型构成中国边疆地区博览会的外部环境动力，中国崛起和周边战略调整构成中国边疆地区博览会核心驱动力，而次国家行为体主要是指边疆地区政府的国际合作行为形成了中国边疆地区博览会的直接驱动力。由此可以推断，中国边疆地区博览会具备可持续发展的动力系统，目前已经初具规模的中国边疆地区博览会体系不会停止发展。未来，随着国际体系转型的进程，特别是区域一体化的进程，中国边疆地区博览会还有较大的发展空间。另外，中国战略的调整，特别是命运共同体和“一带一路”战略的逐步完善，以及越来越多的边疆地区政府参与国际合作，未来数十年，中国边疆地区博览会无论在数量上还是在质量上都将迎来发展的高峰期。

第二，中国边疆地区博览会不同于传统的专业性博览会，也不同于国际博览局旗下的综合性的世界博览会，而是一种全新类型的具有复合功能的战略博览会，也是新的国际制度的孵化器。中国边疆地区博览会是应运而生的新型战略博览会，在中国的周边战略中承担着多边贸易治理、改善地缘战略环境和为区域一体化建构地区认同的功能，并且在实践中不仅比较好地促进了中国和东盟、中国和中亚、中国和南亚、中国和东北亚的一体化发展进程，也在一定程度上改善了中国在东南、西南、西北和东北方向的地缘政治、经济和文化战略环境，传播和提升了中国在周边地区的软实力，产生了良好的示范效果。中国边疆地区博览会的这种战略功能在中国—东盟博览会上体现得更为明显，其不仅很好地贯彻了中国的“睦邻、安邻和富邻”的周边外交方针和中国东盟命运共同体构想，而且通过一系列倡议促使了更加宏大的战略落地，也催生了更多新的基于地区合作的国际机制和国际机构诞生，比如海上丝绸之路战略和亚洲基础设施投资银行。可以设想，随着中国边疆地区博览会功能的完善以及影响力的逐步显现，在中国边疆地区博览会框架下将会产生更多地基于国际合作和区域一体化的国际机制、国际制度和国际组织，这些国际机制、国际制度和国际组织将一起形成变革国际体系的合力，推动反映中国和广大发展中国家利益的更加公平、公正的国际政治经济新秩序的产生。

第三，中国边疆地区博览会具有可持续发展的动力基础，但是内在的存在四对尖锐对立且相互联系、相互制约的矛盾，中国边疆地区博览会未来功能的发挥有赖于这四对矛盾研究和解决的程度。中国边疆地区博览会内在地包含周边战略和国内区域战略，但是在实际操作中存在种种不当行为，导致顾此失彼的现象时有发生。中国边疆地区博览会的第二对矛盾是国家权力和市场作用的矛盾，中国边疆地区博览会是典型的政府主导型博览会，国家权力在其中发挥主导作用，但是中国边疆地区博览会也是贸易类的博览会，应该让市场作用得到充分发挥，这是国家权力和市场作用产生矛盾和冲突的根源。中国边疆地区博览会的第三对矛盾是中央政府和地方政府之间的矛盾，产生这一矛盾的根源在于中国边疆地区博览会的国家战略属性和贸易发展属性的冲突，另外也存在国家战略地方化和地方战略中央化过程中产生的落差与协调障碍。中国边疆地区博览会的第四对矛盾是不同的边疆地区博览会相互之间的竞争矛盾。产生这一矛盾的根源在于地方政府参与国际合作过程中的竞争性行为。这就需要中央政府在规划边疆地区博览会时在布局、定位等方面做好统筹工作。

以上是本书对中国边疆地区博览会产生的动力机制、功能维度及其发展过程中挑战的主要结论。从中可以看到中国边疆地区博览会的兴起、发展和发挥作用的基本规律，即国际体系转型特别是亚洲国际体系转型、中国崛起的进程及周边战略的调整内容和边疆地区政府参与国际合作的行为共同形成的合力不仅影响了中国边疆地区博览会的产生和布局，而且在某种程度上决定了中国边疆地区博览会复合型功能的内容。这是本书在解释中国边疆地区博览会这一新型博览会时的贡献。

从理论上看，本书在逻辑分析方面的成果和基本结论：首先，从根本上看，中国边疆地区博览会是中国周边战略影响下的产物，中国周边战略是中国边疆地区博览会产生的动力基础和功能依据，中国边疆地区博览会和中国的周边战略是互为表里的关系。其次，本书在一定程度上丰富了中国举办边疆地区博览会的解释，也在一定意义上回答了崛起中的中国如何通过举办边疆地区博览会实现周边战略的问题，从而增强了本研究的理论价值。最后，本书实际上展示了崛起中的中国在应对未来国际体系内外部压力和传统大国的阻力过程中，边疆地区博览会是中国柔性推动国际政治经济秩序变革的一种有效战略。

本书在周边战略视角下对中国边疆地区博览会的深入讨论，可以为中央政府和边疆地区地方政府在设立、布局和协调边疆地区博览会时提供参考和借鉴。中国边疆地区博览会植根于中国周边战略，在中国边疆地区博览会丰富的实践中，"一带一路"战略和亚洲基础设施投资银行逐步由构想变为行动，中国边疆地区博览会作为"一带一路"战略和亚洲基础设施投资银行产生的"温床"和其中重要的合作机制将发挥何种建设性的作用是本书选题时的一个重要现实关切，而"一带一路"战略和亚洲基础设施投资银行在何种程度上影响中国边疆地区博览会新一轮的布局和发展也值得引起重点关注。

更为现实的关切是在更多边疆地区博览会诞生以前如何最大限度地发挥中国边疆地区博览会的协同效应。现在针对区域一体化进程的有四大边疆地区博览会，分别是针对中国和东南亚一体化的中国—东盟博览会、针对中国和南亚一体化的中国—南亚博览会、针对中亚和西亚乃至欧洲的中国—亚欧博览会以及针对东北亚的中国—东北亚博览会，再加上针对阿拉伯国家的中国—阿拉伯博览会，已经形成了基本覆盖亚洲的中国边疆地区博览会体系，尽管不同的博览会定位在名称上已经有所体现，但是在实际操作中的协同问题仍旧是一大难题。随着越来越多的边疆地区省区投入到举办中国边疆地区博览会的运动中，这一协同问题将会日益突出。

总之，中国边疆地区博览会是一种新型的复合型战略博览会，在中国推动周边战略中具有多重功能，并且发挥着日益重大的影响力。中国边疆地区博览会正在日益成为中国特色的大国崛起战略，在塑造有利的周边战略环境的同时也在日益推动反映中国和广大发展中国家战略利益的地区国际政治经济新秩序的形成。因此，对于中国边疆地区博览会的研究具有重要的理论意义和现实意义。

# 参考文献

## 一、主要参考报刊

《人民日报》、《广西日报》、《云南日报》、《新疆日报》

## 二、主要参考网站

中国政府网，http：//www.gov.cn/
中国商务部网，http：//www.mofcom.gov.cn/
中国外交部网，http：//www.fmprc.gov.cn/mfa_chn/
人民网，http：//www.people.com.cn/
新华网，http：//www.xinhuanet.com/
世界银行集团网，http：//www.worldbank.org.cn/
亚心网，http：//www.iyaxin.com/
兵团在线，http：//www.btzx.com.cn/
国际博览局官网，http：//www.bie-paris.org/site/en/
国际展览业联盟官网，http：//www.ufi.org/
中国—东盟博览会，http：//www.caexpo.org/
中国—亚欧博览会，http：//www.caeexpo.org/
中国—南亚博览会，http：//www.csaexpo.cn/
中国—东北亚博览会，http：//www.neasiaexpo.org.cn/
中国—阿拉伯国家博览会，http：//www.casetf.org/
中国—俄罗斯博览会，http：//www.00615.net/index.php

## 三、中文书籍

[1] 梁双陆：《边疆经济学：国际区域经济一体化背景下我国边疆经济发展研究》，北京：人民出版社，2009 年版.

［2］徐实之：《参观大东亚战争博览会纪录》，北京：全国图书馆文献缩微复制中心，2012 年版.

［3］［德］克劳德·塞尔旺、［日］竹田一平：《国际级博览会影响研究》，魏家雨等译，上海：上海科学技术文献出版社，2003 年版.

［4］全国图书馆文献缩微复制中心：《中国早期博览会资料汇编》，北京：全国图书馆文献缩微复制中心，2003 年版.

［5］孙乃彬：《世界各国博览会》，北京：中国大百科全书出版社，1995 年版.

［6］陶德民等：《世博会与东亚的参与》，上海：上海人民出版社，2012 年版.

［7］刘健：《博览劝业：世博会与近代中国博览会》，上海：上海教育出版社，2010 年版.

［8］鲍永安：《中国首届博览会：南洋劝业会百年回望》，上海：上海交通大学出版社，2010 年版.

［9］［英］摩根：《人类景象：世博会从伦敦到上海》，北京：新华出版社，2010 年版.

［10］中国海关学会：《赫德与旧中国海关论文选》，北京：中国海关出版社，2004 年版.

［11］周秀琴、李近明：《文明的辉煌：走进世博会的历史》，上海：学林出版社，2007 年版.

［12］谢工曲等：《世博会：国际经验与运作》，北京：中国建筑工业出版社，2008 年版.

［13］《湖北博览会事业》编委会：《湖北博览会事业》，武汉：湖北人民出版社，2010 年版.

［14］程佳惠：《台湾史上第一大博览会：1935 年魅力台湾 SHOW》，台北：远流出版事业股份有限公司，2004 年版.

［15］《中华民国参加美国世界博览会筹备委员会规章汇编》，北京：全国图书馆文献缩微中心，2009 年版.

［16］［美］居蜜：《1904 年美国圣路易斯万国博览会中国参展图录》，上海：上海古籍出版社，2010 年版.

［17］张雪：《中国—东盟自由贸易区与中国—东盟博览会国际学术研讨会论文集》，南宁：广西民族出版社，2004 年版.

［18］张桂林、陈丽春：《考察日本举办国际博览会经验报告》，台北：行政院经济建设委员会都市及住宅发展处，1996 年版.

［19］丁锡镛：《世界博览会全记录：1851~2005 年》，台北：岚德出版社，2006 年版.

［20］宋晓天、杜新、郑军健编：《中国—东盟博览会发展报告精简本（2004~2008）》，南宁：广西师范大学出版社，2009 年版.

［21］新疆国际博览事务局、新疆财经大学编：《中国—亚欧博览会年度报告：2011》，乌鲁木齐：新疆人民出版社，2011 年版.

［22］新疆国际博览事务局、新疆财经大学编：《中国—亚欧博览会年度报告：2012》，乌鲁木齐：新疆人民出版社，2012 年版.

［23］胡娟：《中国南亚博览会百问百答》，昆明：云南教育出版社，2013 年版.

［24］曾武佳：《现代会展与区域经济发展》，成都：四川大学出版社，2008 年版.

［25］戴光全：《重大事件对城市发展及城市旅游的影响研究》，北京：中国旅游出版社 2005 年版.

［26］［德］阿尔诺·勃兰特：《汉诺威世博会对区域经济的影响》，任树银译，上海：上海科学技术文献出版社，2003 年版.

［27］郭牧：《会展与区域经济的发展：以中国义乌国际小商品博览会为例》，北京：中央编译出版社，2008 年版.

［28］马敏：《博览会与近代中国》，武汉：华中师范大学出版社，2010 年版.

［29］上海图书馆：《中国与世博：历史记录（1851~1940）》，上海：上海科学文献出版社，2002 年版.

［30］杨洁勉等：《中国世博外交》北京：时事出版社，2011 年版.

［31］［德］曼弗雷德·基希盖奥格、维尔纳·多恩夏特等：《博览管理：博览、会议和活动的策划、执行与控制》，刁晓瀛译，上海：上海财经大学出版社，2008 年版.

［32］乔兆红：《中国博览会事业的嬗变》，上海：上海人民出版社，2009 年版.

［33］谢辉：《陈琪与近代中国博览会事业》，北京：国家图书馆出版社，2009年版.

［34］［美］拉铁摩尔：《中国的亚洲内陆边疆》，唐晓峰译，南京：江苏人民出版社，2005 年版.

［35］［美］法里德·扎卡里亚：《后美国时代》，赵广成、林民旺译，北京：中信出版社，2009 年版.

［36］［美］索尔·科恩：《地缘政治学》，严春松译，上海：上海社会科学出

版社，2011 年版.

［37］［英］苏珊·斯特兰奇：《国家与市场》，杨宇光等译，上海：上海世纪出版集团，2012 年版.

［38］鲍永安：《南洋劝业会报告》，上海：上海交通大学出版社，2010 年版.

［39］卢光盛等：《地缘政治视野下的西南周边安全与区域合作研究》，北京：人民出版社，2012 年版.

［40］［美］克莱德·普雷斯托维茨：《崛起的 4 大国》，王振西译，北京：新华出版社，2008 年版.

［41］许利平：《当代周边国家的中国观》，北京：社会科学出版社，2013 年版.

［42］樊勇明、薄思胜：《区域公共产品理论与实践》，上海：上海人民出版社，2011 年版.

［43］周平等：《中国边疆治理研究》，北京：经济科学出版社，2011 年版.

［44］［美］马凯硕：《新亚洲半球》，刘春波、丁兆国译，北京：当代中国出版社，2010 年版.

［45］于沛、孙宏年等：《全球化语境中的西方边疆理论研究》，北京：中国社会科学出版社，2008 年版.

［46］古小松：《中国—东盟博览会可持续发展报告》，北京：社会科学出版社，2009 年版.

［47］陈亮：《中国—东盟博览会危机管理研究》，北京：中国时代经济出版社，2007 年版.

［48］刘大可，陈刚，王起静：《会展经济理论与实务》，北京：首都经济贸易大学出版社，2006 年版.

［48］王春雷，陈震：《展览会策划与管理》，北京：中国旅游出版社，2006 年版.

［50］塞缪尔·亨廷顿：《文明的冲突与世界秩序的重建》，北京：新华出版社，2010 年版.

［51］俞可平：《中国模式与“北京共识”：超越“华盛顿共识”》，北京：社会科学文献出版社，2006 年版.

［52］曾武佳：《现代会展与区域经济发展》，成都：四川大学出版社，2008 年版.

## 四、日文书籍

[1] 吉田光邦：《图说万国博览会史：1851~1942年》京都：思文阁出版社，1999年版.

[2] 山本光雄：《日本博览会史》，东京：理想社出版社，1970年版.

[3] 国雄行：《博览会的时代：明治政府的博览会政策》，东京：岩田书院出版社，2006年版.

[4] 山路胜彦：《近代日本的殖民地博览会》，东京：风响社出版社，2008年版.

[5] 诸冈博熊：《博览会学事始》，エスエル出版社，1987年版.

[6] 吉见俊哉：《博览会的政治学:视线之近代》，东京：中央公论新社，2001年版.

[7] 吉见俊哉：《博览会的政治学:视线之现代》，台北：群学出版社，2010年版.

[8] 松田京子：《帝国的视线：博览会和异文化表象》，东京：吉川弘文馆出版社，2007年版.

[9] 名古屋学院大学综合研究所：《国际博览会を考える：大型活动的政策学》，京都：晃洋书房出版社，2005年版.

## 五、英文书籍

[1] John E. Findling ed., Historical Dictionary of Worlds' Fairs and Expositions, 1851-1988, N. Y.: Greenwood Press, 1990.

[2] Bloembergen M. Colonial Spectacles: The Netherlands and the Dutch East Indies at the World Exhibitions, 1880-1931. NUS Press, 2006.

[3] Stanard M. G. Selling the Congo: A History of European Pro-empire Propaganda and the Making of Belgian Imperialism. University of Nebraska Press, 2012.

[4] Rydell R. W. All the World's a Fair: Visions of Empire at American International Expositions, 1876-1916. University of Chicago Press, 2013.

[5] Burris J. P. Exhibiting Religion: Colonialism and Spectacle at International Expositions, 1851-1893. University of Virginia Press, 2001.

[6] Rydell R. W. World of Fairs: the Century-of-progress Expositions. University of Chicago Press, 1993.

[7] Montgomery R. J, Strick S. K. Meetings, Conventions, and Expositions: An Introduction to the Industry. Wiley, 1994.

[8] Greenhalgh P. Fair World: A History of World's Fairs and Expositions, from London to Shanghai, 1851-2010. Papadakis, 2011.

[9] Lilly Library (Indiana University, Bloomington), Cagle W. R, Cape R. C, et al. The Grand Event: International Expositions, 1851-1904. Lilly Library, Indiana University Libraries, 2001.

[10] John P. Burris. Exhibiting Religion: Colonialism and Spectacle at International Expositions, 1851-1893. University Press of Virginia, 2001.

[11] Stravinsky I. Expositions and Developments. University of California Press, 1981.

## 六、参考论文

[1] 金普森，谢晖：《政府政策与近代中国博览会事业的兴衰》，《历史教学研究》，2004 年第 4 期。

[2] 江岳波：《晚清赴美参加圣路易斯博览会史料》，《历史档案》，1987 年第 4 期。

[3] 李政亮：《博览会的文化政治：历史到现实》，《中国图书评论》，2010 年第 8 期。

[4] 乔兆红：《世界博览会与世界历史整体发展》，《社会科学》，2011 年第 4 期。

[5] 何立波：《百年前的“中国首届世博会”》，《政府法制》，2010 年第 10 期。

[6] 徐双龙：《举办国际博览会的连锁效应》，《外国经济与管理》，1991 年第 1期。

[7] 乔兆红：《清末新政与中国近代博览会事业》，《历史教学问题》，2009 年第 6 期。

[8] 马敏：《中国走向世界的新步——清末商品赛会活动述评》，《近代史研究》，1988 年第 1 期。

[9] 乔兆红：《强国世博与世博强国》，《上海经济研究》，2009 年第 10 期。

[10] 李政亮：《帝国、殖民与展示：以 1903 年日本劝业博览会“学术人类馆事件”为例》，《台湾博物馆学季刊》，2006 年第 4 期。

[11] 赵佑志：《跃上国际舞台：清季中国参加万国博览会之研究（1866~1911）》，《国立台湾师范大学历史学报》，1997 年第 25 期。

［12］钱进：《近代中国与国际博览会》，《档案与史学》，2003 年第 2 期。

［13］吴建民：《世博会与国际形象塑造》，《图书馆杂志》，2006 年第 6 期。

［14］洪振强，艾险峰：《论晚清社会对博览会的观念认知》，《学术研究》，2009 年第 2 期。

［15］马敏，洪振强：《民国时期国货展览会研究：1910~1930》，《华中师范大学学报》（人文社会科学版），2009 年第 4 期。

［16］沈惠芬：《走向世界——晚清中国海关与 1873 年维也纳世界博览会》，《福建师范大学学报》（哲学社会科学版），2004 年第 4 期。

［17］古伟瀛：《从“炫奇”、“赛珍”到“交流”、“商战”：中国近代对外关系的一个侧面》，《思与言》，1986 年第 3 期。

［18］陈蕴茜：《地方展览与辛亥革命记忆塑造（1927~1949）》，《江海学刊》，2011 年第 4 期。

［19］沈原：《中西文化的交融与碰撞——记晚清政府派员参加美国圣路易斯博览会》，《历史档案》，2007 年第 4 期。

［20］吴松弟：《走向世界：中国参加早期世界博览会的历史研究——以中国旧海关出版物为中心》，《史林》，2009 年第 2 期。

［21］刘世龙：《南洋劝业会与清末新政时期的产业振兴政策》，《广岛东洋史学报》，1998 年第 3 期。

［22］马敏，朱英：《加强中国近代博览会历史研究》，《华中师范大学学报》（人文社会科学版），2009 年第 4 期。

［23］乔兆红：《论晚清商品博览会与中国早期现代化》，《人文杂志》，2005 年第 5 期。

［24］谢辉：《中国近代博览会研究述评》，《中国社会经济史研究》，2004 年第3 期。

［25］彭南生：《改革开放以来中国近代经济史研究的回眸与前瞻》，《史学月刊》，2009 年第 2 期。

［26］朱英：《商会、博览会与近代中国社会变迁》，《华中师范大学学报》（人文社会科学版），2008 年第 6 期。

［27］马敏：《世博会与近代东亚的参与》，《华中师范大学学报》（人文社会科学版），2010 年第 3 期。

［28］虞和平：《早期世界博览会与清末民初商人外交的兴起》，《史林》，2010 年第 4 期。

[29] 何颖：《发挥博览会平台功能，融入大湄公河次区域合作》，《创新》，2007 年第 1 期。

[30] 廖业扬：《中国—东盟博览会的六大战略作用》，《东南亚纵横》，2006 年第 7 期。

[31] 路红艳：《充分发挥中国—东盟博览会服务中国—东盟自由贸易区发展的战略平台作用》，《东南亚纵横》，2011 年第 10 期。

[32] 蒋玉莲：《影响中国—东盟文化交流与合作的因素及对策分析》，《广西大学学报》（哲学社会科学版），2006 年第 5 期。

[33] 陈文杰：《中国—东盟博览会中广西政府国际形象的传播分析》，《东南传播》，2011 年第 1 期。

[34] 黄玉妹：《新中国会展业政治功能变迁与共产党服务经济意识的演化》，《东南学术》，2014 年第 2 期。

[35] 杜远阳：《关于广西参与次区域经济合作的思考——基于发挥中国—东盟博览会平台功能视角》，《消费导刊》，2008 年第 3 期。

[36] 乔兆红：《世界博览会：从帝国角逐到和平友爱之竞争》，《世界经济与政治》，2007 年第 5 期。

[37] 刘波等：《广西利用中国—东盟博览会加快开放发展的战略构想及对策建议》，《桂海论丛》，2007 年第 6 期。

[38] 吕余生：《中国—东盟博览会 10 周年的成效、经验和启示》，《东南亚纵横》，2013 年第 9 期。

[39] 古小松：《打造中国—东盟交流合作平台　促进中国—东盟友好合作发展——中国—东盟博览会战略定位研究》，《东南亚纵横》，2003 年第 12 期。

[40] 范小俊：《中国—东盟博览会的效应分析》，《东南亚纵横》，2004 年第 8期。

[41] 李世泽：《中国—东盟博览会的平台价值》，《学术论坛》，2006 年第 3 期。

[42] 周苹：《中国—东盟博览会对 CAFTA 建设的影响》，《对外经贸实务》，2009 年第 7 期。

[43] 刘波：《中国—东盟博览会对广西进出口的影响及对策分析》，《东南亚纵横》，2004 年第 8 期。

[44] 范丽萍：《建构主义视域下的中国—东盟博览会》，《广西师范大学学报：哲学社会科学版》，2011 年第 5 期。

[45] 谷源洋：《中国—东盟博览会：制度安排、战略决策》，《亚非纵横》，

2004年第 4 期。

［46］ 廖少廉:《关于中国—东盟博览会发挥更大作用的几点思考》,《东南亚纵横》，2010 年第 11 期。

［47］ 廖业扬:《中国—东盟博览会的六大战略作用》,《东南亚纵横》，2006 年第 7 期。

［48］ 何颖：《文化软实力：中国—东盟博览会文化功能分析》，《钦州学院学报》，2007 年第 1 期。

［49］ 方仁，黄河等:《中国—东盟博览会背景下区域开放大学的建设》,《广西教育 C：职业与高等教育版》，2013 年第 27 期。

［50］ 张家寿：《南宁渠道在新的战略支点构建中的地位和作用》，《中共南宁市委党校学报》，2013 年第 5 期。

［51］ 张磊，黄志勇:《“南宁渠道” 的性质、功能作用与成功经验》,《东南亚纵横》，2014 年第 12 期。

［52］ 李德刚：《畅通南宁渠道、践行国家战略：广西卫视开创参与式国际传播新模式》,《中国广播电视学刊》，2010 年第 2 期。

［53］ 周毅:《从国家战略的角度解读中国—东盟博览会》,《桂海论丛》，2004 年第 1 期。

［54］ 黄国华：《中国民歌国际化的成功之路——兼谈南宁国际民歌艺术节与中国—东盟博览会的交融》,《广西师范大学学报：哲学社会科学版》，2005 年 41（2）。

［55］ 何颖:《中国—东盟博览会竞争力研究》,《改革与战略》，2007 年第 12 期。

［56］ 廖俊玉:《媒体框架建构：研究中国—东盟博览会报道的新视角》,《广西社会科学》，2010 年第 7 期。

［57］ 王江英，秦续忠等:《中国—亚欧博览会满意度差异分析》,《新疆师范大学学报：哲学社会科学版》，2014 年第 4 期。

［58］ 唐凤英:《网络媒体如何建构新疆图像——以天山网对中国—亚欧博览会的报道为例》,《东南传播》，2012 年第 7 期。

［59］ 王婧:《中国—亚欧博览会新闻报道的框架建构分析——以《新疆日报》为例》,《中国传媒科技》，2012 年第 24 期。

［60］ 邹忠全：《中国—东盟博览会和中国吉林—东北亚投资贸易博览会比较分析》,《中外企业家》，2010 年第 12 期。

［61］ 孙喜勤：《2014 中国—南亚智库论坛会议综述》，《东南亚南亚研究》，

2014 年第 2 期。

[62] 竹子俊：《南博会助力中国与南亚合作》，《中国对外贸》，2013 年第 6 期。

[63] 张健：《国际政治视角下的中阿博览会》，《江南社会学院学报》，2013 年第 4 期。

[64] 薛正昌：《中阿博览会：丝绸之路文化的延伸——兼论丝绸之路的走向与研究范围》，《丝绸之路》，2014 年第 22 期。

[65] 吴素芳：《中阿博览佘新起点下的宁夏进出口贸易发展的问题》，《对外经贸实务》，2014 年第 8 期。

[66] 马强，王格林，张婷婷：《东盟博览会的成功经验及对中阿博览会的启示》，《第二届中国·阿拉伯国家经贸论坛理论研讨会论文集（2011 第二辑）》，2011 年版.

[67] 李剑婷，孙嗣堃：《昆交会与南博会的比较研究及发展建议》，《昆明冶金高等专科学校学报》，2012 年第 6 期。

[68] 周英虎：《中国—东盟博览会与中国西部博览会比较研究》，《南宁职业技术学院学报》，2010 年第 4 期。

[69] 冯绍雷，封帅：《中国周边安全的新认知、特点、功能与趋势》，《国际安全研究》，2013 年第 2 期。

[70] 崔绍忠，刘曙光：《中央政府和地方政府的经济外交职能及其关系》，《外交评论》，2012 年第 3 期。

[71] 宏观经济研究院课题组：《关于加强国际次区域经济合作的探讨》，《宏观经济管理》，2013 年第 5 期。

[72] 尹朝晖：《地缘政治与国际区域经济合作》，《理论导刊》，2011 年第 7 期。

[73] 门洪华：《国家主义、地区主义与全球主义——兼论中国大战略的谋划》，《开放导报》，2005 年第 3 期。

[74] 黄志勇：《广西前两次大开放浪潮经验启示及对掀起第三次大开放浪潮的对策建议》，《东南亚纵横》，2013 年第 7 期。

[75] 路红艳：《充分发挥中国—东盟博览会服务中国—东盟自由贸易区发展的战略平台作用》，《东南亚纵横》，2011 年第 10 期。

[76] 霍建国：《“一带一路”战略构想意义深远》，《人民论坛》，2014 年第 10 期。

[77] 秦亚青：《权力·制度·文化——国际政治学的三种体系理论》，《世界经济与政治》，2002 年第 6 期。

［78］刘丰：《国际体系转型与中国的角色定位》，《外交评论》，2013 年第 2 期。

［79］林利民：《21 世纪国际体系转型析论》，《现代国际关系》，2009 年第 6 期。

［80］袁鹏：《国际体系转型与中国的战略选择》，《现代国际关系》，2009 年第4 期。

［81］秦亚青：《国际体系转型以及中国战略机遇期的延续》，《现代国际关系》，2009 年第 4 期。

［82］陈积敏：《“奥巴马主义”渐进成形》，《领导文萃》，2014 年第 5 期。

［83］门洪华：《东亚秩序建构：一项研究议程》，《当代亚太》，2008 年第 5 期。

［84］樊勇明：《金砖国家合作与亚洲多元发展》，《复旦学报》（社会科学版），2013 年第 6 期。

［85］秦亚青，魏玲：《结构、进程与权力的社会化——中国与东亚地区合作》，《世界经济与政治》，2007 年第 3 期。

［86］杨洁勉：《新兴大国群体在国际体系转型中的战略选择》，《世界经济与政治》，2008 年第 6 期。

［87］胡鞍钢：《中国崛起的五大规模效应》，《中关村》，2006 年第 1 期。

［88］胡晓：《地区主义与东亚地区秩序建构》，《理论月刊》，2012 年第 11 期。

［89］庞中英：《中国的亚洲战略：灵活的多边主义》，《世界经济与政治》，2001 年第 10 期。

［90］李智：《试论文化外交》，《外交学院学报》，2003 年第 1 期。

［91］熊琨：《南宁国际民歌节在中国—东盟博览会中发挥的作用》，《现代经济信息》，2014 年第 21 期。

［92］李东屹：《从区域治理视角看东盟在东亚区域化中的地位》，《国际关系学院学报》，2010 年第 4 期。

［93］门洪华：《中国软实力评估报告（上）》，《国际观察》，2007 年第 2 期。

［94］马强，王格林，张婷婷：《东盟博览会的成功经验及对中阿博览会的启示》，银川：《第二届中国·阿拉伯国家经贸论坛理论研讨会论文集》（2011 第二辑），2011 年.

［95］赵江林：《中印经济发展阶段比较研究》，《南亚研究》，2011 年第 2 期。

［96］梁双陆，陈瑛：《次区域国际经济一体化中的产业地域性聚集机理研究》，《南方经济》，2012 年第 9 期。

［97］张贵洪：《中国与南亚地区主义：以南亚区域合作联盟为例》，《南亚研究》，2008 年第 2 期。

［98］ 赵侠：《印度尼西亚基础设施现状及发展规划》，《国际工程与劳务》，2005 年第 10 期。

［99］ 杨恕：《对中亚地区合作中基础设施建设的建议》，《俄罗斯中亚东欧研究》，2011 年第 1 期。

［100］ 苏长和：《中国地方政府与次区域合作：动力、行为及机制》，《世界经济与政治》，2010 年第 5 期。

［101］ 李东律：《中国经济分权化趋势对对外关系的影响》，《战略与管理》，1996 年第 6 期。

［102］ 崔绍忠，刘曙光：《中央政府和地方政府的经济外交职能及其关系——中国的视角和经验》，《外交评论：外交学院学报》，2012 年第 3 期。

［103］ 刘筱柳：《我国会展经济发展战略体系分析》，《软科学》，2008 年第 9 期。

［104］ 刘炳香：《当代中国公共外交中的地方政府》，《理论导刊》，2013 年第 5 期。

## 七、英文文章

［1］Bacon D. R，Lema M. J，Yearley C K. For all the World to See：Anesthesia at the 1939 New York World's Fair. Journal of Clinical Anesthesia，1993，5（3）.

［2］Stanard M. G. Selling the Empire between the Wars：Colonial Expositions in Belgium，1920–1940. French Colonial History，2005，6（1）.

［3］Douglas L. Representing Colonial Australia at British，American and European International Exhibitions. Collections：Journal of the National Museum of Australia，2008，3（1）.

［4］Vennman B. Dragons，Dummies and Royals：China at American World's Fairs，1876–1904. Gateway Heritage，1996，17（2）.

［5］Clevenger M. Through Western Eyes：Americans Encounter Asians at the Fair. Gateway Heritage：The Magazine of the Missouri Historical Society，1996，17.

［6］Benedict B. International exhibitions and national identity. Anthropology Today，1991：5–9.

［7］Stoklund B. The Role of the International Exhibitions. Ethnologia Europaea：Ethnization of Culture，1994，24（1）.

［8］Wilson B. C. Review：Exhibiting Religion：Colonialism and Spectacle at International Expositions 1851–1893. Journal of the American Academy of Religion，

2004，72（3）.

［9］Roche M. Mega-events，Culture and Modernity：Expos and the Origins of Public Culture. International Journal of Cultural Policy，1998，5（1）.

［10］Carr W. J. A Report upon the Participation of the United States in International Conferences，Congresses，Expositions，Fairs and Commissions. June，1937，20.

## 八、学位论文

［1］王玉慧：《晚清政府博览会管理研究》，南京艺术学院硕士学位论文，2011.

［2］洪振强：《民族主义与近代中国博览会事业（1851~1937）》，华中师范大学博士学位论文，2006.

［3］夏松涛：《展示新中国：建国初期的展览会研究（1949~1957）》，华中师范大学博士学位论文，2010.

［4］谢辉：《西湖博览会研究》，杭州大学硕士学位论文，1994.

［5］许海娜：《1901~1928 年间天津展览会研究》，河北师范大学硕士学位论文，2013.

［6］艾险峰：《博览会与武汉城市发展互动研究（1909~2010）》，华中师范大学博士学位论文，2011.

［7］杨嵋：《上海展览业研究（1978~2007）》，华东师范大学硕士学位论文，2009.

［8］林翰：《广州会展史》，广州大学硕士学位论文，2007.

［9］张卉：《涩泽荣一和张謇博览活动的比较研究》，华中师范大学硕士学位论文，2012.

［10］谢辉：《陈琪与近代中国博览会事业》，浙江大学博士学位论文，2005.

［11］吕晓利：《张静江与 1929 年西湖博览会的研究》，华中师范大学硕士学位论文，2009.

［12］李红艳：《标志性事件对城市旅游的影响研究》，东北财经大学硕士学位论文，2005.

［13］黄撰：《欧洲会展经济研究》，吉林大学硕士学位论文，2004.

［14］周延胜：《1910 年的南洋博览会研究》，北京大学硕士学位论文，2003.

［15］谢辉：《西湖博览会研究》，杭州大学硕士学位论文，1994.

［16］陈华丽：《地方政府在次区域合作中的作用——以广西参与东盟合作为

例》，上海外国语大学硕士学位论文，2012.

［17］阮炜：《世博会组织管理中的政府职能》，北京：中国人民大学硕士学位论文，2011.

［18］李江龙：《中国—亚欧博览会发展研究》，新疆农业大学硕士学位论文，2012.

［19］石磊：《向西开放战略中的新疆会展经济研究——以乌洽会（亚欧博览会）为例》，云南财经大学硕士学位论文，2013.

［20］曹艳杰：《中国—亚欧博览会促进新疆对外经贸发展的对策研究》，新疆财经大学硕士学位论文，2014.

［21］张鹏：《中国对外关系开展中的地方参与》，上海外国语大学博士学位论文，2013.

［22］肖欢容：《地区主义理论的历史演进》，中国社会科学院研究生院博士学位论文，2002.

［23］李敏：《基于开放型经济的地方外事管理模式研究》，武汉理工大学博士学位论文，2011.

［24］王立军：《全球化背景下的中国地方政府国际合作》，山东大学博士学位论文，2012.

［25］周薇：《地方政府公共外交的维度与效果》，复旦大学硕士学位论文，2010.

［26］沈惠芬：《晚清海关与国际博览会》，福建师范大学硕士学位论文，2002.

［27］罗靖：《近代中国与世博会》，湖南师范大学博士学位论文，2009.

［28］曹晓红：《我国政府主导型会展发展问题研究》，华东政法大学硕士学位论文，2012.

［29］高扬：《东北亚投资贸易博览会危机管理预警机制研究》，吉林大学硕士学位论文，2012.

［30］黄玉妹：《现代会展功能研究》，福建师范大学博士学位论文，2011.

［31］薛坤：《近代中国博览事业的起步和发展（1851~1937）》，苏州大学硕士学位论文，2011.

［32］王水卿：《民国时期中国与世博会关系研究》，湖南师范大学硕士学位论文，2007.

［33］管欣欣：《德国会展主办模式案例研究》，兰州大学硕士学位论文，2011.

［34］王悦：《基于新公共服务理论的我国政府主导型展会研究》，上海交通大学硕士学位论文，2011.

［35］周昕鹏：《世博规范：全球推广与中国实践》，外交学院硕士学位论文，2011.

［36］韩娜：《当代中国政府在会展业中的职能研究》，南京大学硕士学位论文，2012.

［37］仇其能：《中国会展产业链及运作模式研究》，上海社会科学院硕士学位论文，2006.

［38］王新刚：《中国会展经济研究》，吉林大学博士学位论文，2004.

## 九、英文学位论文

［1］Mary Ann. "Selling New York State to the Nation" —The 1939/1940 New York World's Fair.Borden，State University of New York at Albany. Ph.D.2011.

［2］Kal，Hong. The Presence of the past：Exhibitions，Memories and National Identities in Colonial and Postcolonial Korea and Japan. State University of New York at Binghamton.Ph.D.2003.

［3］Susan R.Fernsebner. Material modernities：China's Participation in World's Fairs and Expositions，1876–1955. University of California，San Diego.Ph.D.2002.

［4］Percy，Thomas Cleary. A History of the Kansas State Fair，1863–2006. University of Kansas.Ph.D.2006.

［5］Maria Alejandra. Images of Modernity：Latin American Culture and Nineteenth-century Universal Exhibitions.Uslenghi，New York University.Ph.D.2007.

# 致　谢

本书是我个人多年来尝试将会展理论研究和国际关系研究相结合的第一个重大尝试，力图以新的研究视角开拓会展研究的崭新领域，为中国会展理论研究贡献自己的绵薄之力。本书是在我博士毕业论文基础上修改而成，书稿即将出版之际，心中感慨万千。

在中央党校的三年是我人生中的重大转折点。在这段时间里，我收获了学业上的进步，也获得了爱情和家庭上的丰收，更有人生路上满满的和沉甸甸的感恩。我对中国边疆地区博览会这一新生事物的国际政治学视角关注完全归功于我的博士生导师李云龙教授独到的学术眼光。导师总是巧妙的将我对中国边疆地区博览会研究及时的引导到国际政治学术框架和规范当中，实现会展理论研究和国际关系研究的完美结合。感谢导师对我博士毕业论文自始至终的关怀和支持，感谢导师对博士毕业论文出版及其后续研究的充满智慧的建议。

感谢中央党校国际战略所马小军教授、郭建平教授，感谢你们在我博士学位论文开题报告中对我研究方向的认可、鼓励和提出的批评，更感谢你们对我毕业论文题目的反复推敲和有益启发。感谢答辩委员会郭建平教授、马小军教授、左凤荣教授、北京第二外国语学院刘大可教授、北京大学罗艳华教授，感谢各位老师对我博士学位论文的批评、肯定和对我今后研究的殷切期望。感谢中央党校国际战略所的宫力教授、刘建飞教授、门洪华教授、高祖贵教授、孙建杭教授、王红续教授、赵磊副教授、罗建波副教授、陈继敏副教授、张仕荣副教授，感谢你们精心地授业、解惑和在国际政治学术道路上的共同引领。感谢辅导员辛英老师，感谢您三年以来对我学习、生活提供的一切帮助。

感谢可爱的中央党校 2012 级博士生第五支部的同学们，感谢求学路上有你们相伴，尤其要感谢张亮亮、刘儒鹏、李忠林、周璐铭，感谢你们在我不在校期间给予我的鼎力支持。特别要感谢师弟贾同辉、师妹申瑞杰，感谢你们不辞辛苦帮我查找并改正论文的每一处细微错误，感谢同辉作为答辩秘书所做的辛苦工作。

还要感谢在我博士求学和论文写作中提供众多帮助的各个阶段的领导、师长和朋友们。感谢中山大学管理学院李江帆教授，感谢您在我于中山大学访学期间对访学课题的指导和对毕业论文的关心，犹记得同门聚会时，您说："等明广博士毕业典礼时，我们组团去北京为明广祝贺"。感谢上海师范大学会展系同事张文建教授，感谢张教授对我读博士的鼓励，感谢您赠送的《第三产业经济学》和《旅游服务经济与业态创新》等书籍。感谢好友和曾经的同事，现任上海对外经贸大学会展专业负责人王春雷副教授，感谢你一直以来对我学业的关心、帮助和支持，特别感谢你的赠书《博士论文写作技巧：博士毕业论文的计划、起草、写作和完成》。

最后，我要衷心地感谢我的家人。感谢爸爸妈妈给予我读博士的理解、鼓励和支持。感谢我亲爱的妻子吴珊珊，感谢你像天使一样出现在我的生命里，点亮我前行的路，感谢你对我博士学业坚定的、毫无保留的支持和鼓励，永远爱你。感谢我刚满一周岁的儿子刘澈，你的快乐成长已经成为爸爸不断前进的最大动力。特别要感谢岳父吴忠有、岳母杨仙英，感谢你们毅然把照顾刘澈的重担接过去，你们是我博士学位论文完成的坚强后盾。

刘明广

2015 年 9 月于上海家中